Por escrito

De la palabra a la composición

Carolyn Harris   Jorge Febles
Western Michigan University

PEARSON

Prentice
Hall

Upper Saddle River, New Jersey 07458

Library of Congress Cataloging-in-Publication Data

Harris, Carolyn (Carolyn Jean)
    Por escrito: de la palabra a la composición / Carolyn Harris, Jorge
Febles.— 1st ed.
        p. cm.
    Includes bibliographical references and index.
    ISBN 0-13-184113-0
    1.   Spanish language—Composition and exercises.   2.   Spanish
language—Grammar.   I. Febles, Jorge M., 1947- II. Title.

    PC4420.H37 2004
    808'.04618—dc22

                                                    2004016707

Sr. Acquisitions Editor: *Bob Hemmer*
Editorial Assistant: *Pete Ramsey*
Sr. Director of Market Development: *Kristine Suárez*
Director of Editorial Development: *Julia Caballero*
Production Supervision: *Nancy Stevenson*
Project Manager: *ICC*
Asst. Director of Production: *Mary Rottino*
Supplements Editor: *Meriel Martínez Moctezuma*
Media Editor: *Samantha Alducin*
Media Production Manager: *Roberto Fernandez*
Prepress and Manufacturing Buyer: *Brian Mackey*
Prepress and Manufacturing Asst. Manager: *Mary Ann Gloriande*
Line Art & Formatting Manager: *Guy Ruggiero*
Line Art Coordinator: *Maria Piper*
Illustrator: *Chris Reed*
Executive Marketing Manager: *Eileen Bernadette Moran*
Publisher: *Phil Miller*

This book was set in 11/13.5 New Baskerville typeface by ICC and was printed and
bound by Hamilton Printing. The cover was printed by Coral Graphics.

Pearson Education LTD., London
Pearson Education Australia PTY, Limited, Sydney
Pearson Education Singapore, Pte. Ltd.
Pearson Education North Asia Ltd., Hong Kong
Pearson Education Canada, Ltd., Toronto
Pearson Educación de Mexico, S.A. de C.V.
Pearson Education—Japan, Tokyo
Pearson Education Malaysia, Pte. Ltd.
Pearson Education, Upper Saddle River, New Jersey

10 9 8 7 6 5 4 3
ISBN 0-13-184113-0

Contents

Preface

Por escrito: De la palabra a la composición enables the student to develop fundamental writing skills through a review of very specific grammatical topics and original reading selections that serve as models for three composition structures: description, narration, and exposition. The book encourages students to pursue realistic objectives in a step-by-step and task-oriented process. By following the prescribed method, students learn to write clearly and to communicate efficiently, avoiding the perils of direct translation as they increase their understanding of Spanish syntax and begin to develop a sense of style in the target language.

Although essentially a writing manual, *Por escrito* balances its constitutive parts so as not to place more emphasis on composition over grammar or reading. Written entirely in Spanish except for a passing word definition or point of reference, the book is divided into chapters that center on writing strategies for which numerous models are provided. The language, readings, and exercises in *Por escrito* make students feel at ease while they wean themselves from pernicious translation techniques acquired almost since they began to write in Spanish.

Features and Strategies

- **Focus on basic communicative strategies.** *Por escrito* is transitional in nature; in other words, it is intended to facilitate progress from the intermediate to third-year level curriculum. As a result, we view it as a possible main textbook in a post-intermediate composition course, as a supplement for an advanced intermediate course, as a co-textbook in a Spanish conversation and composition class or as the basis of a grammar review course.

- **A variety of exercises to enhance writing skills.** These exercises are intended to develop an awareness of those basic structures necessary to write coherently in Spanish. Many of these activities are intended for groups of two or more students in order to encourage collaboration, ease class tensions, and promote the ability to communicate orally. The book is structured somewhat like a workbook, so that many of the exercises may be completed in it if the student so desires.

- **A function-oriented grammatical nomenclature.** Throughout the book, we use the descriptive terms *palabra-acción, palabra-concepto, palabra modificadora, palabra-enlace, palabra indicadora, palabra sustituidora, palabra-pregunta,* and *palabra-exclamación* along with traditional terms such as verb, adjective, adverb, preposition, and so forth. We believe that contemporary foreign-language students are often baffled by standard grammar terminology. Nevertheless, most textbooks take for granted that students are cognizant not only of such terminology but also of the function represented by each particular concept. Since we are inclined to think otherwise, we have created phrases that force students to come to terms with what particular parts of speech signify and with the role they play within the sentence. Such an approach should impede translation errors based on the assumption that any part of speech may become another one merely by changing an ending. Flaws of that ilk are common in basic composition courses, where students are frequently apt to misconstrue the particular role a word should play. Standard terms are used interchangeably with function-based nomenclature in order to create a sense of familiarity for students as well as instructors.

- **A system of *Alertas* whose purpose is to explain succinctly and through examples problematic grammar and vocabulary topics.** Many of these reflect common difficulties caused by interference from English. These *Alertas* are meant to facilitate the correction process for students and instructors alike, since they may be used as points of reference not only to create the compositions but also to make emendations. An index of *Alertas* simplifies their consultation.

- **An approach to writing that focuses initially on the simplest structures.** This method is based on our belief that students need to handle short and unsophisticated structures confidently before attempting to write lengthy compositions on complex subjects. Many of the difficulties encountered by composition students are the direct result of trying to do too much too fast with too little. It is important that students develop control of basic sentence structure before they attempt to create complicated texts.

- **Composition exercises based on three fundamental types of writing: description, narration, and exposition.** By spending considerable time on description and narration—the two most common ways of expressing one's ideas—students work initially with structures they perceive as both natural and practical. In this manner, they develop a communicative framework that allows them to move more easily into expository writing, given the confidence they have acquired in their increasing language skills.

- **A step-by-step writing process evolving from original models written specifically for the students' level.** The samples provided—although correct and certainly more refined than what the average student should be able to produce—are nonetheless accessible and may be imitated during the writing process. Students are asked invariably to craft sentences out of which all their compositions emerge.

Structure of the Text

Por escrito is divided into six chapters organized in a progressive fashion. Students must first consider words as individual units and the role they play within sentences. This initial step leads to the formation of simple sentences upon which the first writing exercises depend. Subsequent steps include the introduction of complex sentences, followed by increasingly sophisticated composition activities. These center on three paradigms: description (Chapters 1 and 2), narration (Chapters 3 and 4), and exposition, both of an argumentative and analytical nature (Chapters 5 and 6). Each chapter contains brief descriptions of the writing structure presented, composition activities of a diverse nature, communicative strategies, instructions for long compositions based on models that also serve as readings to be discussed in class, and grammar explanations and exercises.

- **Stage-by-stage explanations of the type of composition studied.** Each chapter focuses on a precise writing paradigm, which is methodically presented in segments that lead to a final composition exercise.

- **Grammar explications and activities.** Chapters center on specific grammar areas, particularly control of fundamental verbal forms. Traditional exercises are combined with communicative grammar and writing activities. In order to effect these collaborative endeavors, students may divide in pairs or learning groups.

- ***Cuaderno* entries that correspond to the type of composition studied.** Each chapter requires that students complete two *cuaderno* entries according to specific instructions. These entries are evaluated according to a system of rubrics provided in Appendix 3. The entries require that students begin to think about the composition form being discussed.

- ***Estrategias de la comunicación escrita.*** This segment of the text identifies particular communicative writing strategies emanating from common difficulties. They give students tools to address these problems and produce more authentic texts. Exercises follow each strategy so as to increase understanding.

- **Instructions for three-step process in the writing of compositions.** *Por escrito* is based on the premise that more is not necessarily better. Rather than writing an extensive number of lengthy compositions, students are asked to create compositions methodically according to the following steps:

  a. A list of 20–25 sentences that constitute the corpus of the composition and that are the product of freewheeling brainstorming.

  b. A first draft in which the sentences corrected by the instructor are organized into a coherent whole.

  c. A final draft that should contain very few grammatical or syntactical errors so as to allow for an evaluation on the basis of content and structure.

  In order to facilitate the writing process, students should study carefully the models provided for each step.

Writing in *Por escrito*

The step-by-step writing method suggested in *Por escrito* is designed to facilitate as well as to clarify the correcting process. Students learn to edit their own work in order to produce nearly perfect texts. As a result, they develop an awareness of what is required to write effectively in Spanish.

- **Grading of *Cuaderno* entries.** Although instructors may grade *cuaderno* entries according to their personal criteria, we have employed successfully the rubric system depicted in Appendix 3. Since *cuaderno* entries are perceived as less formal writing exercises based upon relatively simple models, they are evaluated on a ten-point scale conceived according to specific guidelines. Instructors correct grammar and syntactical mistakes as they see fit, referring students to appropriate *Alertas* when necessary. The 0–10 grade conferred, however, represents the global impression created by the text. It bears noting as well that *cuaderno* entries serve as exercises that help prepare students to write longer compositions. Therefore, they should be weighted accordingly in creating a grading system for any given class.

- **Evaluation of the three steps of composition writing.** Again, instructors may evaluate such steps as they see fit. In testing *Por escrito,* we proceeded in this fashion. The twenty to twenty-five sentences that constitute a brainstorming outline for the composition were corrected individually so that students developed early an awareness of the mistakes they were apt to make and repeat. In our system, these sentences are graded on a 100-point scale (each sentence is worth either four or five points depending on the number). This initial component entails thirty percent of the overall grade for the composition.

  The first draft of the composition, whose corpus consists of the twenty to twenty-five corrected sentences, is evaluated on the basis of organization, structure, syntax, and grammatical precision. The instructor makes all necessary emendations and structural suggestions before returning this draft to students. This segment of the composition represents forty percent of the total grade.

  The final draft incorporates all appropriate corrections and suggestions. Given the absence of serious grammatical and syntactical defects, it allows for closer scrutiny of content, structure, and clarity of expression. This last version equals thirty percent of the grade.

Overall, *Por escrito* intends to be a practical introduction to composition in Spanish. We have attempted to create a prescriptive yet flexible book that allows instructors to limit or augment the number of writing exercises required, to concentrate on specific activities and discard others, and to introduce complementary materials of their own choosing in order to meet the needs of their particular course.

Carolyn Harris
Jorge Febles

Acknowledgments

We would like to thank the following colleagues at Western Michigan University who tested the book in their third-year composition classes, and who made so many helpful suggestions and emendations afterward: Gary Bigelow, Robert Felkel, Michael Millar, Patricia Montilla, Holly Nibert, Pablo Pastrana-Pérez, Mariola Pérez de la Cruz, María Rama, and Mercedes Tasende. We are particularly grateful to our colleague Irma López, who believed in the project from its inception and has been a fervent supporter throughout. Professor John Benson, Chair of the Department of Spanish at Western Michigan University, always provided helpful (if slightly ironic) commentary. To him we owe several quirky moments in *Por escrito*.

In addition, we are especially thankful to Cara Warne and Bob Hemmer, both from Prentice Hall. Cara expressed interest in the project from the very first. Her enthusiasm certainly encouraged us to carry it to fruition. Once Bob came into the picture, he provided the guidance based upon experience and profound language knowledge that we needed in order to complete *Por escrito*. We would also like to thank the superb Prentice Hall production team who were instrumental in turning our manuscript into the book you have in your hands.

We wish to thank the following reviewers for their thoughtful comments and suggestions. Their criticism and positive comments proved invaluable in crafting this initial edition of *Por escrito*.

Jorge Arteta, *Brandeis University*

Anita Stoll, *Cleveland State University*

Sixto Torres, *Appalachian State University*

Teresa Bolet Rodríguez, *University of Northern Colorado*

Guillermina Walas, *Eastern Washington University*

Capítulo

1

La descripción a base de oraciones simples

Temas

- La oración y sus partes: La palabra
- La oración simple y su estructura
- La concordancia (1)
  Primera entrada del cuaderno
- La concordancia (2)
- La descripción (1)
- El presente de indicativo
- La descripción (2)
- El reflexivo con el presente de indicativo
- Estrategias de la comunicación escrita (1)
  Segunda entrada del cuaderno
- La descripción (3)
  Instrucciones para la pre-composición descriptiva

La oración y sus partes: La palabra

Una oración es un grupo de palabras que se reúnen para expresar una idea. A veces si una palabra expresa acción, ella sola puede constituir una oración. Por eso, decimos que **la palabra** es la unidad comunicativa esencial. Se define como la representación gráfica, es decir visible, de un conjunto de sonidos que expresan una idea. Al hablar o al escribir utilizamos una serie de palabras para comunicar nuestras ideas. Tanto en español como en inglés, las palabras poseen características visibles invariables, es decir, se escriben de una sola manera. A eso se llama **ortografía** (*spelling*). Si las palabras simples se escriben mal, eso causa una mala impresión en el lector. Además, a veces un error de ortografía puede cambiar completamente el significado de la palabra. Piense, por ejemplo, en la diferencia entre **revelar** (*to reveal*) y **rebelar** (*to rebel*), o **a** (*to, at*) y **ha** (*has*).

En español las palabras se escriben esencialmente como se pronuncian. Recordar esto nos ayuda a escribir correctamente la mayor parte de las palabras. Es muy importante tener presente que los alumnos angloparlantes suelen cometer errores de ortografía causados por la interferencia visual del inglés. Es decir, a veces escriben en español ciertas palabras del mismo modo en que las han visto escritas en inglés, sin pensar en las diferencias de sonido que esto significa. Por ejemplo, es fácil pensar que una palabra como *telephone* se escribe en forma casi idéntica en español, lo cual lleva a los estudiantes a crear vocablos como *teléphono, sin reflexionar en que nunca se emplea la combinación **ph** en español. En efecto, la **p** nunca puede pronunciarse como **f** en español. Por eso, como sabemos, cada vez que en inglés empleemos la combinación **ph**, habrá que escribir **f** en español. He aquí algunos ejemplos: **teléfono** (*telephone*), **fonética** (*phonetics*), **filosofía** (*philosophy*), **filantropía** (*philanthropy*), **farmacia** (*pharmacy*).

A continuación se encuentra una lista de sonidos que con frecuencia producen errores ortográficos debidos a la influencia del inglés. Es importante anotar que, como en toda regla, siempre hay excepciones:

Ortografía inglesa → española	Ejemplos del inglés	Ejemplos del español
ct → cc	*reaction, introduction*	**reacción, introducción**
ph → f	*pharmacy, philosophy*	**farmacia, filosofía**
nn → n	*annual, tennis*	**anual, tenis**
cc → c	*accumulate, accent*	**acumular, acento**
tion → ción	*action, intention*	**acción, intención**
ff → f	*affirmative, offend*	**afirmativo, ofender**
gg → g	*aggressive, agglomeration*	**agresivo, aglomeración**
tt → t	*attention, attack*	**atención, ataque**
ss → s	*essential, possess*	**esencial, poseer**
pp → p	*apparently, opportunity*	**aparentemente, oportunidad**
mm → nm	*immediate, immortal*	**inmediato, inmortal**

> *Recuerde que para deletrear* (to spell) *correctamente en español es imprescindible usar el diccionario no sólo en caso de dudas serias sino hasta para buscar ciertas palabras elementales. La costumbre de acudir al diccionario para revisar la ortografía de las palabras nos ayudará a fijar en nuestra mente tanto su significado como sus características* **físicas**.

Ejercicio 1

Traduzca al español las palabras que se ofrecen a continuación. Tenga cuidado de (*Make certain*) que estén bien deletreadas.

Palabra en inglés	Traducción al español
1. *reduction*	
2. *efficient*	
3. *tradition*	
4. *apply*	
5. *photocopy*	
6. *imminent*	
7. *occult*	
8. *announce*	
9. *assume*	
10. *attribute*	
11. *oppose*	
12. *photograph*	
13. *office*	
14. *agglutinate*	
15. *immunization*	
16. *assist*	

Alerta 1

Las palabras que terminan en **-ón** (acción, emoción, lección, dimensión, reflexión, ratón) **no llevan acento** cuando son plurales: acciones, emociones, lecciones, dimensiones, reflexiones, ratones. (Para más explicación relacionada con el uso de los acentos en español, vea el segundo apéndice, "La acentuación en español".)

En español, como en inglés, hay diferentes **tipos de palabras** que se emplean para formar **oraciones** (*sentences*). En la gramática tradicional, las palabras llevan nombres muchas veces abstractos que no comunican claramente su función. Hablamos de verbos, adjetivos, nombres o sustantivos, adverbios, etc. A efectos de facilitar la comprensión del uso de estas palabras, seguiremos un esquema descriptivo basado en el papel que tienen dichas palabras en la oración.

Tipo de palabra o función	Nombre tradicional	Ejemplos
La palabra-concepto: representa una persona, lugar, cosa o idea abstracta.	**El sustantivo**	árbol, mesa, estudiante, virtud, España, parque, confianza, amiga, interés, casa, defecto, amor, libro, bailar
La palabra-acción: expresa la acción que realiza una persona, animal o cosa.	**El verbo**	correr, escribir, bailar, estudiar, dormir, soñar, cantar, leer, ir, vivir
La palabra modificadora que califica o define: amplía o define el significado de otra palabra.	**El adjetivo** **El artículo definido o indefinido**	hermoso, elegante, dormida, inteligente, mucho, feo, barato, gordo, azul, esta, aquella, tuyo, el, unos, los, un
La palabra modificadora que indica tiempo, modo o cantidad: amplía o define el significado de otra palabra modificadora o de la palabra-acción.	**El adverbio**	fácilmente, muy, poco, bien, mucho, despacio, lentamente, luego, aquí, mañana, ayer
La palabra-enlace: une otras palabras o partes de la oración.	**La conjunción** **El verbo nexo *ser***	y, pero, sino, o, ni, cuando, para que, antes de que, después de que, ser
La palabra indicadora: indica dirección, posición, posesión, tiempo, etc.	**La preposición**	en, para, por, de, con, sin, después de, detrás de, sobre, a, hasta, delante de, enfrente de, con respecto a
La palabra sustituidora: reemplaza a otra palabra para evitar la repetición.	**El pronombre**	yo, tú, nosotros, ellas, lo, la, les, mí, ustedes, éste, aquéllos, que, quien, los cuales, cuyas, el que, se
La palabra-pregunta/la palabra-exclamación: palabras que se usan para hacer preguntas o para expresar admiración.	**Adjetivos y pronombres interrogativos (¿ . . . ?)** **Adjetivos y pronombres exclamativos (¡ . . . !)**	qué, cuál, quién, cómo, cuánto, dónde, adónde, por qué, para qué

Ejercicio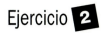

a. A continuación se encuentra una lista de palabras. Identifique qué tipo de palabra es cada una. Tenga presente que algunas de ellas pueden representar más de un tipo.

Palabra	Tipo de palabra	Nombre de la palabra
1. escogemos	_____	_____
2. vosotros	_____	_____
3. abrigo	_____	_____
4. dónde	_____	_____
5. bien	_____	_____
6. aquélla	_____	_____
7. un	_____	_____
8. alegría	_____	_____
9. bolso	_____	_____
10. hermosas	_____	_____
11. leer	_____	_____
12. estos	_____	_____
13. y	_____	_____

b. Examine con cuidado las oraciones a continuación. Luego identifique el tipo a que pertenece la palabra indicada.

Oraciones	Tipo de palabra
1. Los profesores escriben en la **pizarra**.	_____
2. Elsa **sabe** la respuesta.	_____
3. **El** cine es grande.	_____
4. ¿**Quién** tiene dinero?	_____
5. Mis amigos salen **para** Chicago mañana.	_____
6. **Nosotros** estudiamos demasiado.	_____
7. No creo a Pedro **sino** a Marcela.	_____
8. La bolsa **roja** es de la profesora.	_____
9. **Arturo** siempre llega tarde.	_____
10. Mi novio habla **mucho**.	_____

La oración simple y su estructura

La **oración simple** consiste en una serie de palabras organizadas de acuerdo con la fórmula básica de **sujeto** (actor) + **predicado** (o sea, lo que se dice del sujeto en una oración). El predicado siempre contiene una palabra-acción o el verbo-enlace **ser**. Es importante reconocer la estructura de la oración simple para poderla reproducir más adelante.

La oración simple se compone de palabras que representan **elementos básicos** y **elementos secundarios**. Los elementos básicos comunican la esencia del mensaje (la idea); los elementos secundarios aclaran, especifican o amplían el mensaje. Por ejemplo, cuando digo "Elena baila" expreso una idea. Esa idea puede ampliarse, especificarse o aclararse a base de elementos secundarios. Note estos casos: "Elena baila mucho"; "Elena baila mucho con Carlos"; "Elena baila mucho con Carlos todos los sábados"; "Mi hermana Elena baila mucho con Carlos todos los sábados". La idea esencial de las tres oraciones es "Elena baila", pero cada elemento añade aspectos importantes al significado. Observe que, por lo general, los elementos básicos son el sujeto y la palabra-acción (el verbo). Hay palabras-acción, sin embargo, que no tienen sentido a menos que las acompañe una palabra-concepto o una palabra modificadora. Las más comunes son **ser** y **estar**.

En los siguientes modelos, las oraciones se han dividido en elementos esenciales que aparecen en la primera línea, y elementos secundarios que aparecen en la segunda.

MODELOS:

Tu amiga Olga a veces estudia historia en la biblioteca.

Olga			estudia			
Tu	amiga	a veces	historia	en	la	biblioteca

Ese joven alto no es estudiante de español.

joven		es		estudiante	
Ese	alto	no		de	español

La hija de los González está bastante enferma.

hija				está	enferma
La	de	los	González	bastante	

Ejercicio 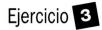 3

a. Examine cuidadosamente las siguientes oraciones simples e identifique los elementos básicos y los secundarios:

1. La pobre Mariola siempre rompe su computadora.

   Elementos básicos

   _____

   _____

   Elementos secundarios

   _____

   _____

2. Las dos novelas de esa escritora argentina son muy interesantes.

   Elementos básicos

   _____

   _____

   Elementos secundarios

   _____

   _____

3. El hermanito de Felipe está cansado de correr.

   Elementos básicos

   _____

   _____

   Elementos secundarios

   _____

   _____

4. Los perros de tu vecino ladran constantemente.

   Elementos básicos

   _____

   _____

   Elementos secundarios

   _____

   _____

5. Muchos hombres son poco valientes.

   Elementos básicos

   _____

   _____

   Elementos secundarios

   _____

   _____

6. Los padres de Federico no están contentos con él.

   Elementos básicos

   _____

   _____

   Elementos secundarios

   _____

   _____

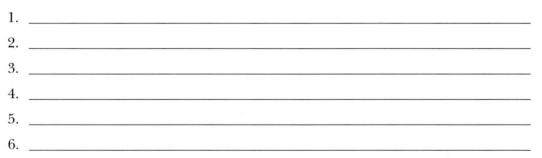

Alerta 2

To be at a place se dice "estar **en** un lugar". **Ejemplos:** Estamos en casa; Felipe está en el cine; Mis padres están en el centro comercial; Lucila y su novio están en la playa; El libro está en el librero.

b. Escriba dos oraciones simples con cualquier palabra-acción, otras dos con **ser** y otras dos con **estar**. Subraye (_underline_) los elementos esenciales de cada oración.

1. _____

2. _____

3. _____

4. _____

5. _____

6. _____

c. En este capítulo, vamos a trabajar en la descripción. Para prepararse para describir, haga el siguiente ejercicio. Examine cada dibujo, y después escriba cinco oraciones simples sobre cada uno de los dibujos. Revise con cuidado el modelo a continuación.

MODELO:

1. El león come ciervos.
2. El león es fuerte.
3. El león tiene dientes grandes.
4. El león se llama Simbad.
5. El león está molesto.

1. _____
2. _____
3. _____
4. _____
5. _____

1. _____
2. _____
3. _____
4. _____
5. _____

La concordancia (1)

Se llama **concordancia** (*agreement*) a la relación inalterable que existe entre ciertas partes de la oración. Por ejemplo, una **palabra modificadora** tiene que concordar con la **palabra-concepto** que amplía, define o describe. Del mismo modo, una **palabra-acción** tiene que concordar con la **palabra-concepto**, la **palabra sustituidora**, la **palabra-pregunta** o la **palabra-exclamación** con que se relaciona. Ejemplos: El libro **rojo**; Las mesas **grandes**; La mujer **canta**; Los niños **corren**. Los errores de concordancia representan incorrecciones muy elementales al hablar y al escribir. Además, a veces pueden afectar la comunicación. Las siguientes oraciones son muy confusas debido a errores de concordancia: *"La cura es bueno" (*the priest:* el cura; *the cure:* la cura); *"El capital de Perú es enorme" (*the capital:* la capital; *capital in a monetary sense:* el capital). Por eso, hay que tratar de evitar este tipo de error en todo momento. Para poder hacerlo, es importante repasar los conceptos de género y número en la relación **palabra-concepto/palabras modificadoras**. Más adelante se examinará la concordancia entre las palabras-acción y el sujeto.

Alerta 3

El plural de los demostrativos **este, ese, éste, ése** termina en **-os. Ejemplos:** este libro → estos libros; ese cuaderno → esos cuadernos; Éste sabe mucho → Éstos saben mucho; Ése escribe mal → Ésos escriben mal.

■ El género de las **palabras-concepto** (sustantivo):

1. Las **palabras-concepto** son masculinas o femeninas.

   Ejemplos:

   a. árbol (masc.)
   b. casa (fem.)
   c. virtud (fem.)
   d. hombre (masc.)
   e. niña (fem.)

*Recuerde que todo diccionario siempre va a identificar una **palabra-concepto** como masculina o femenina. Basta con revisar la entrada correspondiente (la definición) y observar si incluye las letras m o f o las abreviaturas masc. o fem.*

2. Muchas palabras que terminan en **-a** son femeninas, mientras que las que terminan en **-o** suelen ser masculinas. Como por lo regular las **palabras-concepto** van acompañadas de la **palabra-modificadora** llamada artículo definido (**el, la, los, las**), incluimos esta partícula con los ejemplos a continuación.

   Ejemplos:

   a. el lobo
   b. la cama
   c. el libro
   d. la puerta
   e. la ventana
   f. la luna

3. Muchas palabras masculinas terminadas en **-o** que se refieren a animales o a personas tienen una forma femenina correspondiente terminada en **-a**:

Ejemplos:

a. el oso → la osa
b. el hermano → la hermana
c. el tío → la tía
d. el perro → la perra
e. el maestro → la maestra
f. el loco → la loca

Algunas excepciones comunes:

a. el caballo → la yegua
b. el yerno → la nuera
c. el gallo → la gallina
d. el marido → la mujer
e. el toro → la vaca

🦉 **Alerta 4**

> Las palabras femeninas que comienzan con **a** o **ha** acentuadas llevan el artículo masculino en su forma singular. **Ejemplos:** el agua fría; el hacha afilada. La forma plural lleva el artículo femenino: las aguas frías; las hachas afiladas.

4. Es importante recordar que, como hemos observado arriba, toda norma tiene sus excepciones. Así, hay palabras terminadas en **-o** que son femeninas y otras terminadas **-a** que son masculinas. A continuación se identifican algunas irregularidades notables:

■ Muchas palabras que terminan en **-ma** son masculinas:

Ejemplos:

a. el poema
b. el clima
c. el problema
d. el programa
e. el tema

Algunas excepciones comunes:

   a. la cama

   b. la trama

   c. la rama

- Las palabras que terminan en **-pa** y **-ta** lo mismo pueden ser masculinas que femeninas. Por eso hay que tener cuidado especial con ellas y aprenderlas de memoria o consultar frecuentemente el diccionario:

   a. el mapa

   b. la ropa

   c. el cometa (*comet*)

   d. la cometa (*kite*)

   e. el Papa (*Pope*)

   f. la papa (*potato:* en Hispanoamérica)

   g. el planeta

   h. la corneta

- Algunas palabras-concepto de uso común poseen género invariable:

   a. la persona (ej. Juan es una buena persona.)

   b. la víctima (ej. Raúl es víctima de sus errores.)

   c. el individuo (ej. Elena es un individuo intransigente.)

- La terminación de ciertas palabras-concepto, en particular de muchas relativas a las profesiones, no varía a pesar de que se aplique a un hombre o a una mujer. En estos casos, el artículo precisa el género:

   a. el modelo/la modelo

   b. el artista/la artista

   c. el soldado/la soldado

   d. el amante/la amante

   e. el ayudante/la ayudante

   f. el atleta/la atleta

   g. el estudiante/la estudiante

- Las palabras-concepto que terminan en **-tud, -umbre, -dad, -tad, -ción** y **-sión** son femeninas:

   a. la virtud

   b. la costumbre

   c. la bondad

   d. la amistad

   e. la acción

   f. la pretensión

   g. la muchedumbre

   h. la libertad

- Los ríos, mares y montañas por lo general son masculinos. También lo son los días de la semana:
  a. el Tajo
  b. el Océano Pacífico
  c. el Mediterráneo
  d. los Andes
  e. el Everest
  f. el viernes
  g. los lunes

- Algunas palabras-concepto tienen diferente significado en masculino o femenino:

  el capital (cantidad de dinero)   **la capital** (ciudad)

  el cura (sacerdote = *priest*)   **la cura** (remedio)

  el orden (estructura armoniosa)   **la orden** (mandato)

  el guía (persona que dirige u orienta)   **la guía** (libro telefónico; persona que dirige, si se trata de una mujer)

- *Hay muchas palabras-concepto que no se ajustan a estas normas. Recuerde: en caso de duda, debe consultar el diccionario.*

Alerta 5

Recuerde las siguientes contracciones: **a** + **el** = **al**; **de** + **el** = **del**. **Ejemplos:** Vamos al teatro; Salgo del cine. **¡Ojo!** Si se usa la palabra sustituidora (pronombre) **él**, entonces no hay contracción. **Ejemplos:** La camisa de él; A él le gusta el helado más que a mí.

- El número de las **palabras-concepto** (sustantivos):

1. Por lo general, el plural de las palabras-concepto se forma añadiendo una **-s** a las que terminan en vocal y una **-es** a las que terminan en consonante:

   Ejemplos:
   a. el aparato → los aparatos
   b. la silla → las sillas
   c. el motor → los motores
   d. el papel → los papeles
   e. la maldad → las maldades
   f. la canción → las canciones
   g. el bebé → los bebés

2. Para formar el plural de las palabras que terminan en **-z**, hay que reemplazar esta letra por **c** y añadir **-es**:

Ejemplos:

a. la raíz → las raíces

b. el lápiz → los lápices

c. el matiz → los matices

3. Las palabras que terminan en **-s** no cambian al formarse el plural, a menos que se trate de una sílaba acentuada.

Ejemplos:

a. el lunes → los lunes

b. la tesis → las tesis

c. el paraguas → los paraguas

d. el portugués → los portugueses

e. el mes → los meses

Ejercicio 4

a. De acuerdo con lo explicado, indique por medio del uso de los artículos **el** o **la** si las palabras a continuación son masculinas o femeninas.

Art.	Palabra-concepto	Art.	Palabra-concepto
_____	1. rana	_____	10. ropa
_____	2. cuaderno	_____	11. verdad
_____	3. abogada	_____	12. llama
_____	4. Amazonas	_____	13. orden (estructura)
_____	5. mano	_____	14. miércoles
_____	6. sistema	_____	15. muchedumbre
_____	7. actitud	_____	16. césped
_____	8. avión	_____	17. planeta
_____	9. mapa	_____	18. Papa

b. Cambie del singular al plural y viceversa:

Artículos y palabras-concepto	Cambios
1. el río	_____
2. los lápices	_____
3. la hipótesis	_____
4. el árbol	_____
5. la butaca	_____
6. los autocares	_____
7. los holandeses	_____
8. la virtud	_____
9. el paraguas	_____
10. la vitrina	_____
11. las caridades	_____

Alerta 6

La construcción con **gustar** responde a la siguiente fórmula: (**me te, le, nos, os, les**) + **gusta (gustan)** + **palabra-concepto**. **Ejemplos:** Me gustan los caramelos; Nos gusta bailar; Les gusta la playa. La construcción enfática o aclaratoria con **gustar** responde a esta otra fórmula: **a mí me** (**a ti te; a él/ella/usted/[nombre] le; a nosotros nos; a vosotros os; a ellos/ellas/ustedes/[nombre] les**) + **gusta, gustan** + **palabra concepto**. **Ejemplos:** A Elena y a Jaime les gusta estudiar; A vosotros os gusta el fútbol; ¿A ti te gustan los mariscos?

c. Lea la siguiente lista. Después, en parejas, pregúntele a su compañero o compañera si le gustan o no cinco de esas actividades, comidas, pasatiempos y animales. Escriba las respuestas para luego informar a toda la clase.

MODELO:

Pregunta: *¿Te gustan los exámenes?*

Respuesta del compañero/a: *Sí, me gustan mucho los exámenes.*

Informe a la clase: *A [nombre] le gustan mucho los exámenes.*

esquiar	las aceitunas	la ópera	las anchoas
dormir mucho	el fútbol americano	bailar salsa	los calamares
las serpientes	hablar por teléfono	las películas románticas	la música country

Informe

Nombre del entrevistado o la entrevistada: _____

1. _____

2. _____

3. _____

4. _____

5. _____

Primera entrada del cuaderno

Durante el semestre usted irá creando un cuaderno de impresiones e ideas basado en instrucciones muy precisas. Estas son las instrucciones para la primera entrada: Escriba una descripción de **100 a 150 palabras** en el presente sobre uno de los temas a continuación. Utilice oraciones simples:

1. El hombre o la mujer ideal.

2. Razones por las que yo soy el hombre o la mujer ideal.

El hombre ideal

El hombre ideal es alto y fuerte. Tiene el pelo negro. Sus ojos son castaños. Es muy bien parecido. Es muy simpático. Sonríe constantemente. Es inteligente. Estudia mucho. Quiere ser médico o ingeniero. También es muy trabajador y generoso.

Además, el hombre ideal cocina bien. Lava los platos con alegría y mucho cuidado. Pasa la aspiradora con frecuencia por toda la casa. Le gusta especialmente limpiar los baños. Repara los aparatos domésticos, el coche, los muebles y otras cosas.

El hombre ideal me quiere mucho. Siempre está contento. Es muy cariñoso. Me trae rosas una vez por semana.

¡Lamentablemente, el hombre ideal no existe! Es sólo un sueño. (108 palabras)

La concordancia (2)

■ El número y el género de las **palabras modificadoras** en su relación con las palabras-concepto:

Todos los adjetivos tienen número y se indica de la misma manera que con las palabras-concepto. La mayor parte de ellos también tienen género, que se señala como en las palabras-concepto. De acuerdo con lo que se ha explicado, los adjetivos siempre concuerdan con las palabras-concepto. Por eso es esencial entender sus características.

Hay adjetivos que tienen dos formas, una masculina y otra femenina; otros adjetivos no cambian:

1. Los adjetivos que terminan en **-o** tienen una forma femenina con **-a**:

   Ejemplos:

   a. la casa **roja**
   b. los libros **confusos**
   c. las mujeres **altas** y **delgadas**
   d. el perro **tonto**
   e. la mano **fina**
   f. los chicos **locos**

2. Los adjetivos que terminan en **-e**, **-z** o **-l** no sufren cambio al pasar al femenino:

   Ejemplos:

   a. la camisa **verde**
   b. la tarea **fácil**
   c. la viuda **feliz**
   d. la joven **elegante**
   e. la pared **azul**

3. Los adjetivos que terminan en **-ón**, **-án**, **-or** (sobre todo **-dor**) así como la mayor parte de los gentilicios (los que indican nacionalidad, origen, etc.) tienen una forma femenina con **-a**. Repare en que el acento desaparece en el caso de aquellos que terminan en **-ón**, **-án** o **-és**.

   Ejemplos:

   a. el hombre **comilón**
   b. la niña **haragana** (*lazy*)
   c. la empresa **constructora**
   d. los jóvenes **trabajadores**
   e. la mujer **española**
   f. las gatas **lloronas**
   g. la chica **encantadora**
   h. Los estudiantes **holandeses**

¡OJO!

*Hay gentilicios que tienen una forma constante a pesar del género, como **azteca**, **israelita**, **marroquí**, **iraquí**, **canadiense** y otros:*

a. el chico israelita/la chica israelita

b. los senadores estadounidenses/las senadoras estadounidenses

c. el templo maya/la pirámide maya

d. el presidente paquistaní/la presidenta paquistaní

4. Las palabras modificadoras demostrativas **este, ese** y **aquel** (*this, that, that farther away*) tienen las siguientes formas femeninas y plurales: **esta, estos, estas; esa, esos, esas; aquella, aquellos, aquellas**. Normalmente preceden a la palabra-concepto.

Ejemplos:

a. esta profesora

b. aquellos montes

c. esas ventanas

d. aquel sábado

e. ese examen

f. estos días

g. aquellas raíces

Alerta 7

La forma demostrativa **esto** puede funcionar sólo como palabra sustituidora (pronombre). **Nunca, nunca, nunca** puede operar como palabra modificadora masculina. En otras palabras, no se puede escribir *****esto libro**. Lo correcto es **este libro**.

5. Las palabras modificadoras posesivas son de dos tipos: las cortas, que vienen antes de las palabras-concepto (**mi, tu, su, nuestro, vuestro, su**) y las largas, que se colocan después de las palabras-concepto (**mío, tuyo, suyo, nuestro, vuestro, suyo**). Los posesivos cortos todos tienen forma plural, pero sólo dos (**nuestro, vuestro**) tienen forma femenina con **-a**; los posesivos largos todos tienen número y género.

Ejemplos:

a. mis zapatos

b. nuestra hermana

c. tu nariz

d. vuestros amigos

e. la prima suya

f. los parientes míos

g. la casa vuestra

h. los uniformes suyos

Alerta 8

En contraste con el inglés, el posesivo siempre concuerda en número con la palabra concepto y, en el caso de las formas largas y de las cortas **nuestro** y **vuestro**, también en género. **Ejemplos:** *his shirts* → sus camisas, las camisas suyas; *their car* → su coche, el coche suyo.

Ejercicio 5

a. Escoja la palabra modificadora (adjetivo) que mejor se adapta a las palabras-concepto a continuación:

rabioso	alta	grande	oscura
burlona	trabajador	escandalosa	veloz

Palabras-concepto	Modificadores	Palabras-concepto	Modificadores
el edificio	_____	la comediante	_____
la yegua	_____	el perro	_____
el mecánico	_____	la montaña	_____
la noche	_____	la situación	_____

b. *En parejas busquen en su diccionario algunas palabras-concepto (sustantivos) que ustedes no conozcan. Luego, empléenlas en combinación con las palabras modificadoras que se ofrecen a continuación, realizando todos los cambios que sean necesarios.*

Ejemplo: inteligente   **R.:** *La criatura inteligente.*

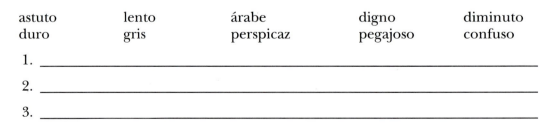

astuto	lento	árabe	digno	diminuto
duro	gris	perspicaz	pegajoso	confuso

1. _____

2. _____

3. _____

4. _____

5. _____

6. _____

7. _____

8. _____

9. _____

10. _____

c. Traduzca del inglés teniendo en consideración que *of mine, of yours, of his, of hers, of ours, of theirs* exigen el uso de las formas largas de la palabra modificadora posesiva:

Inglés	Español
your (familiar singular) brown shoes	_____
this excellent university	_____
their beautiful daughter	_____
some Mexican friends of ours	_____
your (familiar plural) professor (feminine) of German	_____
this shirt of mine	_____
my favorite programs	_____
his pink pen	_____
that brother of hers	_____
those (distant) threatening clouds	_____

d. Otro ejercicio de descripción. Lea con cuidado la siguiente descripción. Después, cambie al plural de acuerdo con las instrucciones.

Mi prima Elena es alta y rubia. Tiene los ojos azules. Es inteligente y atractiva. Es joven. Es estudiante de ingeniería. Trabaja en el centro. Es mi mejor amiga.

Cambie a Elena por Ana y Luisa, haciendo todos los cambios que sean necesarios:

_____

_____

_____

_____

_____

e. Escriba una mini-descripción de siete oraciones simples semejante a la de "Mi prima Elena", sobre "Mi amiga/o"; "Mi sobrina/o".

_____

_____

_____

_____

_____

f. En parejas examinen los dos dibujos. Seleccionen uno y luego inventen cinco preguntas para hacerle a la persona del dibujo. Use **tú**. Después, imaginen las respuestas de la persona y escríbanlas en primera persona (**yo**). Finalmente, reporten a la clase las cinco respuestas en tercera persona, es decir, use **él** o **ella**. Recuerde que no se debe repetir innecesariamente la palabra sustituidora en su función de sujeto (**yo, tú, él, ella,** etc.)

Nombre: Juanito Regalado
Profesión: Plomero
Edad: Cuarenta y tres años
Estado civil: Casado

Nombre: Petra Ballesteros
Profesión: Golfista
Edad: Veinte y cinco años
Estado civil: Soltera

Preguntas:

1. _____

2. _____

3. _____

4. _____

5. _____

Respuestas:

1. _____

2. _____

3. _____

4. _____

5. _____

Informe:

_____

_____

_____

_____

_____

6. Los únicos **números cardinales** que concuerdan con la palabra-concepto son **uno (un, una)** y todas **las formas compuestas de ciento (doscientos, doscientas; trescientos, trescientas; quinientos, quinientas**, etc.). Del mismo modo que en inglés, en español se dice **un millón**, pero en contraste con el inglés, esta palabra tiene plural en español (**dos millones, tres millones,** etc.).

Aunque en inglés se dice one thousand, *en español se emplea* **mil** *(nunca se dice* *** un mil***).*

Ejemplos:

a. cuatro casas

b. veinticinco (veinte y cinco) mujeres

c. noventa y dos libros

d. cien pasteles

e. una niña

f. cuarenta y un barcos

g. ciento setenta y una pesetas

h. cuatrocientas diez personas

i. setecientos soldados

j. el año mil seiscientos treinta

k. un millón de pesos

l. ocho millones de habitantes

Alerta 9

En contraste con el inglés, al contar a partir de cien, no se usa **y** entre **ciento** y el número siguiente. **Ejemplos:** ciento cinco estudiantes; trescientos un pollos.

7. Los **números ordinales** (**primero, segundo, tercero**, etc.) por lo general sólo se emplean hasta el diez (**décimo**) y suelen escribirse antes de la palabra-concepto. También concuerdan con ésta, ya que tienen tanto género como número. Es importante recordar además que **primero** y **tercero** se convierten en **primer** y **tercer** frente a una palabra-concepto masculina singular.

Ejemplos:

a. el quinto pino
b. la novena entrada (*inning*)
c. la primera dama
d. el tercer piso
e. la sexta fotografía

Ejercicio 6

a. Escriba los números en español:

Número	Número escrito	Palabra-concepto
1. 142	_____	dólares
2. la 3ʳᵃ	_____	canción
3. 71	_____	empleados
4. 525	_____	euros
5. 100	_____	mesas
6. 15	_____	días
7. 1.000	_____	promesas
8. 26	_____	años
9. el 5°	_____	piso
10. 5.000.000	_____	de habitantes

b. Escriba las fechas en español. Recuerde que el primer número corresponde al día, el segundo al mes y el tercero al año.

Ejemplo: 14/2/2003   **R.:** *el catorce de febrero de dos mil tres*

1. 4/07/1776   _____
2. 12/10/1492   _____
3. 1/01/2000   _____
4. 7/12/1941   _____
5. 2/05/1808   _____
6. 23/04/1616   _____
7. 18/07/1936   _____
8. 30/06/1520   _____

■ Colocación de las **palabras modificadoras** (adjetivos):

Hay dos tipos de esta clase de palabras modificadoras: aquellas palabras que forman una unidad con la palabra-concepto, es decir, que la limitan o definen y aquellas que la describen, distinguen o analizan. Las primeras se colocan **antes** de la palabra-concepto; las segundas, **después**.

1. Algunos modificadores normalmente **preceden** a la palabra-concepto. Los más frecuentes son **el artículo definido (el, la, los, las)**, **el artículo indefinido (un, una, unos, unas)**, **los demostrativos (este, ese, aquel** y sus variantes), **los posesivos cortos (mi, tu, su, nuestro, vuestro, su** y sus variantes), **los numerales, los cuantitativos (mucho, poco, varios**, etc.) y **los indefinidos (algún, ningún** y sus variantes).

   Ejemplos:

   a. las mujeres
   b. este ordenador
   c. cuatro pupitres
   d. mucha gente
   e. algunas alumnas
   f. mis piernas
   g. ningún empleado

2. La mayor parte de las palabras modificadoras **preceden** o **siguen** a la palabra-concepto de acuerdo con la intención del hablante. Es decir, si uno quiere indicar que la palabra-modificadora indica una cualidad invariable o asociada de manera directa con la palabra-concepto, ésta se coloca delante; si uno quiere describir, distinguir o analizar la palabra-concepto, ésta se coloca detrás.

Ejemplos:

a. las mujeres inteligentes (distingue el tipo de mujeres de que se trata)

b. el famoso actor Matt Damon ("famoso" se asocia necesariamente con Matt Damon)

c. la toalla roja y blanca (los colores describen la toalla)

d. los verdes pinos y la blanca nieve del norte de Michigan (los pinos del norte de Michigan son naturalmente verdes y la nieve es blanca)

Alerta 10

Se usa **y** para enlazar dos palabras modificadoras (adjetivos) descriptivas—o sea, las que siguen la palabra-concepto. **Ejemplo:** la calle larga y angosta; las jóvenes educadas, inteligentes y hacendosas.

3. Las siguientes palabras modificadoras se apocopan, o sea, se acortan cuando se encuentran frente a una palabra-concepto masculina: **alguno, ninguno, bueno, malo, primero, tercero, santo**. **Grande** se acorta lo mismo frente a una palabra masculina que femenina.

Ejemplos:

a. algún coche

b. ningún tonto

c. un buen libro

d. una mala persona

e. el primer capítulo

f. el tercer lugar

g. el gran hombre/la gran mujer

h. el mal médico

i. San Mateo/Santa Rita

¡OJO!

*Se emplea **Santo** ante **To-** y **Do-**: Santo Domingo; Santo Toribio.*

Alerta 11

Nunca, nunca, nunca se dice *un otro sino **otro** (otro hombre, otra mujer).
Nunca se dice *un cierto sino **cierto** (cierto hombre, cierta mujer).

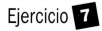

a. Coloquen las palabras modificadoras donde resulten más apropiadas y háganlas concordar con la palabra-concepto:

Modificadores	Modificadores que preceden	Palabras-concepto	Modificadores que siguen
1. mucho, loco	_____	gente	_____
2. poderoso, el, grande	_____	coches	_____
3. ninguno, feroz	_____	tigre	_____
4. lejano, feliz, aquel	_____	tiempos	_____
5. el, conocido	_____	cantante Madonna	_____
6. útiles, mi	_____	diccionarios	_____
7. el, santo, bueno	_____	Francisco de Asís	_____
8. nuestro, uno	_____	primas	_____
9. maloliente, grasoso, el	_____	comida	_____
10. primer, este	_____	semana	_____

b. Lea cuidadosamente la descripción de "El palacio".

El palacio es enorme. Tiene diez y seis habitaciones. Tiene seis cuartos de baño. Hay veinte ventanas grandes y cuatro ventanas pequeñas. La puerta de entrada es negra. La puerta de atrás es verde. Tiene seis pisos. El suelo es de mármol. Hay alfombra en la sala. La cocina es grande. Hay un refrigerador, tres estufas y dos hornos. En el comedor hay una mesa larga y treinta sillas. Todas las paredes son amarillas. El palacio es hermoso.

Ahora describa su casa o el apartamento o habitación en que vive de acuerdo con el modelo. Escriba catorce oraciones:

_____

_____

_____

_____

_____

_____

_____

_____

_____

_____

■ Los adverbios son palabras-modificadoras que complementan un adjetivo, un verbo u otro adverbio. **Nunca hay concordancia entre el adverbio y la palabra que modifica.**

1. Muchos adverbios se forman por medio de la terminación **-mente** que se añade a la forma femenina de los adjetivos que terminan en **-o**. Si los adjetivos acaban en **-e** o en consonante, se añade **-mente** sin realizar cambio alguno.

   Ejemplos:

   a. rápido → rápidamente
   b. claro → claramente
   c. fácil → fácilmente
   d. alegre → alegremente
   e. sagaz → sagazmente

2. Si se usan en serie dos o más adverbios terminados en **-mente**, se elimina la terminación del primero o los primeros. Se respeta el cambio al femenino (**-a**) en el caso de los adverbios que acaban en **-o**:

   Ejemplos:

   a. La actriz habla clara, fácil y elocuentemente.
   b. Los niños saltan la cuerda rápida, ágil y alegremente.

3. Algunos adverbios comunes son **bien, mal, despacio, luego, aquí, allí, allá, mucho, poco, tarde, temprano, demasiado, mañana, ayer, muy, bastante.**

   Ejemplos:

   a. Mi hija habla mucho.
   b. ¿Quién corre despacio?

c. Escribe bastante bien.

d. ¿Vienes luego?

e. Está muy contenta.

f. Camina demasiado lentamente.

4. Muchas frases adverbiales formadas con la preposición **con** + **palabra-concepto** son de uso frecuente en español. Muchas veces se usan para reemplazar a las palabras modificadoras con **-mente**.

Ejemplos:

a. Leo con frecuencia.

b. El orador se expresa con entusiasmo.

c. Los amigos se tratan con afecto.

d. No hablas con precisión.

5. Según se observa, los adverbios se colocan por lo regular después de la palabra-acción y antes de la palabra modificadora.

Ejemplos:

a. Estudio muy cuidadosamente.

b. Lucila y yo estamos bastante tristes.

c. Mis padres llegan mañana.

d. Elena come mucho.

Ejercicio 8

a. Coloque las palabras modificadoras entre paréntesis donde convengan para que cumplan una función adverbial. Observe que a veces es necesario usar la terminación **-mente** para convertir en adverbio la palabra modificadora facilitada.

1. La casa de los Pérez es grande. (bastante)

   _____

2. Los hombres lloran. (dramático)

   _____

3. Mi esposo y yo vamos al cine. (frecuente)

   _____

4. Mi tío conduce rápidamente. (muy, siempre)

   _____

5. Carolina y Eduardo salen para España por la noche. (mañana)

   _____

6. Me siento bien. (espléndido)

   _____

7. La doctora los examina. (cuidadoso)

   _____

8. El abogado nos escucha. (paciente)

   _____

b. *En parejas, utilicen sus diccionarios para buscar adjetivos nuevos y luego crear adverbios que sirvan para modificar las palabras-acción que se le ofrecen.*

| bailar | escribir | golpear | pensar | beber |
| roncar | entrar | andar | hacer ejercicios | cantar |

1. _____
2. _____
3. _____
4. _____
5. _____
6. _____
7. _____
8. _____
9. _____
10. _____

La descripción (1)

Una de las fórmulas comunicativas más empleadas lo mismo por escrito que verbalmente es la descripción. Ésta consiste simplemente en **pintar** por medio de palabras una persona, animal, lugar, cosa o idea de la manera más clara posible. Las descripciones son todo lo sencillas o complicadas que quiera la persona que se expresa. Por ejemplo, alguien puede responder a la pregunta "¿Cómo es tu gata?" en base a una serie de frases sencillas: "Mi gata es negra y blanca. Tiene la cabeza grande. Tiene dientes afilados. Es muy gorda y juguetona". De la misma manera, si alguien nos pregunta "¿Qué es el amor?", tal vez optemos por contestar describiendo de manera filosófica esta idea: "El amor es una sensación indefinida e indefinible. Surge de una impresión física inicial que, pronto, se amplía mediante una compenetración emocional y hasta intelectual". Sea la estructura elemental o complicada, es siempre importante que el individuo seleccione aquellos elementos que revelan la esencia de lo que pretende describir de acuerdo con sus objetivos personales.

En principio, todo se puede describir en base a una serie de oraciones simples semejantes a las que hemos venido considerando. Si se nos pide, por ejemplo, que describamos a una persona, pongamos por caso a mi tía Sagrario, lo primero que convendría hacer sería escribir una serie de oraciones elementales que se concentren en aspectos físicos y emocionales significativos. El orden en este primer momento no tendría importancia.

Veinte oraciones sobre mi tía Sagrario

1. Mi tía Sagrario no tiene hijos.
2. Tiene treinta y nueve años.
3. Es arquitecta.
4. Tiene los ojos verdes y grandes.
5. Es cariñosa y generosa con sus sobrinos.
6. Canta por la nariz con voz chillona.
7. Es soltera.
8. Le gusta la música country.
9. Tiene cinco gatos, un perro y una serpiente.
10. Es un poco loca.
11. Mide un metro sesenta y cuatro.

(*Continúa*)

12. Es trigueña de pelo corto.

13. Se viste escandalosamente.

14. Es una mujer de aspecto interesante.

15. Es muy alegre y cómica.

16. Siempre usa minifalda.

17. Sus colores favoritos son el naranja y el morado.

18. Es delgada.

19. Tiene un traje de vaquera para bailar.

20. Toca bien el acordeón.

Ejercicio 9

Escriba diez oraciones como las anteriores sobre un pariente suyo que sea algo raro:

1. _____

2. _____

3. _____

4. _____

5. _____

6. _____

7. _____

8. _____

9. _____

10. _____

El presente de indicativo

La forma más común de la palabra-acción es el **presente de indicativo**, que se usa fundamentalmente para expresar lo que hacemos en determinado momento, lo que hacemos de rutina, o lo que vamos a hacer en un futuro inmediato. Primero, repasemos las formas del presente de indicativo de las palabras-acción que siguen

un esquema regular. Recuerden que en español hay tres conjugaciones
(o terminaciones) básicas: **-ar**, **-er**, **-ir**.

Bailar (formación: bail + terminación)	
(yo) bail**o**	(nosotros, nosotras) bail**amos**
(tú) bail**as**	(vosotros, vosotras) bail**áis**
(él, ella, usted) bail**a**	(ellos, ellas, ustedes) bail**an**

Beber (formación: beb + terminación)	
(yo) beb**o**	(nosotros, nosotras) beb**emos**
(tú) beb**es**	(vosotros, vosotras) beb**éis**
(él, ella, usted) beb**e**	(ellos, ellas, ustedes) beb**en**

Escribir (formación: escrib + terminación)	
(yo) escrib**o**	(nosotros, nosotras) escrib**imos**
(tú) escrib**es**	(vosotros, vosotras) escrib**ís**
(él, ella, usted) escrib**e**	(ellos, ellas, ustedes) escrib**en**

Ejercicio 10

a. Complete los espacios en blanco con la forma correcta del presente de
indicativo:

1. El toro _____ (saltar) la barrera.

2. Vosotros _____ (saber) demasiado.

3. Los parientes de Arturo _____ (vivir) en Londres.

4. (Yo) _____ (tomar) leche con la comida.

5. Tú _____ (aprender) mis debilidades.

6. Tomás y yo _____ (abrir) los regalos de navidad.

7. Mercedes _____ (sacar) el dinero del bolso.

8. Los médicos _____ (meter) la pata a menudo.

9. Nosotras _____ (comprar) pan para hacer bocadillos.

10. (Yo) no _____ (leer) las explicaciones.

11. (Tú) _____ (montar) en bicicleta para hacer ejercicios.

12. Vosotros no _____ (prestar) atención.

13. La arquitecta _____ (diseñar) el edificio.

14. Los hermanos González _____ (escribir) vulgaridades en la pizarra.

15. Luisa Fernanda y yo no _____ (entender) bien al profesor de alemán.

16. ¿Es verdad que tu prima Matilde ya no _____ (salir) con Paco Juárez?

17. ¿A qué hora _____ (cenar) vosotros?

Alerta 12

En la mayor parte de los casos, no es necesario utilizar la **palabra sustituidora (yo, tú, él, ella**, etc.) ante la **palabra-acción conjugada**, ya que ésta de por sí identifica a la persona que habla. **Ejemplos:** Comemos mucho; Estudio todos los días.

b. Escriba oraciones simples con los elementos que se le facilitan. Haga todos los cambios necesarios, escriba los números y cree adverbios cuando sea conveniente:

1. mi / tíos / vender / su / casa / en / 100.000 / dólar

   _____

2. (nosotros) / buscar / uno / hombres / fuerte / para / el / mudanza

   _____

3. (tú) / nunca / leer / muy / cuidadoso / el / instrucciones

   _____

4. este / blusa / tan / elegante / valer / 121 / euros

   _____

5. (vosotros) / estudiar / mucho / para / el / exámenes / final

   _____

6. Yo / meter / el / cuadernos / en / mi / mochila / rojo

   _____

Hay irregularidades que urge tener en cuenta para conjugar correctamente las palabras-acción en el presente de indicativo:

1. Los verbos en que **e** se convierte en **ie**:

cerrar	perder	sentir
cierro	pierdo	siento
cierras	pierdes	sientes
cierra	pierde	siente
cerramos	perdemos	sentimos
cerráis	perdéis	sentís
cierran	pierden	sienten

Algunas palabras-acción de este tipo son: comenzar, despertar, divertir, empezar, entender, mentir, preferir, querer, sentar, atender.

2. Los verbos en que **o** se convierte en **ue**:

mostrar	volver	dormir
muestro	vuelvo	duermo
muestras	vuelves	duermes
muestra	vuelve	duerme
mostramos	volvemos	dormimos
mostráis	volvéis	dormís
muestran	vuelven	duermen

Algunas palabras-acción de este tipo son: acostar, costar, contar, encontrar, morir, poder, recordar, soñar, volar, rogar.

3. Los verbos en que **e** se convierte en **i**: este cambio sólo lo sufren ciertas palabras-acción que terminan en **-ir**:

pedir	
pido	pedimos
pides	pedís
pide	piden

Algunas palabras-acción de este tipo son: corregir, elegir, repetir, seguir, servir, vestir.

Alerta 13

Atender significa *to take care of.* **Asistir a** quiere decir *to attend an event, an institution,* etc. **Ejemplos:** El vendedor atiende a los clientes; La médica atiende al paciente; Luis asiste a la Universidad de Toledo; Nosotros asistimos a clase.

4. **Jugar** se conjuga de este modo: juego, juegas, juega, jugamos, jugáis, juegan.

5. Algunas palabras-acción sólo cambian en la primera persona del singular (**yo**). Varias de uso común son:

hacer	ha**go**
poner	pon**go**
salir	sal**go**
valer	val**go**
traer	trai**go**
caer	cai**go**
conocer	cono**zco**
caber	**quepo**
conducir	condu**zco**
ver	**veo**
saber	**sé**
dar	**doy**

6. Las palabras-acción que terminan en **-ger, -gir, -cer** (menos **hacer**), **-cir** y **-guir** cambian sólo en la primera persona del singular (**yo**) de acuerdo con el patrón descrito a continuación.

coger	co**j**o (coges, coge, cogemos, cogéis, cogen)
exigir	exi**j**o (exiges, exige, exigimos, exigís, exigen)
vencer	ven**z**o (vences, vence, vencemos, vencéis, vencen)
zurcir	zur**z**o (zurces, zurce, zurcimos, zurcís, zurcen)
seguir	si**g**o (sigues, sigue, seguimos, seguís, siguen)

7. Algunas palabras-acción de naturaleza irregular y uso muy común son las siguientes:

oír	**oi**go, oyes, oye, oímos, oís, oyen
decir	**di**go, dices, dice, decimos, decís, dicen
tener	**ten**go, **tie**nes, **tie**ne, tenemos, tenéis, **tie**nen
venir	**ven**go, **vie**nes, **vie**ne, venimos, venís, **vie**nen
ir	**voy, vas, va, vamos, vais, van**
ser	**soy, eres, es, somos, sois,** son
estar	**estoy, estás, está, estamos, estáis, están**
haber	**he, has, ha, hemos,** habéis, **han**
oler	**hue**lo, **hue**les, **hue**le, olemos, oléis, **hue**len
destruir	destru**y**o, destru**y**es, destru**y**e, destru**í**mos, destru**í**s, destru**y**en

Ejercicio 11

a. Complete los espacios en blanco con la forma correcta del presente de indicativo:

1. La fiesta _____ (empezar) a las nueve.

2. (Yo) _____ (poner) la televisión para ver el noticiero.

3. ¿_____ (conocer) vosotros a la ingeniera Estela Ramírez?

4. Esos perros _____ (ladrar) constantemente.

5. Pedro, ¿cómo _____ (seguir) de salud tu mamá?

6. Los niños le _____ (pedir) caramelos a su padre.

7. (Yo) ya no _____ (caber) en estos pantalones.

8. ¿_____ (jugar) (tú) bien al baloncesto?

9. Hilda y yo _____ (ser) muy parecidos.

10. Esa aerolínea _____ (perder) constantemente el equipaje de los pasajeros.

11. La abuela de estos amigos tuyos _____ (ir) a la iglesia a menudo.

12. (Yo) no _____ (oír) absolutamente nada.

13. ¿Qué _____ (pensar) (tú) de la candidata a la presidencia?

14. Los alumnos de segundo grado _____ (contar) hasta mil.

15. Vosotros _____ (decir) muchas mentiras.

16. Alicia _____ (devolver) los libros a la biblioteca.

17. Aquí algo _____ (oler) mal.

18. Yo no _____ (convencer) a mis hermanos.

19. ¿Cuánto dinero _____ (tener) (tú) en el bolsillo?

Alerta 14

Parientes significa *relatives* (tíos, primos, abuelos, etc.); **padres** quiere decir *parents* (padre y madre). **Ejemplo:** Mis padres tienen muchos parientes; Su padre se llama Arturo y su madre se llama Clara; ¿Visitas mucho a tus parientes de Chicago?

b. Escriba oraciones breves con los elementos que se le facilitan. Haga todos los cambios necesarios, escriba los números y cree adverbios cuando sea conveniente:

1. el / camioneta / negro / de / el / sobrino / suyo / costar / 7.000 / euro

   _____

2. (yo) / zurcir / mi / calcetines / con / mucho / delicadeza

   _____

3. tu / parientes / volar / a / París / el / semana / próximo / ¿verdad?

   _____

4. ese / enfermeras / amistoso / atender / a / el / pacientes / con / grande / amabilidad

   _____

5. el / hijos / de / Laura y Paco / querer / pasar / el / vacaciones / en / el / playa

   _____

Alerta 15

There is, there are se dice **hay**. **Ejemplos:** No hay tiempo; Hay cinco libros en la mesa.

La descripción (2)

Según se observa en el siguiente modelo, las oraciones sobre la tía Sagrario se combinan fácilmente para crear una descripción elemental pero bastante completa de ella. Note que se incluye la oración final a manera de conclusión lógica:

Mi tía Sagrario

Mi tía Sagrario es arquitecta. Tiene treinta y nueve años. Mide un metro sesenta y cuatro. Es delgada. Es trigueña de pelo corto. Tiene los ojos verdes y grandes. Es una mujer de aspecto interesante.

Mi tía Sagrario es un poco loca. Tiene cinco gatos, un perro y una serpiente. Se viste escandalosamente. Siempre usa minifalda. Sus colores favoritos son el naranja y el morado. Le gusta la música country. Tiene un traje de vaquera para bailar. Toca muy bien el acordeón. Canta por la nariz con voz chillona. Es muy alegre y cómica.

Mi tía Sagrario es soltera. No tiene hijos. Es cariñosa y generosa con sus sobrinos. Yo la aprecio mucho. (Total: 110 palabras)

Ejercicio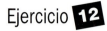

Cree una mini-descripción organizando las oraciones que usted escribió sobre un pariente algo raro para completar el ejercicio 9 de la página 32. Añada una breve frase conclusiva.

_____

_____

_____

_____

_____

_____

_____

_____

_____

_____

El reflexivo con el presente de indicativo

En español existen **palabras-acción** (verbos) que adquieren **valor reflexivo** con las **palabras sustituidoras** (pronombres) **me, te, se, nos, os, se**.

Normal	Reflexivo
Elena baña a su hijo.	Elena se baña.
Lavo el coche.	Me lavo las manos.
Los niños visten la muñeca.	Los niños se visten.

1. **El reflexivo** hace recaer la acción en el sujeto de la oración. Por ejemplo, cuando digo "La madre peina a su hijo", es evidente que la madre realiza la acción de **peinar** sobre su hijo, es decir, en beneficio de él. Una vez que la acción se vuelve reflexiva ("La madre se peina"), la madre ejecuta la acción y es afectada por la acción. Es importante notar que **la palabra sustituidora reflexiva se añade a la palabra-acción y concuerda (*agrees*) con el sujeto**: yo → **me**; tú → **te**; él (ella, usted) → **se**; nosotros → **nos**; vosotros → **os**; ellos (ellas, ustedes) → **se**.

Sujeto	Se	Verbo
	←	
Luisa	se	peina
	←	

Ejemplos:

a. Mis primos **se acuestan** a las once.

b. ¿**Te cepillas** los dientes por la mañana?

c. Nosotros **nos sentamos** en la séptima fila.

Alerta 16

Los reflexivos **me, te, se, nos, os, se** siguen al **infinitivo** (forma **-ar/-er/-ir**), el **gerundio** (forma **-ando/-iendo**) o el **mandato afirmativo** (sus formas se presentan en el capítulo 6) y forman una sola palabra con ellos: Voy a sentarme en el sofá (**o** Me voy a sentar en el sofá); Está comiéndose una manzana (**o** Se está comiendo una manzana); Vístanse para salir.

2. En español, existe un tipo de construcción falsamente reflexiva porque el sujeto o actor no realiza la acción sobre sí mismo, sino que interviene o influye sobre otro u otros que son los que verdaderamente ejecutan la acción. A continuación se incluyen ejemplos muy característicos.

Ejemplos:

a. **Me corto** el pelo en esa peluquería. (*I get my hair cut at that barbershop.*) (Hay que observar que el sujeto **yo** no se corta en realidad su propio pelo. Lo hace el peluquero de la peluquería en cuestión. Pero el peluquero ejecuta la acción a petición del cliente, que es el que paga.)

b. La madre de Tito quiere **hacerse** un vestido nuevo. (*Tito's mother wants to have a new dress made for herself.*) (De nuevo, la madre no hace el vestido ella misma, sino que lo manda a hacer a otra persona.)

3. Algunas palabras-acción en español se usan exclusivamente en su forma reflexiva. **Arrepentirse, quejarse, atreverse, suicidarse, enorgullecerse** y **jactarse** son buenos ejemplos.

Ejemplos:

a. Mucha gente **se suicida** en Finlandia todos los años.

b. Esos jugadores de golf **se jactan** de no perder nunca.

c. **Me arrepiento** de mis pecados.

Ejercicio 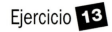 13

a. Traduzca la expresión indicada:

1. Los niños (*sit*) _____ a la mesa.

2. (*I have fun*) _____ mucho en la clase de español.

3. Mis abuelos (*wake up*) _____ temprano.

4. (*We complain*) _____ de los problemas de

   estacionamiento.

5. Vosotros (*boast*) _____ de vuestra inteligencia.

6. *You get bored* (informal) _____ fácilmente.

7. Eliana *combs her hair* _____ con mucho cuidado.

b. Cree construcciones reflexivas con las palabras-acción que aparecen en las oraciones a continuación y los sujetos de cada oración. Observe que, como ilustra el modelo, hay que eliminar el predicado para que la oración reflexiva tenga sentido.

MODELO:

La madre peina al niño.   **R.:** *La madre se peina.*
Meten el gato en la casa.   **R.:** *Se meten en la casa.*
Miro el libro.   **R.:** *Me miro.*

1. Visto a mi hija.

   _____

2. José Miguel y Javier lavan el coche.

   _____

3. El barbero pela al cliente.

   _____

4. Duermes al bebé.

   _____

5. Vosotros entretenéis a la gente.

   _____

6. Le quito el abrigo a mi novia.

   _____

7. El enfermero afeita al enfermo.

_____

8. Le pongo la ropa a la bebé.

_____

9. Mi padre baña el perro.

_____

10. Levantas a tu hija a las ocho.

_____

11. Nosotros escondemos el retrato debajo de la cama.

_____

12. Mis padres acuestan a mi hermanito.

_____

Estrategias de la comunicación escrita (1)

La facilidad excesiva y los sustituidores innecesarios

1. Uno de los errores más frecuentes del escritor principiante es la repetición innecesaria de palabras-acción y expresiones muy comunes. Este proceder no sólo sugiere pobreza de estilo, sino que también hace monótono el texto. Algunas palabras de este tipo son **ser, estar, poder, tener, vivir, hay** y modificadores como **mucho, muy, bueno, malo,** etc.

2. Otro defecto frecuente que conviene evitar por todos los medios es la repetición innecesaria de los sustituidores **yo, tú, él, ella, usted, nosotros/as, vosotros/as, ellos/as** y **ustedes** en su función de sujeto o de complemento de la oración. Es importante recordar que, en español, las palabras-acción indican persona a base de su terminación (**-o, -as, -a, -amos,** etc.). Por consiguiente, los sustituidores se emplean solamente para aclarar o añadir énfasis:

Ejemplos:

a. —¿Quién sabe más, él o ella?

—**Ella** sabe más. (para aclarar)

b. **Yo** juego al baloncesto mejor que nadie. (énfasis)

c. A **ustedes** les encanta el pollo frito, ¿verdad? (para aclarar)

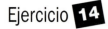
A continuación se incluye una breve descripción compuesta de oraciones simples en las que la autora se repite demasiado. En parejas o en grupos, lean con cuidado la descripción y cuando lo crean conveniente realicen cambios estructurales o de vocabulario para evitar las repeticiones. También eliminen los sustituidores innecesarios. **Recuerden: sólo se deben escribir oraciones simples**. Copien la nueva versión del texto en el espacio que se provee.

Mi hermana Gema

Yo tengo una hermana mayor. Ella se llama Gema. Nosotras nos llevamos muy bien. Ella es mi mejor amiga.

Mi hermana Gema tiene veinte y dos años. Ella es alta y delgada. Ella mide un metro ochenta. Ella tiene el pelo negro. Ella tiene los ojos castaños. Ella siempre tiene una sonrisa.

Ahora Gema no vive en casa. Ella vive en Madrid. Ella estudia odontología en la Universidad Complutense. A ella le gusta mucho su carrera.

Gema se divierte mucho. A ella le gusta mucho bailar. También a ella le gusta jugar al volibol. Además, a ella le gusta nadar. También le gusta mucho ir al cine. A ella le gusta salir con sus amigos.

Mi hermana es una mujer muy interesante. Ella es muy simpática. Gema es muy cariñosa con todo el mundo, especialmente conmigo. Yo la adoro.

_____

_____

_____

_____

_____

_____

_____

_____

_____

_____

_____

_____

_____

_____

_____

_____

_____

_____

_____

Segunda entrada del cuaderno

Escriba la segunda entrada del cuaderno. Debe consistir en **100 a 150 palabras** en el presente sobre uno de los temas a continuación:

1. Descripción de un animal

2. Descripción de un objeto

Escriba la descripción a base **exclusivamente** de **oraciones simples.** Tenga mucho cuidado con la **concordancia**.

Mi perro Jersey

Tengo un perro muy hermoso y simpático. Se llama Jersey. Tiene nueve años. Es un fox terrier blanco y café. Es amistoso. Los niños juegan mucho con él. Siempre juega con mi sobrinito Armando. Armando tira una pelota. Jersey la recoge. Después, le lleva la pelota a Armando. Juegan así largo tiempo.

Mi perro come mucho. Además duerme demasiado. Por eso está un poco gordo. Su comida de perros favorita es Purina. También le gusta comer otras cosas. Le encantan el pollo, el pavo, la carne de res y el puerco. No le gusta nada el pescado. Tampoco le gusta la mantequilla de maní.

En conclusión, Jersey es un buen perro. Yo lo quiero mucho.

(115 palabras)

La descripción (3)

Algunas de las descripciones más comunes tienen que ver con un lugar específico. Este tipo de escrito exige aun mayor precisión que las descripciones de personas, animales o cosas, pues muchas veces el lector a quien se dirige el texto no conoce el sitio en cuestión. Por eso, hay que seleccionar con cuidado los detalles que queremos utilizar para **pintar un cuadro** claro y lo suficientemente completo del lugar que intentamos describir.

Esto es lo que se pretende hacer abajo con las veinte oraciones sobre la ciudad mexicana de Querétaro.

Ejercicio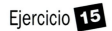

a. A continuación se encuentran 20 oraciones que, juntas, podrían constituir una descripción. Léalas con cuidado para poder organizarlas lógicamente después.

Veinte oraciones sobre la ciudad de Querétaro

1. Hay muchos árboles.
2. Tiene dos universidades: la Universidad Autónoma de Querétaro y el Instituto Tecnológico.
3. La gente es muy amable y cortés.
4. Está en el centro de México.
5. Hay muchas iglesias por toda la ciudad.
6. Tiene una buena biblioteca pública.
7. Hay centros comerciales con tiendas de todo tipo.
8. Es una ciudad limpia.
9. Tiene bastante industria.
10. Es una ciudad agradable y acogedora.
11. Tiene hermosos parques y plazas.
12. Hay mucho tráfico.
13. En Querétaro viven personas de diversos estratos sociales.

(*Continúa*)

14. La ciudad de Querétaro no se parece mucho a otras ciudades del centro de México.

15. Hay varios cines.

16. Tiene bares y discotecas para los jóvenes.

17. Hay una plaza de toros.

18. No hay edificios muy altos.

19. Tiene buenos servicios públicos.

20. Tiene aproximadamente quinientos mil habitantes.

b. Ahora, procure organizarla lógicamente en el espacio provisto del mismo modo que se hizo en el ejemplo de la tía Sagrario:

_____

_____

_____

_____

_____

_____

_____

_____

_____

_____

_____

_____

_____

_____

_____

_____

Instrucciones para la pre-composición descriptiva

Primer paso (_first step_):

1. Escriba **veinte oraciones descriptivas simples** sobre una persona, animal o cosa.

2. Recuerde que las oraciones **deben ser muy sencillas**, semejantes a las veinte oraciones sobre la tía Sagrario que aparecen en las páginas 31–32. No hay que organizar las oraciones lógicamente en este momento.

Segundo paso:

1. El profesor revisa y luego le devuelve las veinte oraciones simples.

2. Una vez que el profesor le devuelva las veinte oraciones simples, organícelas para formar una descripción coherente de aproximadamente **100 a 125 palabras**. Utilice como modelo la descripción de la tía Sagrario que aparece en la página 39. Es importante que la composición tenga una estructura lógica, con introducción y conclusión que consistan en una sola oración.

3. Después de hacer todas las correciones, entregue la versión final **mecanografiada** (*typed*) a **doble espacio**. Utilice una letra (*font*) de **doce puntos o más**.

Capítulo

2

La descripción a base de oraciones complejas

Temas

- Introducción a la oración compleja
- La descripción con oraciones complejas (1)
- El complemento directo
- Los relacionantes **que** y **quien**
  Tercera entrada del cuaderno
- **Ser** y **estar**
  Cuarta entrada del cuaderno
- La **se** impersonal
- La descripción con oraciones complejas (2)
- Estrategias de la comunicación escrita (2)
  Instrucciones para la composición descriptiva

Introducción a la oración compleja

Hasta ahora nos hemos concentrado en la **oración simple**, es decir, el orden más elemental en que se organizan las palabras para comunicar ideas. Recordemos que esta estructura básica consiste en la fórmula **sujeto** (actor) **+ predicado** (lo que se dice del sujeto). Este sistema es funcional y en base a él pueden expresarse prácticamente todas las ideas. No obstante, para evitar la repetición innecesaria, la monotonía y el carácter excesivamente elemental de las oraciones, se crean con frecuencia estructuras más complicadas. Éstas son las **oraciones complejas**, que hasta cierto punto consisten en una ampliación de oraciones simples, o incluso en una combinación de oraciones simples. Las oraciones complejas se forman a base de elementos como **palabras-enlace** (**y, pero, cuando, o, ni**, etc.) y palabras sustituidoras relacionantes (**que, quien, el cual**, etc.)

Hay oraciones complejas relativamente fáciles que consisten en la unión de dos oraciones simples por medio de una palabra-enlace. Estas se llaman **oraciones compuestas**.

Ejemplos:

a. Raúl prepara la cena, y tú friegas los platos.

b. Mario tiene veinte dólares, pero no es suficiente para comprar las entradas.

c. O me quieres o me muero.

d. Ni me llama ni me escribe.

Otras oraciones complejas exigen un mayor dominio de las estructuras del idioma. Se forman valiéndose de ciertas palabras sustituidoras y palabras-enlace. Así surgen las **oraciones** llamadas **subordinadas**.

Ejemplos:

a. El hombre que baila es mi primo.

b. Pienso que Mirta no sabe nada.

c. Si tengo tiempo, voy al cine.

d. Vemos a nuestros padres cuando queremos.

Alerta 17

Pero significa *but*. Siempre añade otra idea. **Ejemplos:** No aprende mucho, pero siempre entrega la tarea; La comida es mala pero abundante. **Sino** más o menos equivale a *but rather* y se usa inmediatamente delante de una palabra-concepto o una palabra modificadora. **Ejemplos:** No me llamo Juan sino Antonio; Marta no es mi hermana sino mi prima. **Sino que** presenta otra idea expresada mediante una palabra-acción. **Ejemplos:** No me corto el pelo, sino que me lo dejo crecer; No gastan el dinero, sino que lo ahorran.

En este capítulo, vamos a comenzar la presentación del modo de crear oraciones complejas como una manera de comunicarse en forma más eficiente y normal.

A continuación se ofrecen ejemplos de dos oraciones complejas, la primera es **compuesta** y la segunda es **subordinada**:

1. Raúl prepara la cena y tú friegas los platos.

Raúl	prepara		
		la	cena

y

tú	friegas		
		los	platos

 Alerta 18

Las palabras-enlace **y** y **o** se convierten en **e** y **u** ante las palabras que empiezan con **i, hi** y **o, ho** respectivamente. **Ejemplos:** padre **e** hijo; Tomás **e** Irma; león **u** oso; mujer **u** hombre.

2. El hombre que baila mejor es mi primo.

hombre	es	primo
El		mi

que

(El hombre)	baila
	mejor

Ejercicio 1

a. Examine cuidadosamente las siguientes oraciones complejas. Luego identifique los elementos básicos, los elementos secundarios y la palabra que relaciona (palabra-enlace) o subordina (palabra sustituidora) las dos oraciones:

1. El perro tiene hambre y el gato tiene sed.

   Elementos básicos

   _____

   _____

Elementos secundarios

_____

_____

Palabra que relaciona o subordina: [   ]

Elementos básicos

_____

_____

Elementos secundarios

_____

_____

2. Las profesoras que enseñan idiomas nunca fuman en clase.

   Elementos básicos

   _____

   _____

   Elementos secundarios

   _____

   _____

   Palabra que relaciona o subordina: [   ]

   Elementos básicos

   _____

   _____

   Elementos secundarios

   _____

   _____

3. La pediatra no sabe todavía si mi hijo está enfermo de la garganta.

   Elementos básicos

   _____

   _____

   Elementos secundarios

   _____

   _____

Palabra que relaciona o subordina:

Elementos básicos

_____

_____

Elementos secundarios

_____

_____

4. Luis tiene veinte dólares, pero Elena tiene sólo cuatro.

   Elementos básicos

   _____

   _____

   Elementos secundarios

   _____

   _____

   Palabra que relaciona o subordina:

   Elementos básicos

   _____

   _____

   Elementos secundarios

   _____

   _____

5. La novela que leen los alumnos de la clase de literatura inglesa es demasiado larga.

   Elementos básicos

   _____

   _____

   Elementos secundarios

   _____

   _____

Palabra que relaciona o subordina: [ ]

Elementos básicos

_____

_____

Elementos secundarios

_____

_____

b. En parejas, escriban dos oraciones para cada tipo de las oraciones ilustradas; o sea, escriban dos oraciones compuestas (con **y, o, pero**, etc.) y dos subordinadas (con **que**).

1. _____

2. _____

3. _____

4. _____

La descripción con oraciones complejas (1)

En este capítulo, se le va a pedir que haga una descripción con oraciones complejas. Eso no significa que deba ser muy complicado el asunto de la descripción o el vocabulario a utilizar. Por el contrario, puede pensarse que este tipo de descripción se realiza a base de la unión de dos oraciones simples con el objeto de evitar la redundancia y variar la estructura. Para prepararse, complete el siguiente ejercicio.

Ejercicio 2

Examine cada dibujo y después escriba cinco oraciones complejas sobre cada uno de los dibujos. Revise con cuidado el modelo a continuación.

MODELO:

1. El chivo es blanco y tiene cuernos grandes.
2. Se llama Macaleto, pero no sabe su nombre.
3. Es un poco tonto, aunque también es muy cariñoso.
4. Come hierba, pero prefiere el pan.
5. Piensa que es perro y duerme debajo de mi cama.

1. _____
2. _____
3. _____
4. _____
5. _____

1. _____
2. _____
3. _____
4. _____
5. _____

El complemento directo

Se llama **complemento directo** a la palabra o frase en la que recae (o sobre la que se aplica) la acción del verbo o palabra-acción. Veamos dos ejemplos. Cuando uno escribe "Luisa come la manzana", Luisa es el sujeto, o actor, que ejecuta la acción de **comer** sobre el complemento directo, que es **la manzana**. Si uno dice "Nosotros conocemos a Fernando", Fernando es el complemento directo, o sea, la persona conocida. Como se observará, es muy fácil determinar cuál es el complemento, ya que éste se identifica por medio de las preguntas "**¿qué?**" o "**¿a quién(es)?**" **Ejemplos:** ¿Qué come Luisa? (La manzana); ¿A quién conocemos? (A Fernando).

Alerta 19

La **a personal** es la palabra indicadora que denota el complemento directo de persona. **Ejemplos:** Veo a Gustavo; Escucho a la muchacha; Respeto a mis padres.

■ El complemento directo puede aparecer como palabra sustituidora complementaria (**pronombre**) que por lo regular precede inmediatamente a la palabra-acción. Sus formas son las siguientes: **me, te, lo** (**le** en España, sólo en el caso de personas), **la, nos, os, los** (**les**), **las**.

Ejemplos:

a. Pedro me ve. (*Pedro sees me.*)
b. Os llamo por teléfono. (*I'll phone you.*)
c. Nos mira demasiado. (*He looks at us too much.*)
d. Te quiero mucho. (*I love you a lot.*)
e. La admiro por su sabiduría. (*I admire her/you for her/your wisdom.*)
f. Los seleccionamos para el equipo. (*We choose them/you for the team.*)

Alerta 20

Nunca, nunca, nunca puede usarse **lo** como sujeto de oración u objeto de preposición. **Ejemplos:** *It is true* → Es verdad; o Es cierto; *It is impossible* → Es imposible; *Elena thinks about it* → Elena piensa en ello; *We are tired of it* → Estamos cansados de ello.

- Cuando el complemento directo consiste en una palabra-concepto (persona, lugar, cosa, animal, idea abstracta) puede ser reemplazado por las **palabras sustituidoras complementarias de tercera persona: lo** (**le**), **la, los, las**.

  Ejemplos:

  a. Lisandro conoce a **María**. → Lisandro **la** conoce.

  b. Nunca como **dulces**. → Nunca **los** como.

  c. Muy poca gente ayuda a **los pobres**. → Muy poca gente **los** ayuda.

  d. Venden muy barato **las tierras**. → **Las** venden muy barato.

  e. Tiene **el dinero**. → **Lo** tiene.

- A veces se usa una palabra sustituidora complementaria con la estructura que consiste en palabra-acción conjugada más **gerundio** (forma **-ando/-iendo**) o **infinitivo** (forma **-ar/-er/-ir**). En estos casos, hay dos posibilidades: 1) la palabra sustituidora complementaria se coloca **después del gerundio o el infinitivo** y forma parte de ellos; 2) la palabra sustituidora complementaria **precede** de manera normal a la palabra acción conjugada. Observe los siguientes ejemplos:

  Ejemplos:

  a. Voy a tomar **la sopa**. → **La** voy a tomar. → Voy a tomar**la**.

  b. **Nos** están visitando. → Están visitándo**nos**.

  c. Piensan devolver **el regalo**. → **Lo** piensan devolver. → Piensan devolver**lo**.

- La palabra sustituidora complementaria se coloca siempre después del **imperativo afirmativo** (*affirmative command*), con el cual forma una unidad. Se la coloca antes del **imperativo negativo** (*negative command*). El imperativo se explica en el capítulo seis.

Oración imperativa	Afirmativo	Negativo
Haga **la cena**.	Hága**la**.	No **la** haga.
Completen **los ejercicios**.	Complét**enlos**.	No **los** completen.
Bebe **el vaso de leche**.	Bébe**lo**.	No **lo** bebas.
Apagad **los teléfonos móviles**.	Apagad**los**.	No **los** apaguéis.

Ejercicio 3

a. Traduzca al español utilizando siempre la palabra sustituidora complementaria (el pronombre):

1. *I see him and he sees me.*

_____

2. *Jaime knows them (f.).*

_____

3. *I call you (**informal singular**) frequently on the telephone.*

_____

4. *Our boss hates us.*

_____

5. *The police are looking (**simple present tense**) for you (**informal plural**).*

_____

6. *I love her a lot.*

_____

7. *Your friend takes you (**m. formal plural**) to the ballgame.*

_____

8. *The map of Bolivia? They look at it every day.*

_____

b. Reemplace el complemento directo indicado con la palabra sustituidora (pronombre complementario) correcta:

Modelo: Joaquín compra **el pan**.   **R.:** *Joaquín lo compra.*

1. La presidenta saluda **a la gente**.

_____

2. No miramos **el programa**.

_____

3. Nadie contesta **el teléfono**.

_____

4. Veo **a Mercedes y a Irma** a menudo.

_____

5. Nunca sabemos **las respuestas**.

_____

6. El niño siempre rompe **sus juguetes**.

_____

7. Lola piensa dejar **a su novio.**

_____

8. Su novio dice que quiere matar **a Lola.**

_____

9. Los piratas entierran **el tesoro.**

_____

10. A veces memorizamos **palabras difíciles.**

_____

c. Conteste afirmativa o negativamente según las indicaciones, valiéndose de la palabra sustituidora apropiada:

MODELOS: ¿Conoces a su esposa? (no)   **R.:** *No, no la conozco.*
                    ¿Escriben ustedes las composiciones? (sí)   **R.:** *Sí, las escribimos.*

1. ¿Perdéis mucho tiempo? (no)

_____

2. ¿Cierra la puerta la profesora? (sí)

_____

3. ¿Traes las herramientas? (sí)

_____

4. ¿Piden dinero prestado tus parientes? (sí)

_____

5. ¿Oyes música clásica? (no)

_____

6. ¿Seguís las noticias? (sí)

_____

7. ¿Los mapaches destruyen el techo? (sí)

_____

8. ¿Rosario tiene las llaves? (no)

_____

9. ¿Rompen los platos los gatos? (sí)

10. ¿Conoces a Magos Herrera? (no)

Alerta 21

Nunca, nunca, nunca se dice *todo de o *todos de sino **todo** o **todos**. **Todo** es palabra modificadora que concuerda con la palabra-concepto. **Ejemplos:** todo el tiempo; toda la gente; todos los estudiantes; todas las dificultades.

Los relacionantes **que** y **quien**

Se llama **relacionante** a una palabra sustituidora que reemplaza a una palabra-concepto con el objeto de enlazar (*link*) dos ideas diferentes dentro de una misma oración. Su función es económica pues así se evita la redundancia. Por ejemplo, si quiero expresar estas ideas, "El chico es guapo. El chico se llama Miguel", la repetición de la palabra **chico** es innecesaria. Por eso, se sustituye **chico** en uno de los casos por el relacionante **que** y se reunen las ideas expresadas en las dos oraciones dentro de una oración compleja como la siguiente: El chico que es guapo se llama Miguel.

Dos de los relacionantes usados con más frecuencia son **que** y **quien** (**quienes**). En el cuadro de abajo se incluyen explicaciones detalladas del uso de estos relacionantes. Para entender bien las explicaciones es importante saber dos cosas:

1. Se llama **antecedente** a la palabra o expresión reemplazada por un relacionante. Por ejemplo, en la oración "El chico que es guapo se llama Miguel", **chico** es el antecedente de **que**.

2. Los relacionantes **que** y **quien** pueden encontrarse en dos tipos de **cláusulas** u oraciones subordinadas: las **especificativas** y las **explicativas**.

   ■ Las **cláusulas especificativas** son aquellas que proveen información esencial sobre el antecedente. Se colocan inmediatamente detrás de él o están separadas de él sólo por las palabras indicadoras llamadas preposiciones (**para, a, con, por, de**, etc.). Por ejemplo, en la oración "La corbata que lleva Marcelino es de seda china", **que lleva Marcelino** es una cláusula especificativa que identifica a la persona que usa la corbata.

■ Las **cláusulas explicativas** siempre aparecen **entre comas**. De esa manera, se aclara que se está ofreciendo información circunstancial sobre el antecedente. Examine la siguiente oración: "La vaca flaca, que no da leche desde hace un mes, está muy enferma". Lo esencial de esta oración es "la vaca flaca está muy enferma". La cláusula explicativa entre comas "que no da leche desde hace un mes" añade información secundaria.

que (*that, who, whom, which*)	
Características: 1. No cambia, es decir, no tiene forma plural ni género. 2. Se usa para referirse a personas, animales o cosas. 3. Normalmente, sólo sigue a las preposiciones breves y menos exóticas (**en, de, a**, etc.).	**a. Se utiliza inmediatamente después de su antecedente:** 1. El **estudiante que** habla mucho es colombiano. (**Estudiante** es el antecedente y el relacionante **que** lo sustituye. Por eso se coloca inmediatamente después de la palabra **estudiante**.) 2. Los **bolígrafos que** uso tienen tinta morada. (**Bolígrafos** es el antecedente y **que** se coloca inmediatamente después de dicha expresión.) 3. El **conejo que** me come las flores está muy gordo. (**Conejo** es el antecedente reemplazado por **que**.) **b. Se usa después de preposiciones breves y muy comunes para referirse exclusivamente a animales, cosas o ideas, nunca a personas:** 1. Este es el **coche en que** queremos hacer el viaje. (**Coche** es el antecedente; **en** es una preposición breve y de uso frecuente; **que** reemplaza a **coche** en su función de relacionante.) 2. Las **ardillas a que** me refiero son las rojas. (**Ardillas** es el antecedente; **a** es una preposición breve y de uso frecuente; **que** sustituye a **ardillas**.) **c. A veces "que" se utiliza para introducir una cláusula explicativa, es decir, una aclaración adicional que se encuentra entre comas (, . . . ,):** 1. Los **amigos** de mi hermana, **que son bastante vanidosos**, se miran mucho en el espejo. (**Amigos** es el antecedente; **son bastante vanidosos** es una cláusula explicativa; **que** reemplaza a **amigos** en su función de relacionante e introduce la cláusula explicativa.) 2. Los **diccionarios, que siempre son muy útiles**, cuestan bastante. (**Diccionarios** es el antecedente; la cláusula explicativa, **que siempre son muy útiles**, provee información suplementaria.)

Características:

1. Tiene forma plural.

2. Se usa para referirse exclusivamente a personas.

3. Puede seguir a cualquier preposición.

4. *Nunca* puede colocarse directamente después del antecedente. Esto representa un gran contraste con el inglés. Por ejemplo, en inglés puede decirse "*The guy who hit Charlie was bigger than he.*" En español, por el contrario, sería incorrecto escribir "El tipo **quien* le pegó a Carlitos era más grande que él". En estos casos, sólo puede utilizarse el relacionante **que**: "El tipo que le pegó a Carlitos era más grande que él".

a. Se usa para referirse a personas en cláusulas explicativas (, . . . ,):

1. El **electricista Saturnino Ramírez, quien es un individuo muy capaz,** trabaja para el ayuntamiento de la ciudad. (**Electricista Saturnino Ramírez** es el antecedente; **es un individuo muy capaz** es una cláusula explicativa presentada por **quien**. Esto es posible debido a que el electricista Saturnino Ramírez es una persona.)

2. Las **alumnas** japonesas, **quienes quieren mejorar su inglés**, van con frecuencia al laboratorio de lenguas. (**Alumnas** es el antecedente plural de **quienes**. Este relacionante introduce la explicación **quieren mejorar su inglés**.)

b. Se usa después de preposiciones (palabras indicadoras) para referirse a personas:

1. Esa es la **profesora con quien** deseo viajar a España. (**Profesora** es el antecedente personal; **con** es una preposición de uso frecuente a la que sigue el relacionante **quien**, que sustituye al antecedente.)

2. Los chicos guapos **delante de quienes** nos sentamos se llaman Mauricio y Adolfo. (**Chicos** se refiere a personas; la palabra indicadora **delante de** va seguida del relacionante **quienes** porque el antecedente es plural.)

c. Se usa como sujeto de una oración para referirse a una persona o a un grupo de personas indefinidas. En esos casos, la traducción aproximada al inglés sería *he/she, who, those who, anyone who*, etc.:

1. **Quien** mal anda, mal acaba. (**Quien** es el sujeto de la oración y equivale a *he who.*)

2. **Quienes** estudian mucho sacan buenas notas. (**Quienes** equivale a *those who.*)

3. Gana dinero **quien** trabaja mucho. (**Quien** equivale a *anyone who.*)

d. **Quien** puede funcionar como predicado de una oración:

1. Luis es **quien** me trata mejor. (**Quien me trata mejor**—*the one who treats me better*—es el predicado de la oración.)

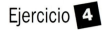

a. Complete los espacios en blanco con **que** o **quien**:

1. No me gustan los programas _____ ves en la televisión.

2. Cameron Díaz actúa en la película de _____ te hablo.

3. La chica con _____ sale mi sobrino se llama Mireya.

4. El caballo de Kiko, _____ es un tordo precioso, tiene sólo dos años.

5. _____ lee mucho, desarrolla un vocabulario amplio.

6. Mira, Azucena, las dos parejas detrás de _____ caminamos llevan ropa idéntica.

7. Los vendedores _____ me llaman por teléfono a la hora de comer me sacan de quicio.

8. La abogada a _____ tenemos que consultar no tiene contestador automático.

9. Los pájaros _____ cantan mejor son los canarios.

10. _____ bien te quiere, te hace llorar.

11. El chalet _____ pensamos comprar está en la sierra.

12. La estación de Atocha, _____ está en el mismo centro de Madrid, es muy antigua.

13. La joven para _____ escribo esta carta de recomendación siempre sale bien en sus clases.

14. Las primas de Pancho, _____ viven en Tarragona, no hablan bien el catalán.

15. Mi perra, _____ está viejísima, todavía come mucho.

16. El abogado de María, _____ cobra muchísimo, no sirve para nada.

17. Los caballos _____ corren más rápido son criados en Kentucky.

18. Los individuos por _____ preguntáis no están aquí en este momento.

19. El jugador de beisbol _____ batea más jonrones es Barry Bonds.

b. Use el relacionante **que** para formar oraciones complejas. Los elementos a subordinar se encuentran entre paréntesis:

MODELO: El hombre es un amigo de mi esposa. (viene a cenar)

   R.: *El hombre que viene a cenar es un amigo de mi esposa.*

1. La paella me encanta. (mi madre prepara)

   _____

2. Las pelotas de tenis son amarillas. (preferimos)

   _____

3. La actriz se llama Halle Berry. (me parece más bella)

   _____

4. El avión sale a las once. (vamos a coger)

   _____

5. Los jóvenes tienen dieciocho años. (hacen el servicio militar obligatorio)

   _____

6. Las cucarachas son enormes. (hay en el centro de la Florida)

   _____

c. Use el relacionante **quien** (**quienes**) para formar oraciones complejas. Los elementos a subordinar se encuentran entre paréntesis:

Modelo: La mujer es la directora de estudios graduados. (**a** . . . escribimos)

   R.: *La mujer a quien escribimos es la directora de estudios graduados.*

1. Los catedráticos se visten mal. (**con** . . . estudiamos)

   _____

2. El actor es Antonio Banderas. (**por** . . . estoy perdida)

   _____

3. Las animadoras hacen programas entretenidos. (**de** . . . se escribe tanto)

   _____

4. El individuo se niega a verme. (**a** . . . busco)

   _____

5. Los autores publican novelas detectivescas. (**sobre** . . . César escribe)

   _____

6. La estudiante es de Irlanda. (**al lado de** . . . te sientas)

   _____

En contraste con lo que ocurre en el inglés conversacional, en español una oración **nunca** puede terminar con preposición (palabra indicadora). **Ejemplos:** Juancho es el chico con quien salgo (*Juancho is the guy I'm going out with*); ¿De qué hablas? (*What are you talking about?*); ¿Para qué es esa caja fuerte? (*What is that safe for?*)

d. En parejas, escriba oraciones con **que** o **quien** (**quienes**) de acuerdo con las instrucciones facilitadas:

1. Una oración con **persona** + *que:*

   _____

2. Una oración en que *quien* introduzca una **cláusula explicativa** (, . . . ,):

   _____

3. Una oración con **cosa** + *que:*

   _____

4. Una oración en la que se usa *que* para introducir una **cláusula explicativa** (, . . . ,):

   _____

5. Una oración con *de* + *quienes:*

   _____

6. Una oración en que *quienes* introduzca una **cláusula explicativa** (, . . . ,):

   _____

7. Una oración con **animal** + *que:*

   _____

8. Una oración con *a* + *quien:*

   _____

Tercera entrada del cuaderno

Escriba la tercera entrada del cuaderno que debe ser una **descripción a base de oraciones complejas de una persona, un animal o un objeto.** Va a consistir en **100 a 150 palabras** en el presente. **Todas las oraciones tienen que ser complejas.** Para escribir esta entrada, use como modelo una de las dos que escribió en el primer capítulo. Sencillamente copie las oraciones simples que ya ha escrito y hágalas complejas añadiendo oraciones secundarias, tal y como ocurre en el modelo. Antes de empezar, revise cuidadosamente el ejemplo a continuación, que se basa en la descripción del perro Jersey.

Mi perro Jersey

Tengo un perro muy hermoso y simpático que se llama Jersey. Tiene nueve años, pero parece más joven. Es un fox terrier blanco y café y tiene los ojos negros. Es amistoso y los niños juegan mucho con él. Siempre juega con mi sobrinito Armando, quien es su mejor amigo. Armando tira una pelota y Jersey la recoge. Después, le lleva la pelota a Armando y mueve la cola contento. Juegan así largo tiempo porque nunca se cansan.

Mi perro come mucho y además duerme demasiado. Por eso está un poco gordo y ronca. Su comida de perros favorita es Purina, pero también le gusta comer otras cosas. Le encantan el pollo, el pavo, la carne de res y el puerco, pero no le gusta nada el pescado. Tampoco le gusta la mantequilla de maní porque sabe mal.

En conclusión, Jersey es un buen perro y yo lo quiero mucho.

(150 palabras)

Palabra-enlace	Traducción
y	*and*
o	*or*
pero	*but*
sino que	*but rather*
aunque	*even though*
que	*that, who*
quien(es)	*who, whom*
como	*like, as, since*
así que	*thus, so*
porque	*because*
ya que	*because, since*
en que	*in that*
ni	*neither*
donde	*where*

Ser y estar

Ser y **estar** son verbos que tienen tres funciones diferentes: la **predicativa**, la **auxiliar** y la **atributiva**. **Ser**, por supuesto, funciona frecuentemente como palabra-enlace que no tiene significado. Es importante entender las funciones de **ser** y **estar** para emplearlos correctamente, debido a que presentan dificultades porque en inglés un solo verbo, *to be,* tiene los valores de **ser** y **estar**.

La función predicativa

En la función predicativa, **ser** y **estar** son palabras-acción, es decir, tienen significado real y pueden definirse.

Ser significa **suceder** (**tener lugar** o **acontecer**, *to happen*) o **existir**. Se usa frecuentemente para referirse a eventos o actividades que ocurren, ocurrieron o van a ocurrir.

Ejemplos:

a. La boda **es** en la Iglesia Mayor. (La boda va a tener lugar en la Iglesia Mayor.)
b. El examen **es** mañana. (El examen va a tener lugar mañana.)

---

c. ¿Dónde **va a ser** el concierto? (¿Dónde va a tener lugar el concierto?)

Estar significa **encontrarse en un lugar** o **ubicarse** (*to be located somewhere*).

Ejemplos:

a. Los plátanos **están** en la cocina. (La cocina es el lugar donde se encuentran—*are located*—los plátanos.)

b. Madrid **está** en España. (España es el país en el que se encuentra la ciudad de Madrid.)

c. ¿Dónde **está** tu padre? (¿En qué lugar se encuentra tu padre?)

Ejercicio 5

a. Complete los espacios en blanco con la forma adecuada de **ser** o **estar**:

1. ¿Dónde _____ los refrescos?

2. La fiesta _____ en casa de Carlos.

3. El río Mississippi _____ en los Estados Unidos.

4. A esa hora (nosotros) _____ en clase.

5. ¿Cúando _____ el aniversario de bodas de los Rodríguez?

6. El partido de fútbol _____ en el estadio Santiago Bernabeu.

7. ¿Dónde _____ tú en este momento?

b. Escriba oraciones con los elementos que se le facilitan. Determine en cada caso si se debe usar **ser** o **estar**. También haga todos los cambios que sean necesarios:

1. el / ceremonia / (**ser** o **estar**) / en / el / catedral

   _____

2. mi / amigas / (**ser** o **estar**) / en / el / piscina / olímpico

   _____

3. el / concursos / de / belleza / (**ser** o **estar**) / en / el / primavera

   _____

4. todo / (vosotros) / (**ser** o **estar**) / en / el / mismo / residencia / estudiantil

   _____

La función auxiliar

En su función auxiliar, **ser** y **estar** auxilian o ayudan a otras palabras-acción, creando con ellas una unidad de significado.

Ser se usa con el **participio** (forma -ado/-ido: **cantado, comido, vivido, escrito**, etc.) de otra **palabra-acción** para formar la **voz pasiva**. Es esta segunda palabra la que comunica la acción. (En el capítulo 4 se explica en más detalle este uso de **ser**.)

Ejemplos:

a. El conejo **es vacunado** por la veterinaria. (La veterinaria realiza la acción de vacunar el conejo.)

b. Las puertas **son abiertas** por los empleados. (Los empleados realizan la acción de abrir las puertas.)

Estar se utiliza con el participio de otra palabra-acción para expresar **el estado que resulta de un acto** previo. Observe el siguiente contraste: "La ventana **es cerrada por** la alumna." La alumna **realiza** la acción de cerrar la ventana. Un segundo después, la alumna termina de cerrar la ventana, o sea, la deja en otro estado. Ahora, "la ventana **está cerrada**"; es decir, tiene la condición de "ventana cerrada" como resultado de la acción de la alumna.

Ejemplos:

a. Ya la casa **está pintada**. (Ha concluido la acción de pintarla.)

b. El avión **está roto**. (El avión no funciona bien como resultado del proceso o acción de romperse.)

c. Todos los muebles **están vendidos**. (La acción de venderlos ha terminado y ya es imposible comprarlos.)

Estar se emplea con la forma -ando/-iendo (**cantando, estudiando, comiendo, saliendo**, etc.) de otras palabras-acción para formar una expresión verbal activa que en inglés se denomina *progressive tense*. Esta estructura expresa acción en curso (*action in progress*).

Ejemplos:

a. **Estoy leyendo** esa novela. (Estoy en el proceso de leer esa novela.)

b. El tren **está haciendo** mucho ruido. (El tren está en el proceso de hacer ruido.)

c. La niña **está comiéndose** una manzana. (La niña está en el proceso de comerse la manzana.)

Ejercicio 6

a. Complete los espacios en blanco con la forma adecuada de **ser** o **estar**:

1. ¿Qué _____ haciendo (tú)?

2. Mira, el ordenador ya _____ encendido.

3. Las sardinas _____ fritas por mi novio.

4. (Yo) _____ poniéndome los zapatos.

5. La sentencia _____ pronunciada por la juez.

6. El cuarto está muy oscuro porque las luces _____ apagadas.

7. El disco compacto que (tú) _____ oyendo no me gusta nada.

8. La escuela _____ limpiada por los conserjes.

b. Escriba oraciones con los elementos que se le facilitan. Determine en cada caso si se debe usar **ser** o **estar**. También haga todos los cambios que sean necesarios:

1. el / libros / (**ser** o **estar**) / leído / por / el / estudiantes / disciplinado

_____

2. el / cuñada / tuyo / (**ser** o **estar**) / trabajando / en / el / banco / Central

_____

3. todo / el / mosquitos / (**ser** o **estar**) / muerto

_____

4. el / lección / (**ser** o **estar**) / explicado / por / la / profesora / Savater

_____

Alerta 23

Nunca, nunca, nunca se dice *está yendo o *está viniendo. **Ejemplos:** *I am going to class* → Voy a clase; *Are you coming to the party?* → ¿Vienes a la fiesta?

La función atributiva

En su función atributiva, **ser** y **estar** se emplean como palabras-enlace que generalmente relacionan a una palabra modificadora (adjetivo o adverbio) con el sujeto o actor. **Ser** se usa también para enlazar el sujeto con sustantivos, pronombres o adverbios.

   Ser en su función atributiva pierde todo su significado de **tener lugar**. Sirve como **nexo** (*link*) que une un sujeto con un **adjetivo** o con un **sustantivo**, pero no añade nada al significado. O sea, el verbo se convierte en palabra-enlace que equivale simplemente a un signo de igual (=). No expresa acción alguna. **Ser** sirve para enlazar partes iguales de una oración (sustantivo con sustantivo, pronombre con pronombre, adverbio con adverbio, infinitivo con infinitivo).

Ejemplos:
a. Mi madre **es** contable. (sujeto = palabra-concepto)
b. Nosotros **somos** estudiantes. (sujeto = palabra-concepto)

c. La clase **es** interesante pero difícil. (sujeto = adjetivos)

d. Alí **es** musulmán. (sujeto = adjetivo)

e. Yo no **soy** tú. (pronombre = pronombre)

f. Ahora **es** cuando empieza la película. (adverbio = adverbio)

g. Comer **es** gozar. (infinitivo = infinitivo)

Ser se usa con la preposición **de** para indicar posesión, origen o material con que algo se ha fabricado.

Ejemplos:

a. Esta bicicleta **es** de mi compañera de cuarto. (posesión)

b. **Somos** de Buenos Aires, aunque ahora vivimos en Idaho. (origen)

c. Esta silla **es** de metal. (material)

Ser se usa en la mayoría de las expresiones impersonales (*it's + adjective or noun*): **es imposible; es probable; es díficil; es raro; es interesante**; etc.

Ejemplos:

a. **Es verdad** que tengo miedo.

b. ¿**Es posible** salir a la una?

Estar en su función atributiva mantiene algo de su significado. Aunque funciona como palabra-enlace, quiere decir **encontrarse en un estado o condición**. Une al sujeto con un adjetivo para indicar una condición **susceptible al cambio o mudable con el tiempo**.

Ejemplos:

a. La casa **está** sucia. (estado presente de la casa que puede cambiar, ya que la casa puede limpiarse)

b. Mi tía **está** triste. (estado presente que puede cambiar)

c. El cielo **está** nublado porque va a llover. (estado presente)

d. Las calles **están** mojadas. (condición presente que cambia en cuanto las calles se secan)

En su función atributiva, **estar** también puede indicar que se expresa una opinión subjetiva o una reacción personal.

Ejemplos:

a. ¡Qué guapo **está** Federico! (impresión personal)

b. Estos bocadillos de anchoa con sesos **están** deliciosos. (opinión subjetiva)

Ejercicio 7

a. Complete los espacios en blanco con la forma adecuada de **ser** o **estar**:

1. Las meseras _____ cansadas de tanto sonreír.

2. El alcalde de Navalcarnero _____ testarudo.

3. Perico y yo _____ amigos íntimos.

4. Este dinero _____ de tu abuela.

5. La carretera _____ atestada.

6. Alfonso, recuerda que tú no _____ él.

7. ¿Vosotros _____ de Guadalajara?

8. Los niños siempre _____ contentos.

9. _____ difícil estudiar en el bar.

10. ¡Qué verde _____ esta manzana! No se puede comer.

11. Las obreras _____ muertas de cansancio.

12. ¿Aquí no _____ donde vive la directora del colegio?

13. Iluminada y yo no _____ republicanas.

14. Vosotros _____ muy tristes hoy.

15. Yo _____ nicaragüense.

16. Esos zapatos de tacón _____ de mi cuñada.

17. ¿_____ (tú) metodista?

18. Los Alpes _____ altos.

19. La pila de agua _____ allí.

20. ¿_____ alegres los niños porque piensan que los

    Reyes Magos les van a traer muchos regalos o sólo _____
    alegres por naturaleza?

Alerta 24

En español **no existe** la construcción inglesa *noun + 's* para indicar posesión
(*John's house; Mom's cat; the teacher's desk*). **Siempre** se usa *de* + **palabra-concepto** en
estos casos. **Ejemplos:** la casa de Juan; el gato de Mamá; el escritorio del maestro.

b. Escriba oraciones con los elementos que se le facilitan. Determine en cada caso si
se debe usar **ser** o **estar**. También haga todos los cambios que sean necesarios:

1. el / falda / morado / (**ser** o **estar**) / de / el / tío / Sagrario

    _____

2. algún / pasillos / (**ser** o **estar**) / limpio

_____

3. vosotros / (**ser** o **estar**) / aburrido / pero / nosotros / (**ser** o **estar**) / entretenido

_____

4. el / botellas / de / agua / mineral / (**ser** o **estar**) / de / plástico

_____

5. yo / (**ser** o **estar**) / rubio / y / Margarita / (**ser** o **estar**) / trigueño

_____

6. el / sopa / (**ser** o **estar**) / demasiado / caliente / y / salado

_____

7. nosotras / (**ser** o **estar**) / cantando / para / olvidar / el / penas

_____

8. tú / no / (**ser** o **estar**) / uno / bueno / amigo / mío

_____

c. Lea cuidadosamente las oraciones a continuación y use el cuadro facilitado para determinar por qué se ha empleado **ser** o **estar** en cada una de ellas. En cada caso, complete el cuadrado con la letra correcta:

Ser	Estar
a. suceder (tener lugar, acontecer) o existir	f. encontrarse en un lugar o ubicarse
b. mero nexo	g. con el participio para expresar el resultado de una acción
c. con **de** para indicar posesión, origen o material con que algo se ha confeccionado	h. expresión verbal activa (**estar** + **-ando/ -iendo**)
d. expresión impersonal	i. condición susceptible al cambio o mudable con el tiempo
e. voz pasiva (**ser** + **participio**)	j. opinión subjetiva o una reacción personal

1. Rodolfo **es** tonto pero simpático. ☐
2. El gerente **está** muy elegante hoy porque lleva un traje nuevo. ☐
3. Los zapatos **son** reparados por el zapatero. ☐
4. No **somos** millonarios, pero vivimos bien. ☐

5. El concierto de Maná **va a ser** en el Teatro Degollado. ☐

6. Ustedes no **son** ellos. ☐

7. ¡Qué alta **está** la hija de Pilar! ☐

8. **Es** imposible llegar temprano. ☐

9. Carmen y Alicia **están** delgadas porque llevan un mes a dieta. ☐

10. La esposa de mi primo **está** embarazada. ☐

11. Todos **están** hablando a la vez. ☐

12. Mis parientes **están** en Alicante. ☐

13. Desgraciadamente, la Ministra de Cultura **está** ocupada en este momento. ☐

14. Todos los sillones **son** de mimbre. ☐

15. El baile **es** en una sala de fiestas del centro. ☐

16. Los cheques **están** aquí. ☐

17. Olga, ¡pero qué bonita **estás** hoy! ☐

d. Complete los espacios en blanco con la forma adecuada de **ser** o **estar**:

1. Mis suegros _____ luteranos.

2. El gato _____ debajo de la mesa.

3. En Virginia muchas casas _____ de ladrillo.

4. Yo no _____ tú.

5. ¿Es cierto que vosotros siempre _____ enfermos los lunes?

6. Ese hombre _____ exageradamente rico. Tiene seis coches, un yate enorme y un avión para su uso personal.

7. _____ las cinco en punto de la tarde.

8. La fábrica de chorizos Ebro _____ muy lejos del centro.

9. ¡Tú _____ equivocado! La reina Isabel de Inglaterra todavía _____ viva.

10. Nosotras le _____ escribiendo al presidente para quejarnos.

11. ¡Estas mujeres _____ muy jóvenes para su edad! Todas tienen más de cincuenta años y ninguna aparenta tener más de treinta.

12. ¡Brrr! ¡El agua _____ demasiado fría para bañarse!

13. Daniel y tú se pasan la vida juntos. Deben _____ locamente enamorados.

14. Su madre _____ del sur de Portugal.

15. Doña Letizia _____ la esposa del príncipe Felipe de Asturias.

16. Muchos cuadros de Velázquez _____ en el Museo del Prado.

17. La copa de cristal _____ rota.

18. Morir por la patria _____ vivir.

19. Aquí _____ donde te voy a esperar.

20. ¡Mira las gaviotas! Estoy seguro de que (nosotros) ya _____ muy cerca del mar.

e. En parejas, utilicen **ser** o **estar** en oraciones breves de acuerdo con las instrucciones facilitadas:

1. Escriban una oración en la que se exprese el resultado de una acción (*estar* + **participio**).

   _____

2. Escriban una oración en la que se exprese una opinión subjetiva o una reacción personal (*estar* + **adjetivo**).

   _____

3. Escriban una oración en la que **ser** sirva de mero nexo (*ser* + **palabra-concepto** o **palabra modificadora**).

   _____

4. Escriban una oración con *estar* + *-ando/-iendo.*

   _____

5. Escriban una oración en la que se indique posesión u origen (*ser de* + **palabra-concepto**).

   _____

6. Escriban una oración en la que se exprese la idea de **encontrarse en un lugar** o **ubicarse** (*estar* + *en* + *lugar,* o *estar* + **adverbio de lugar**).

   _____

7. Escriban una oración en la que se exprese una condición susceptible al cambio o mudable con el tiempo (*estar* + **palabra modificadora**).

   _____

8. Escriban una oración en la que se exprese la idea de **suceder** (**evento** + *ser*).

   _____

Siempre, se usa **ser** y no **estar** con una palabra-concepto en el predicado.
Ejemplos: Paco es mi amigo; Vosotros sois estudiantes ahora.

🖚 **¡Ojo!** Recuerde la construcción *estar* + *de* + **palabra-concepto**. **Ejemplos:** El palacio está de luto (*The palace is in mourning*); El soldado está de guardia (*The soldier is on guard duty*).

Cuarta entrada del cuaderno

La cuarta entrada del cuaderno consiste en la descripción de una actividad o evento que ocurre en un momento determinado del día (la mañana, la tarde, la noche). Puede basarse en un acontecimiento real, pero tiene que hacerlo en el **presente de indicativo**. La entrada debe constar de unas **100 a 150 palabras**. Además, por lo menos tres oraciones tienen que ser complejas y hay que usar **ser** o **estar** tres veces.

Una clase de español

Es muy temprano por la mañana. Son las ocho menos diez. El sol empieza a salir. Hace frío y estoy todavía medio dormido. Llego a la clase de español. No tengo ganas de escuchar al profesor hoy. El profesor cierra la puerta y la clase comienza. El profesor habla y habla. Explica lo que es una descripción. No entiendo nada. Sólo pienso en que hace frío y en que tengo mucho sueño. Quiero volver a mi habitación y acostarme otra vez. Deseo dormir hasta el mediodía por lo menos. El profesor me hace una pregunta. No sé la respuesta. ¡Qué día más horrible va a ser éste! (Total: 111 palabras)

Alerta 26

En contraste con el inglés, por lo general no se puede utilizar la forma presente de **estar** + **-ando/-iendo** para referirse a una acción futura. **Ejemplo:** Cuando en inglés se dice *We are going out on Friday,* en español hay que escribir "Salimos (saldremos, vamos a salir) el viernes".

Una fiesta en el apartamento de un amigo

Son las diez de la noche. Hace calor. La luna brilla en el cielo. Es una noche espléndida y estoy muy contento. Voy a una fiesta en el apartamento de mi amigo Ceferino, quien es de México y hace unas fiestas extraordinarias. Siempre hay mucha comida porque Ceferino cocina muy bien. Además, por lo general pone buena música. Por eso, la gente baila y se divierte.

Llego al apartamento de Ceferino. Toco a la puerta. Sale Ceferino en pijama. Tiene muy mala cara. Me dice: "No hay fiesta. Mi compañero de cuarto y yo estamos enfermos. Lo siento". Ceferino cierra la puerta.

Salgo de nuevo a la calle. De repente, la noche no me parece bonita y noto que empieza a hacer frío. Me pongo triste. (Total: 134 palabras)

La **se** impersonal

En español, la partícula **se** tiene valores muy especiales que son casi imposibles de traducir con precisión. Uno de ellos es la función de sujeto impersonal que adquiere en determinadas estructuras. En algunas circunstancias, la **se** opera como el sujeto de la oración, reemplazando a vocablos impersonales como **uno** (*one*) o **gente** (*people*). Obsérvese el siguiente ejemplo: "**Se** sospecha que su padre ya sabe la verdad". ¿Quién es **se** en esta estructura y qué papel gramatical tiene la expresión? Evidentemente, no hay otro sujeto posible para la palabra-acción **sospechar** que esa **se** que la acompaña. Por lo tanto, hay que suponer que **se** es en este caso un sujeto indefinido o impersonal. La traducción al inglés indica claramente eso: *People suspect that his father already knows the truth*. Es importante reparar en dos hechos más:

■ En estas estructuras, como la **se** es impersonal, la palabra-acción **siempre** va a encontrarse en singular.

■ En estas estructuras, es posible reemplazar la **se** con **uno** o **alguien** o **gente**. Hay que tener presente que **la construcción impersonal con *se* no puede emplearse con una palabra-acción reflexiva**. En esos casos, se debe utilizar la palabra sustituidora **uno**. He aquí dos **ejemplos** de construcciones con palabras-acción reflexivas:

a. Uno debe **levantarse** temprano para hacer ejercicios. (*One should get up early to exercise.*)

b. Una no **se atreve** a caminar sola a esas horas. (*One—a woman—dare not walk alone at that time.*)

Alerta 27

Recuerde que, aunque se traduce *people,* la palabra **gente** es femenina y singular.
Ejemplos: La gente camina lentamente; Esa gente es maleducada.

Es fácil manejar la construcción impersonal con **se** si uno memoriza tres fórmulas básicas:

se +	singular de la palabra-acción	+	*que*	+	oración subordinada

Ejemplos:

a. **Se dice** que esa mujer sabe mucho. (La gente dice que. . . .)

b. No **se cree** que ese equipo va a ganar el Super Tazón este año. (La gente no piensa. . . .)

c. **Se presume** que tiene mucho dinero. (La gente presume. . . .)

se +	singular de la palabra-acción	+	modificador de lugar, tiempo o modo (adverbio)

Ejemplos:

a. **Se escribe** poco para la clase de composición. (La gente o uno escribe poco. . . .)

b. **Se vive** maravillosamente en Cozumel. (La gente o uno vive maravillosamente. . . .)

c. Aquí no **se ahorra** lo suficiente. (La gente o uno no ahorra lo suficiente. . . .)

d. **Se está** bien junto al fuego. (Uno está bien. . . .)

e. **Se sale** por esa puerta. (Uno sale. . . .)

se +	singular de la palabra-acción	+	infinitivo

Ejemplos:

a. **Se debe** conducir con cuidado. (La gente o uno debe. . . .)

b. **Se puede** entrar y salir rápidamente. (La gente o uno puede. . . .)

c. **Se necesita** trabajar mucho para vivir. (La gente o uno necesita. . . .)

Ejercicio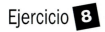

a. Cree estructuras con *se* + **palabra-acción**:

MODELOS: *Se piensa* (pensar) que va a nevar.

No *se duda* (dudar) nada.

1. En Suiza no _____ (hablar) chino.

2. _____ (dormir) mal en esta cama.

3. _____ (decir) que la candidata va a ganar fácilmente.

4. _____ (sugerir) estudiar por lo menos dos horas cada noche.

5. No _____ (saber) nada del avión perdido.

6. _____ (ver) que no estás preparada para el examen de conducir.

7. Guillermo, _____ (necesitar) prestar más atención.

8. _____ (conocer) que no te gusta bailar.

9. _____ (prohibir) fumar en clase.

10. No _____ (entender) mucho.

11. _____ (notar) que no te interesan los deportes.

b. Escriba oraciones con *se* + **verbo** que sean sinónimas de las siguientes:

1. Aquí no actúan como es debido.

   _____

2. Viven modestamente en este barrio.

   _____

3. La gente sabe que no hay peor astilla que la del mismo palo.

   _____

4. Uno no debe hablar sin pensar.

   _____

5. Venden barato en esa tienda.

   _____

6. La gente permite montar en bicicleta.

   _____

c. En parejas, respondan a las preguntas con la construcción *se* + **palabra-acción**:

MODELO: ¿Cómo viaja uno más cómodo? (en primera clase)
    R.: *Se viaja más comodo en primera clase.*

1. ¿Qué sabe la gente? (que el fútbol americano es un deporte rudo)

2. ¿Dónde come uno bien en esta ciudad? (el restaurante La Reina del Cebiche)

3. ¿A qué hora sale uno para Los Angeles? (a las tres)

4. ¿Puede la gente fumar aquí? (no)

5. ¿Por dónde entra uno? (la puerta principal)

6. ¿Cómo llega uno a Machu Picchu? (por carretera)

7. ¿Cómo sube la gente al cuarto piso? (en ascensor)

8. ¿Qué entiende uno? (que es difícil correr el maratón)

Alerta 28

Cuando *to appear* significa *to seem, to look like, to seem likely,* se usa **parecer**; cuando *to appear* quiere decir *to come into view, to show up,* se usa **aparecer**. **Ejemplos:** María Elena parece cansada; Parece que va a llover; No aparece el dinero; Mi amigo Rigoberto siempre aparece a la hora de comer.

La descripción con oraciones complejas (2)

En el primer capítulo, se explicó que la descripción consiste en pintar un cuadro por medio de palabras. Se aclaró también que puede ser tan sencilla o tan compleja como decida la persona que escribe. Asimismo, se mostró cómo es posible crear una descripción sencilla pero precisa a base de oraciones simples que, luego, se enlazan para formar una sola estructura comunicativa. Ese método es algo inauténtico, ya que según se ha venido aclarando en este capítulo, todo escrito suele incorporar no sólo oraciones simples sino también complejas, como las compuestas y subordinadas que se han estudiado.

A continuación se incluye la descripción de la tía Sagrario que aparece en el primer capítulo. Note, sin embargo, que las oraciones simples que la formaban se han transformado en complejas a base de las oraciones identificadas en negrilla.

Veinte oraciones sobre mi tía Sagrario

1. Mi tía Sagrario no tiene hijos **aunque tiene muchos sobrinos**.

2. Tiene treinta y nueve años **pero aparenta menos**.

3. Es arquitecta **y desde hace años trabaja para una gran empresa del centro**.

4. Tiene ojos verdes y grandes **que me parecen muy expresivos**.

5. Es cariñosa y generosa con sus familiares, **quienes la quieren muchísimo**.

6. Canta por la nariz con una voz chillona **que espanta hasta los grillos**.

7. Es soltera **pero tiene varios novios**.

8. Le gusta la música country **porque le fascina bailar dando vueltas y saltitos**.

9. Tiene cinco gatos, un perro y una serpiente **que trata como seres humanos**.

10. Es un poco loca, **o al menos eso piensa mucha gente**.

11. Mide un metro sesenta y cuatro, **así que no es ni alta ni baja**.

12. Es trigueña de pelo corto, **pero ahora está teñida de rojo**.

13. Se viste escandalosamente, **y por eso llama mucho la atención**.

14. Es una mujer de aspecto interesante **que se siente totalmente cómoda consigo misma**.

15. Es muy alegre y cómica, **y le cae bien a todo el mundo**.

16. Siempre usa minifalda **porque está muy orgullosa de sus piernas**.

17. Sus colores favoritos son el naranja y el morado, **aunque el azul eléctrico también le encanta**.

18. Es delgada **pero no parece anoréxica**.

19. Tiene un traje de vaquera para bailar **que se pone con unas botas negras decoradas con conchas plateadas**.

20. Toca bien el acordeón, **y ahora estudia la guitarra eléctrica**.

Observe que el modelo ha cambiado considerablemente. La descripción de la tía Sagrario es ahora mucho más completa e interesante, ya que las oraciones compuestas y subordinadas permiten la introducción de más detalles. Repare también en que se ha cambiado la oración personal conclusiva, con el objeto de evitar la redundancia.

Mi tía Sagrario

Mi tía Sagrario es arquitecta y desde hace años trabaja para una gran empresa del centro. Tiene treinta y nueve años pero aparenta menos. Mide un metro sesenta y cuatro, así que no es ni alta ni baja. Es delgada, pero no parece anoréxica. Es trigueña de pelo corto, pero ahora está teñida de rojo. Tiene ojos verdes y grandes que me parecen muy expresivos. Es una mujer de aspecto interesante que se siente totalmente cómoda consigo misma.

Mi tía Sagrario es un poco loca, o al menos eso piensa mucha gente. Tiene cinco gatos, un perro y una serpiente que trata como seres humanos. Se viste escandalosamente, y por eso llama mucho la atención. Siempre usa minifalda porque está muy orgullosa de sus piernas. Sus colores favoritos son el naranja y el morado, aunque el *azul eléctrico también le encanta. Le gusta la música country porque le fascina bailar dando vueltas y saltitos. Tiene un traje de vaquera para bailar que se pone con unas botas negras decoradas con conchas plateadas. Toca bien el acordeón, y ahora estudia la guitarra eléctrica. Canta por la nariz con una voz chillona que espanta hasta los grillos. Es muy alegre y cómica, y le cae bien a todo el mundo.*

Mi tía Sagrario es soltera pero tiene varios novios. No tiene hijos aunque tiene muchos sobrinos. Es cariñosa y generosa con sus familiares, quienes la quieren muchísimo. Yo también la aprecio y la admiro. (Total: 232 palabras)

Ejercicio 9

a. "La tía Sagrario es . . ." o "La tía Sagrario no es. . ." Valiéndose de la lista de palabras modificadoras que se le facilitan, precise seis cualidades que definen o no a la tía Sagrario. Debe poder defender cada caracterización cuando su profesora o su profesor le pregunte por qué ha seleccionado cada palabra modificadora:

amable	cariñosa	loca	envidiosa
tonta	simpática	estudiosa	educada
trabajadora	importante	cuidadosa	extraña
elegante	culta	decente	fina
maternal	moderada	diligente	testaruda
bondadosa	particular	aristocrática	valiente

1. _____
2. _____
3. _____
4. _____
5. _____
6. _____

b. Responda a las siguientes preguntas:

1. ¿Qué diferencias encuentra usted entre la primera descripción de la tía Sagrario y esta segunda descripción?

   _____

2. ¿Cambia el tono del escrito? Explique.

   _____

3. ¿Le parece ahora más interesante o menos interesante la tía Sagrario? ¿Por qué?

   _____

4. ¿Qué relación piensa usted que existe entre el narrador o narradora y la tía Sagrario? Aclare.

   _____

5. ¿Le gustaría a usted conocer a la tía Sagrario? ¿Por qué sí o por qué no?

   _____

Ejercicio 10

a. A continuación se encuentran las veinte oraciones que se usaron para describir la ciudad de Querétaro. Observe que ahora las oraciones son compuestas o subordinadas.

Veinte oraciones sobre la ciudad de Querétaro

1. Hay muchos árboles **que dan sombra a los peatones**.
2. Tiene dos universidades **que son muy conocidas en el país**: la Universidad Autónoma de Querétaro y el Instituto Tecnológico.

3. La gente es muy amable y cortés **y trata bien a los extranjeros**.

4. Está en el centro de México, **y queda a aproximadamente doscientos cincuenta kilómetros del D.F.**

5. Hay muchas iglesias en toda la ciudad **porque es una comunidad muy religiosa**.

6. Tiene una buena biblioteca pública **que está en un edificio bastante viejo**.

7. Hay centros comerciales con tiendas de todo tipo, **pero no hay ni Target ni Corte Inglés**.

8. Es una ciudad limpia, **y la gente está muy orgullosa de eso**.

9. Tiene bastante industria, **aunque siempre se necesita más**.

10. Es una ciudad agradable y acogedora **donde los visitantes se sienten cómodos**.

11. Tiene hermosos parques y plazas **porque a la gente le gusta mucho pasear**.

12. Hay mucho tráfico **porque mucha gente tiene coche**.

13. En Querétaro viven personas de diversos estratos sociales **que, por lo general, se llevan bien**.

14. La ciudad de Querétaro no se parece mucho a otras ciudades del centro de México, **ni tampoco es como las ciudades de los Estados Unidos**.

15. Hay varios cines **en que pasan películas norteamericanas y extranjeras**.

16. Tiene bares y discotecas para los jóvenes **donde éstos se divierten**.

17. Hay una plaza de toros, **pero no hay muchas corridas durante el año**.

18. No hay edificios muy altos **porque es una ciudad muy antigua**.

19. Tiene buenos servicios públicos **que son demasiado costosos**.

20. Tiene aproximadamente quinientos mil habitantes **pero la ciudad parece más pequeña**.

b. En el espacio provisto, organice las oraciones lógicamente para formar una descripción del mismo modo que se hizo en el ejemplo de la tía Sagrario:

La ciudad de Querétaro

Estrategias de la comunicación escrita (2)

Variedad al enlazar oraciones y el abuso de gustar

1. Cuando se empieza a crear oraciones complejas, uno de los defectos más comunes es el uso excesivo de estructuras elementales basadas en **ser, estar** y **tener** que se enlazan mediante palabras básicas como **pero** e **y**. Repare en los siguientes ejemplos:

    a. Mi hermana **es** alta **y es** inteligente también. Ella **es** simpática y **es** cariñosa con todo el mundo.

    b. **Tiene** diez y ocho años **y tiene** sólo un hermano que **tiene** el mismo cumpleaños que ella.

    c. **Está** contenta casi siempre pero a veces **está** triste. Ahora **está** en tercer año de bachillerato, pero pronto va a **estar** en cuarto año.

    Con un poco de cuidado, estas estructuras pueden arreglarse para evitar esas repeticiones que hacen demasiado simple la escritura y aburren al lector. Por ejemplo, cuando se quiere caracterizar o definir un sujeto, generalmente no deben enlazarse oraciones que consisten en *ser* + **palabra modificadora**. En esos casos se recomienda crear **una serie descriptiva**: "El gato es gordo, comelón y sinvergüenza". Observe cómo se han rectificado las estructuras de arriba, incluso convirtiendo algunas oraciones arbitrariamente complejas en simples para eliminar la redundancia:

    a. Mi hermana es alta e inteligente. También es simpática y trata con cariño a todo el mundo.

    b. Tiene diez y ocho años. Su único hermano celebra su cumpleaños el mismo día que ella.

    c. Está contenta casi siempre, pero como todo el mundo a veces se pone triste. Ahora estudia el tercer año de bachillerato, que va a terminar muy pronto, para después empezar el cuarto.

    En cualquier caso, crear oraciones complejas exige pensar en la estructura de ellas y reflexionar sobre lo que se quiere decir. No basta con enlazar conceptos arbitrariamente de la manera más elemental posible.

2. Otro defecto muy frecuente en el proceso de describir consiste en la reiteración monótona de la construcción con **gustar**. Note el siguiente ejemplo:

    A Rita **le gustan** mucho todos los deportes. **Le gusta** el fútbol americano, pero también **le gusta** el tenis. No **le gusta** nada el beisbol porque le parece aburrido. Tampoco **le gusta** el ciclismo.

    En casos como este conviene pensar en sinónimos y en otras maneras de expresar la misma idea:

    A Rita **le encantan** los deportes. **Prefiere** el fútbol americano, pero también **le agrada** el tenis. **Detesta** el beisbol porque le parece aburrido. Tampoco le gusta el ciclismo.

La descripción a base de oraciones complejas   **89**

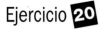

En parejas o en grupos, lean en voz alta la siguiente descripción. Luego creen estructuras y realicen cambios de vocabulario para evitar la repetición innecesaria.

La presidenta de nuestro país

La presidenta de nuestro país es abogada, es una mujer muy inteligente, es muy popular y es una persona que se expresa muy bien en público. Ella es alta, es muy morena y es seria. Tiene cincuenta y seis años, tiene el pelo negro y tiene los ojos negros también. No está casada ahora, pero dicen que está pensando comprometerse con un ingeniero que está ayudándola con su campaña electoral, pues ella está aspirando a otro período de cuatro años.

Me gusta mucho la presidenta de mi país porque a ella le gusta ayudar a los pobres y le gusta apoyar la educación pública. Me gustan también sus ideas, y me gusta la manera dinámica en que trata de resolver nuestros problemas económicos y sociales.

Instrucciones para la composición descriptiva

Primer paso

1. Revise cuidadosamente **las veinte oraciones simples** que escribió para hacer la pre-composición descriptiva (primer paso, página 48).

2. Convierta al menos **quince** de estas oraciones en **oraciones complejas** por medio de palabras-enlace y palabras sustituidoras de la misma manera en que se hace con las veinte oraciones sobre la tía Sagrario que aparecen en la página 83. Revise la lista de palabras-enlace de la página 68. **Cinco** de las oraciones pueden ser oraciones simples a las que se añade algo (una palabra-concepto, una palabra modificadora, etc.).

3. Entregue las **veinte oraciones** para que su profesora o su profesor las corrija.

Segundo paso

1. Una vez que el profesor o la profesora corrija y le devuelva las veinte oraciones, organícelas para formar una descripción coherente de aproximadamente **200 a 250 palabras**. Utilice como modelo la versión compleja de "Mi tía Sagrario" (páginas 84–85).

2. Es importante que la composición tenga una estructura lógica con una introducción y una conclusión breves. Al escribir esta versión, haga lo posible por evitar repeticiones estructurales innecesarias. En otras palabras, no use constantemente **y, tiene, le gusta, es, está**, etc.

3. Entregue la **versión preliminar** de la composición descriptiva. Es necesario entregarla **mecanografiada a doble espacio**. Utilice una letra (*font*) de **doce puntos** o más.

Tercer paso

1. El profesor o la profesora revisa y luego le devuelve la versión preliminar de la composición descriptiva. En muchos casos, va a ser necesario realizar cambios estructurales o hasta de contenido.

2. Después de hacer todas las correcciones, entregue la versión final **mecanografiada a doble espacio**. Utilice una letra (*font*) de **doce puntos** o más.

Capítulo

3

La narración en el pasado

Temas

- Introducción al pasado
- El pretérito absoluto
- La narración (1)
- El uso del pretérito absoluto en la narración
  Quinta entrada del cuaderno
- El imperfecto
- Usos del imperfecto
- Contrastes del pretérito absoluto y el imperfecto
- El imperfecto en la narración
- El complemento indirecto
  Sexta entrada del cuaderno
- La narración (2)
- Los relacionantes **el cual** y **el que**
- Estrategias de la comunicación escrita (3)
- La **se** recíproca
- La narración (3)
  Instrucciones para la primera narración

Introducción al pasado

Por necesidad, pensamos en la realidad de acuerdo con tres perspectivas temporales básicas: lo que se realiza en el momento, o sea, el **presente**; lo que va a realizarse más adelante, es decir, el **futuro**; y lo que ya ocurrió, en otras palabras, el **pasado**. El pasado es más concreto que el presente y el futuro porque se basa en lo recordado y lo conocido.

En español hay más de un tiempo de la palabra-acción (verbo) para expresar el pasado. Por lo regular, la diferencia entre estos tiempos no es de **tiempo** propiamente dicho sino de **aspecto**, que significa la manera de contemplar la acción o de enfocarla, es decir, de percibirla como acabada o inacabada, como continua o total, como duradera o final. Es necesario reconocer esta realidad para entender bien los dos tiempos verbales de uso más frecuente: el **pretérito absoluto** y el **imperfecto**.

El pretérito absoluto

El **pretérito absoluto** se usa para referirse a una acción o una serie de acciones que la persona que habla percibe como completas en el pasado. Al hablante no le interesa la posible duración o repetición de una acción, sino que procura destacar su **finalidad**.

Ejemplos:

a. Horacio **vivió** toda su vida en Monte Carlo.

b. **Leí** tres veces el capítulo cuatro y todavía no lo entiendo.

c. **Dormimos** mal anoche.

d. El baile **comenzó** a las nueve y, aunque son las cuatro de la madrugada, todavía la gente continúa bailando. (Aunque el baile sigue, la acción de comenzar concluyó, o sea, interesa por su final.)

■ Por lo general, el empleo del pretérito absoluto no es difícil, pero es un tiempo en el que abundan las formas irregulares. Por ello, hay que aprender de memoria la conjugación de muchas palabras-acción, o sea, verbos.

A continuación se incluyen los paradigmas de tres palabras-acción regulares:

Bailar (formación: bail + terminación)	
(yo) bail**é**	(nosotros, nosotras) bail**amos**
(tú) bail**aste**	(vosotros, vosotras) bail**asteis**
(él, ella, usted) bail**ó**	(ellos, ellas, ustedes) bail**aron**

Beber (formación: beb + terminación)	
(yo) beb**í**	(nosotros, nosotras) beb**imos**
(tú) beb**iste**	(vosotros, vosotras) beb**isteis**
(él, ella, usted) beb**ió**	(ellos, ellas, ustedes) beb**ieron**

Escribir (formación: escrib + terminación)	
(yo) escrib**í**	(nosotros, nosotras) escrib**imos**
(tú) escrib**iste**	(vosotros, vosotras) escrib**isteis**
(él, ella, usted) escrib**ió**	(ellos, ellas, ustedes) escrib**ieron**

Ejercicio 1

a. Complete los espacios en blanco con la forma correcta del **pretérito absoluto**:

1. Los perros _____ (morder) al cartero.

2. La mujer _____ (abrir) el bolso.

3. Yo no _____ (volver) hasta las nueve.

4. ¿(Tú) _____ (tomar) una gaseosa?

5. ¿ _____ (recibir) ustedes la carta?

6. Vosotros _____ (sentarse) en el parque.

7. ¿(Nosotros) _____ (meter) la pata en clase ayer?

8. Gustavo y Lucía _____ (vivir) en un apartamento en París.

9. El médico _____ (examinar) al paciente.

10. ¿Ya (tú) _____ (revolver) la sopa?

11. Jacinto y tú _____ (ver) las noticias.

b. Escriba preguntas para las siguientes respuestas:

1. No sé, pero Guillermo no se comió todas las zanahorias.

   _____

2. Llegamos aproximadamente a las once de la noche.

   _____

3. Respondieron que no.

   _____

4. En mi opinión, bailaste bastante mal.

_____

5. Sí, salisteis bien en el examen de ayer.

_____

Ciertas palabras-acción que terminan en **-ir** son irregulares en la tercera persona singular y en la tercera persona plural. La **e** de la radical se convierte en **i**.

sentir	
(yo) sent**í**	(nosotros, nosotras) sent**imos**
(tú) sent**iste**	(vosotros, vosotras) sent**isteis**
(él, ella, usted) s**i**nt**ió**	(ellos, ellas, ustedes) s**i**nt**ieron**

Algunas palabras-acción de este tipo son **pedir, preferir, medir, divertir(se), servir, corregir, elegir, vestir(se), repetir, seguir**, etc. Dos palabras-acción un poco problemáticas de este tipo son **reír** (reí, reíste, **rió**, reímos, reísteis, **rieron**) y **sonreír** (sonreí, sonreíste, **sonrió**, sonreímos, sonreísteis, **sonrieron**).

En el caso de las palabras-acción **dormir** y **morir**, la **o** se convierte en **u** tanto en la tercera persona singular como en la plural.

dormir	
(yo) dormí	(nosotros, nosotras) dormimos
(tú) dormiste	(vosotros, vosotras) dormisteis
(él, ella, usted) d**u**rmió	(ellos, ellas, ustedes) d**u**rmieron

- La ortografía de las palabras-acción que terminan en **-car**, **-gar** y **-zar** cambia en la primera persona singular del pretérito de indicativo debido a una necesidad fonética. Repárese en los siguientes ejemplos.

buscar	**busqué**, buscaste, buscó, buscamos, buscasteis, buscaron
llegar	**llegué**, llegaste, llegó, llegamos, llegasteis, llegaron
empezar	**empecé**, empezaste, empezó, empezamos, empezasteis, empezaron

- Las palabras-acción que terminan en **-eer** y **-uir**, así como los verbos **caer** y **oír** y sus derivados sufren el siguiente cambio: la **i** de la tercera persona del singular y del plural se convierte en **y**.

caer	caí, caíste, **cayó**, caímos, caísteis, **cayeron**
leer	leí, leíste, **leyó**, leímos, leísteis, **leyeron**
oír	oí, oíste, **oyó**, oímos, oísteis, **oyeron**
concluir	concluí, concluíste, **concluyó**, concluimos, concluísteis, **concluyeron**

Algunas palabras-acción de este tipo son **creer, recaer, poseer, proveer, atribuir, destruir, contribuir, huir**, etc.

■ Las palabras-acción que terminan en **-ducir** (**traducir, producir**, etc.) se conjugan de la siguiente manera:

conducir	
(yo) condu**je**	(nosotros, nosotras) condu**jimos**
(tú) condu**jiste**	(vosotros, vosotras) condu**jisteis**
(él, ella, usted) condu**jo**	(ellos, ellas, ustedes) condu**jeron**

■ Hay muchas otras palabras-acción irregulares en el pretérito cuyas formas deben aprenderse de memoria. Abajo se anotan algunas de ellas:

andar	**anduv**e, **anduv**iste, **anduv**o, **anduv**imos, **anduv**isteis, **anduv**ieron
caber	**cup**e, **cup**iste, **cup**o, **cup**imos, **cup**isteis, **cup**ieron
estar	**estuv**e, **estuv**iste, **estuv**o, **estuv**imos, **estuv**isteis, **estuv**ieron
hacer	**hic**e, **hic**iste, **hiz**o, **hic**imos, **hic**isteis, **hic**ieron
poner	**pus**e, **pus**iste, **pus**o, **pus**imos, **pus**isteis, **pus**ieron
saber	**sup**e, **sup**iste, **sup**o, **sup**imos, **sup**isteis, **sup**ieron
venir	**vin**e, **vin**iste, **vin**o, **vin**imos, **vin**isteis, **vin**ieron
ir	**fui, fuiste, fue, fuimos, fuisteis, fueron**
ser	**fui, fuiste, fue, fuimos, fuisteis, fueron**
tener	**tuv**e, **tuv**iste, **tuv**o, **tuv**imos, **tuv**isteis, **tuv**ieron
poder	**pud**e, **pud**iste, **pud**o, **pud**imos, **pud**isteis, **pud**ieron
dar	**di, diste, dio, dimos, disteis, dieron**
traer	**traj**e, **traj**iste, **traj**o, **traj**imos, **traj**isteis, **traj**eron
decir	**dij**e, **dij**iste, **dij**o, **dij**imos, **dij**isteis, **dij**eron
querer	**quis**e, **quis**iste, **quis**o, **quis**imos, **quis**isteis, **quis**ieron

Alerta 29

A diferencia de la mayor parte de las otras formas del pretérito, las palabras-acción radicalmente irregulares no llevan acento en la primera ni la tercera persona del singular. Contraste, por ejemplo, los casos de **hablar** (hablé, habló), **comer** (comí, comió) y **abrir** (abrí, abrió) con **andar** (anduve, anduvo), **traer** (traje, trajo) e **ir** (fui, fue).

Ejercicio 2

a. Complete los espacios en blanco con la forma correcta del **pretérito absoluto**:

1. (Yo) No _____ (traer) nada.

2. La alumna _____ (hacer) la tarea.

3. Nosotros _____ (saber) la noticia.

4. El fontanero _____ (sentirse) enfermo de repente.

5. ¿Es verdad que ayer tú _____ (querer) besar a Cándida?

6. (Yo) _____ (tocar) el timbre, pero nadie _____ (oír).

7. ¿Usted _____ (dormirse) en el teatro?

8. Eduardo y Melisandra no _____ (creer) lo que sus hijos les _____ (decir).

9. Vosotros _____ (estar) en la fiesta sólo hasta las tres de la madrugada. ¿Por qué _____ (irse) tan temprano?

10. Carolina _____ (ponerse) el sombrero cordobés para ir a la corrida de toros.

11. (Yo) No _____ (alcanzar) a ver el final de la película.

12. La médica _____ (venir) a visitar a mi tatarabuela.

13. ¿(Tú) _____ (ser) quien _____ (traducir) el poema?

14. (Nosotros) _____ (tener) que ir al dentista esta mañana.

15. Cristina le _____ (dar) calabazas a su novio.

b. Inventen respuestas para las siguientes preguntas:

1. ¿Quién condujo el auto de carreras?

   _____

2. ¿Qué número de personas cupo en el salón?

   _____

3. ¿Puse todo en su debido sitio?

   _____

4. ¿Quiénes se sintieron peor después de comer, ustedes o Ángela y Manolito?

   _____

5. ¿Cuántos kilómetros anduvisteis?

   _____

La narración (1)

Narrar es el acto de resumir de manera verbal o escrita un evento o una serie de eventos. Por lo regular, estos sucesos se cuentan en forma más o menos detallada. Asimismo, lo normal es que se refieran acontecimientos que tuvieron lugar en el pasado, aunque es posible resumir acciones en el presente e incluso anticipar el futuro. Es muy importante también recordar que lo que se cuenta puede ser **real** o **ficticio**, concreto o imaginado. En otras palabras, si tengo un accidente automovilístico y cuento la historia de este accidente, o sea, digo cuándo pasó, cómo pasó, qué me pasó, qué sentí, etc., estoy creando una narración de un evento real. De la misma manera, es enteramente posible que yo—porque lo pide mi imaginación, porque quiero mentir, porque me da la gana—decida inventar la historia de un accidente automovilístico. En este caso, haré exactamente lo mismo: voy a decir cúando pasó, cómo pasó, qué me pasó, qué sentí, etc. Lo único que en esta ocasión la narración es ficticia. Los dos procedimientos son enteramente válidos y el producto de ellos es muy parecido, tan parecido en efecto que muchas veces es imposible determinar si una narración es verdadera o imaginada, o hasta una combinación de lo real y lo inventado.

Cuando se comienza a escribir una narración, debe seguirse un proceso semejante al de la descripción. Hay que tener una idea general de aquello que se quiere contar, o sea, saber más o menos cuál va a ser el principio, en qué va a consistir el cuerpo de la historia y cuál va a ser su final. La narración debe constar de una serie de detalles y acciones que toca organizar de manera lógica para que cualquier lector pueda entenderlos y asimilar el propósito comunicativo del escrito. Por lo común, este sistema organizador sigue un orden cronológico, es decir, se empieza por el principio y se termina por el final.

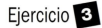

a. Revise las palabras-acción en primera persona que se facilitan. Luego, piense en una serie de actos que se realizan en una clase de español. Ordene las palabras-acción de acuerdo con el orden cronológico que usted considere apropiada. Después, añada los elementos necesarios para crear una mini-narración adecuada.

contesté	me despedí (de)
salí	escribí
me senté	llegué
abrí	leí

Orden lógico

1. _____

2. _____

3. _____

4. _____

5. _____

6. _____

7. _____

8. _____

Mini-narración

_____

_____

_____

_____

_____

_____

_____

_____

b. En parejas, organicen las oraciones de manera lógica de acuerdo con la hora del día que se indica entre paréntesis. Luego, escriban un párrafo con ellas en el espacio provisto. Copien sólo las oraciones, no las horas mencionadas.

1. Elsa se levantó temprano (a las siete de la mañana).

2. Se lavó la cara y se cepilló los dientes (a las siete y media).

3. Manejó rápido hasta el centro (a las ocho y treinta y cinco).

4. La señora Rosales contrató a Elsa, y ella, muy contenta, llamó a su novio Gonzalo por el teléfono móvil (a las nueve y cuarenta).

5. Después, caminó hasta su coche (a las ocho y veinte y cinco).

6. Llegó al Banco Hispanoamericano (a las nueve menos cinco).

7. Entró y preguntó por la señora Rosales, la encargada de contratar cajeras (a las nueve en punto).

8. Cuando terminó, se vistió, se peinó y se maquilló (a las ocho menos diez).

9. Habló con la señora Rosales por media hora (de las nueve y cinco hasta las nueve y treinta y cinco).

10. Fue a desayunar a la cafetería (a las ocho).

11. Se duchó rápidamente (a las siete y treinta y cinco).

12. Quitó la nieve de la ventanilla del frente (a las ocho y media).

El nuevo trabajo de Elsa

El uso del pretérito absoluto en la narración

El **pretérito absoluto** se usa para hacer avanzar una narración en base a una serie de acciones o acontecimientos. La persona que habla o que escribe piensa en cada una de esas acciones como final o completa.

Ejemplos:

a. De acuerdo con la policía, la víctima del robo **abrió** la puerta de su casa, **entró**, **encendió** la luz y **miró** a su alrededor. De repente, **vio** al ladrón en la sala, **gritó** muy alto y el bandido **se escapó** corriendo.

b. Ayer **nevó** mucho. La nieve **empezó** a caer a las seis de la mañana, y no **paró** de nevar hasta la medianoche. **Fue** una tormenta horrorosa. Después de que **terminó tuvimos** que quitar nieve por más de dos horas.

Ejercicio 4

a. Complete los espacios en blanco con la forma correcta del **pretérito absoluto**:

A las once en punto de una noche muy oscura, Hortensia y José Luis _____ (salir) de su piso para ir a una fiesta. Cuando _____ (llegar) a la esquina de Coronel Cifuentes y Rúa Nova, ambos _____ (experimentar) una sensación de inquietud. José Luis _____ (mirar) a Hortensia con mucho miedo y los dos _____ (empezar) a correr en busca de un lugar con más luz.

Después de una cuadra, un hombre vestido de negro los _____ (alcanzar) y les _____ (gritar): "Señores, ustedes _____ (dejar) las luces del piso encendidas. ¿No _____ (pensar) en la crisis de energía de este país? Cuando yo los _____ (llamar) hace un rato desde la puerta de mi casa, ustedes no me _____ (oír) o no me _____ (querer) oír".

Hortensia _____ (detenerse) y, muy enojada, le _____ (pegar) con el bolso en la cabeza al desconocido. Luego, la pareja _____ (seguir) su camino. El pobre ciudadano _____ (quedar) tirado en medio de la acera.

b. Lea con cuidado la siguiente narración en el presente:

La visita del vendedor

El vendedor de revistas llega a mi casa. Toca el timbre tres veces hasta que papá le abre la puerta. Mi padre lo invita a entrar y los dos pasan a la sala. El vendedor le muestra un catálogo a mi padre y le habla de los diferentes tipos de revistas. Mi padre ve una interesante sobre la mecánica. Busca su billetera y saca veinte dólares para pagarle al vendedor.

En ese momento, Sansón, nuestro gato siamés, entra en la sala. Ve al vendedor y se acerca a saludarlo. Maúlla un poco alto y luego le araña los pantalones suavemente. El hombre coge miedo. Recoge su catálogo y se va corriendo. Mi padre se molesta con Sansón y el gato se marcha como si nada.

Ahora cambie las palabras-acción del presente al pretérito absoluto:

La visita del vendedor

El vendedor de revistas _____ a mi casa.
_____ el timbre tres veces hasta que papá le
_____ la puerta. Mi padre lo _____
a entrar y los dos _____ a la sala. El vendedor le
_____ un catálogo a mi padre y le _____
de los diferentes tipos de revistas. Mi padre _____
una interesante sobre la mecánica. _____ su
billetera y _____ veinte dólares para pagarle al
vendedor.

En ese momento, Sansón, nuestro gato siamés, _____
en la sala. _____ al vendedor y _____
a saludarlo. _____ un poco alto y luego le _____
los pantalones con una de sus garras. El hombre _____
miedo. _____ su catálogo y se _____ corriendo.
Mi padre _____ con Sansón y el gato _____
como si nada.

Quinta entrada del cuaderno

Escriba una narración de **100 a 150 palabras** en el pasado, utilizando sólo el **pretérito absoluto**. La narración debe consistir en una serie de acciones completas. Puede estar en primera (**yo**) o en tercera persona (**él/ella**). Intente usar oraciones simples y complejas. Los temas a seleccionar son los siguientes:

1. Describa los sucesos de cierto día de su vida o de la vida de un amigo o de una amiga.

2. Describa un incidente en el pasado.

Una noche para olvidar

El sábado pasado mi novio y yo fuimos al cine. Mi novio me recogió en mi apartamento a las nueve de la noche y condujimos hasta el Cine Avenida, que está en el centro de la ciudad. Aparcamos el coche en un estacionamiento público. Nos costó cinco dólares estacionar.

Luego, fuimos a la taquilla a sacar los billetes. Pagamos veinte dólares por ellos. Después de entrar, mi novio compró palomitas de maíz, dos refrescos y un paquete de caramelos. Gastó ocho dólares. No pudimos comer todas las palomitas porque mi novio me abrazó y éstas se cayeron al piso.

La película fue terrible y duró cuatro horas. Salimos a las dos de la mañana. La noche fue aburrida y nos salió muy cara. (Total: 123 palabras)

El incendio en la fábrica de paraguas

El año pasado, hubo un gran incendio en una fábrica de paraguas. Aparentemente, alguien dejó un cigarrillo encendido junto a una sombrilla de seda china. La sombrilla cogió fuego y voló hasta una caja de periódicos viejos. Los periódicos también se encendieron. Uno de los periódicos rodó por el piso y se detuvo junto a una lata de gasolina. La gasolina explotó y todo el edificio quedó envuelto en llamas.

Los bomberos llegaron en seguida. Echaron agua con sus mangueras por más de tres horas, pero no lograron contener el fuego. Todo se quemó. No pudieron rescatar ni un solo paraguas. Fue una gran tragedia, pero por suerte nadie murió. (Total: 110 palabras)

Alerta 30

El pretérito perfecto (**presente de** *haber* + **participio— -ado/-ido**) se usa a veces para sustituir el pretérito absoluto, sobre todo si los efectos de la acción expresada se perciben en el presente. **Ejemplos:** He comido hace media hora; Su padre ha muerto recientemente; Te hemos dicho mil veces que no es verdad. Para una explicación más detallada, vea el capítulo seis.

El imperfecto

El **imperfecto** se usa para referirse a acciones que interesan por su continuidad, repetición o habitualidad. También se utiliza para describir en el pasado, según se explicará más adelante. En contraste con el pretérito, cuya formación es relativamente complicada, el imperfecto es fácil de conjugar y hay sólo tres formas irregulares. A continuación se incluyen los paradigmas de tres palabras-acción (verbos) regulares:

Bailar (formación: bail + terminación)

(yo) bail**aba**	(nosotros, nosotras) bail**ábamos**
(tú) bail**abas**	(vosotros, vosotras) bail**abais**
(él, ella, usted) bail**aba**	(ellos, ellas, ustedes) bail**aban**

Beber (formación: beb + terminación)

(yo) beb**ía**	(nosotros, nosotras) beb**íamos**
(tú) beb**ías**	(vosotros, vosotras) beb**íais**
(él, ella, usted) beb**ía**	(ellos, ellas, ustedes) beb**ían**

Escribir (formación: escrib + terminación)

(yo) escrib**ía**	(nosotros, nosotras) escrib**íamos**
(tú) escrib**ías**	(vosotros, vosotras) escrib**íais**
(él, ella, usted) escrib**ía**	(ellos, ellas, ustedes) escrib**ían**

Las únicas palabras-acción irregulares en el imperfecto son **ir, ser** y **ver**:

ir	**iba**, **ibas**, **iba**, **íbamos**, **ibais**, **iban**
ser	**era**, **eras**, **era**, **éramos**, **erais**, **eran**
ver	**veía**, **veías**, **veía**, **veíamos**, **veíais**, **veían**

Ejercicio 5

a. Complete los espacios en blanco con la forma correcta del **imperfecto** de indicativo:

1. Nosotros _____ (tener) mucho calor.

2. Tú _____ (sentarse) al lado de José Antonio.

3. Las muchachas _____ (ir) al cine con frecuencia.

4. Elsa _____ (salir) contigo, ¿verdad?

5. _____ (ser) las cuatro y cuarto.

6. Lucía y yo _____ (sentirse) muy orgullosos.

7. Vosotros _____ (querer) comer callos a la madrileña.

8. Antes de comprar las lentillas nuevas, tú no _____ (ver) nada bien.

9. Esa pareja _____ (ponerse) furiosa con los vecinos chismosos.

10. ¿Cómo _____ (llamarse) tu profesor de química?

11. Yo siempre _____ (volver) por el mismo camino.

12. Antes nosotras _____ (ser) muy amigas.

13. ¿Es cierto que tú no _____ (pensar) venir?

14. ¿Vosotras nunca _____ (dormir) mal?

15. La chica jamás _____ (arreglar) su habitación.

b. En parejas, examinen los dibujos a continuación. Luego, escriban cinco oraciones descriptivas en el imperfecto sobre cada uno de ellos. Use por lo menos cinco palabras-acción diferentes.

El búho lector

1. _____
2. _____
3. _____
4. _____
5. _____

La golfista

1. _____
2. _____
3. _____
4. _____
5. _____

Alerta 31

There was, there were se dice normalmente **había** porque se usa por lo general para describir una situación o expresar condición continua. **Ejemplos:** Había un lago cerca de la universidad; Había seis enfermeros en el hospital. **Hubo** también significa *there was, there were*, pero se utiliza para indicar que algo pasó o el final de una condición o estado. **Ejemplos:** Hubo un accidente ayer en la esquina de mi casa; Hubo tres bodas el mismo día en la Iglesia de San Juan de los Reyes.

Usos del imperfecto

- El **imperfecto** se utiliza para describir una acción o una serie de acciones pasadas que se ven desde el presente en su **duración**. O sea, equivale a la forma progresiva en inglés (*was, were + -ing: The lady was singing*).

    Ejemplos:

    a. —Alfonsina, ¿qué hacías en el patio?

      —Les daba de comer a las palomas.

    b. ¿Qué decían ustedes?

- El **imperfecto** se emplea para expresar una acción **repetida** o **habitual** en el pasado cuando el énfasis **no está en el final** de la acción, sino en su **continuidad**. Equivale a las construcciones inglesas *used to + infinitive* (*We used to see each other more often*) o *would + verb* (*When they were young, they would play for hours*).

    Ejemplos:

    a. Ibamos a la biblioteca a menudo cuando éramos estudiantes.

    b. Los padres de Pepe lo castigaban cuando se portaba mal.

Alerta 32

Si el énfasis está en el **final de la acción**, se emplea el pretérito absoluto aun cuando la oración contenga una palabra que denote frecuencia o repetición (**siempre, todas las veces**, etc.). **Ejemplos:** Siempre me adoraste, pero no me supiste comprender; Alba te llamó diez veces ayer.

■ El **imperfecto** se emplea para **describir y caracterizar** en el pasado. Por eso, se usa para decir la edad de una persona, para indicar la hora, para referirse a estaciones del año o períodos de tiempo convencionales (la navidad, la cuaresma, la pascua, etc.).

Ejemplos:

a. Su novio era feo pero simpático. Se sonreía constantemente y siempre hacía chistes.

b. Era de noche, llovía y el viento soplaba fuertemente.

c. ¿Cuántos años tenías cuando te casaste?

d. Eran las ocho cuando salió el autobús.

e. Era la primavera y los pajaritos cantaban alegremente.

■ El **imperfecto** se emplea para describir estados físicos, mentales o emocionales en el pasado si se perciben en su **duración**. Verbos como **amar, admirar, creer, gustar, pensar, querer, doler, odiar, temer** y estructuras como **estar enamorado** (**alegre, preocupado, triste**, etc.), **tener miedo** (**hambre, deseos, calor**, etc.) se usan generalmente con el imperfecto cuando se refieren a una **condición que dura** en el pasado.

Ejemplos:

a. Fabio pensaba constantemente en Adriana.

b. Yo le tenía mucho miedo a la serpiente de mi vecino, pero me gustaba verla comer ratones.

c. Estábamos muy cansados después de bailar salsa por tanto tiempo.

Alerta 33

Si le interesa a uno acentuar un **cambio en la condición**, se usa el pretérito absoluto, puesto que el énfasis está en la finalidad o en el principio de un nuevo estado emocional. **Ejemplos:** Te quise desde que te conocí; Tuvo mucho dolor anoche; Roberto y Eugenio estuvieron enamorados de nuestra sobrina.

- El **imperfecto** se emplea para describir dos acciones que ocurren al mismo tiempo sin que una interrumpa a la otra.

  ### Ejemplos:

  a. Ese tonto hablaba por teléfono mientras conducía.

  b. Nosotros siempre escuchábamos música cuando estudiábamos.

- El **imperfecto** se emplea para describir una acción que se anticipa desde el pasado. Se usa para referirse a planes o intenciones.

  ### Ejemplos:

  a. Queríamos ir a la playa, pero supimos que iba a llover.

  b. Mi jefe me dijo que iba a despedirme el viernes.

Ejercicio 6

a. Complete los espacios en blanco con la forma correcta del **imperfecto**:

El chalet de la sierra donde mis padres y yo _____ (vivir) durante el verano no _____ (ser) muy grande. _____ (tener) sólo dos habitaciones, un cuarto de baño, una cocina y una pequeña sala. _____ (estar) pintado de verde oscuro porque a mis padres les _____ (gustar) ese color.

Cerca del chalet, _____ (haber) un bello riachuelo donde mi padre _____ (pescar) cangrejos y truchas que, luego, mi madre—una mujer chapada a la antigua—_____ (limpiar) y _____ (cocinar). Yo la _____ (ayudar) a menudo aunque _____ (preferir) salir a cazar conejos con mi galgo, que _____ (llamarse) Centella. Como mi madre nunca _____ (querer) limpiar ni cocinar los conejos, yo se los _____ (regalar) a los vecinos.

¡Qué felices _____ (ser) nosotros en aquellos tiempos!

b. A continuación se encuentra una serie de oraciones en el presente. Cambie las palabras-acción al imperfecto. Después lea cuidadosamente la narración en el pretérito que ya usted conoce (pág. 104) y coloque las oraciones en el imperfecto donde sea conveniente. Note que es posible colocar más de una oración en los espacios indicados:

1. El vendedor **es** (_____) pequeño y **está** (_____) un poco gordo.

2. El catálogo **tiene** (_____) muchas fotografías de las portadas de las revistas.

3. Mientras él **huye** (_____), mi padre le **grita** (_____): "¡Espere, espere! ¡Quiero comprar esa revista!"

4. **Es** (_____) un gato siamés bastante grande y **tiene** (_____) mala cara.

5. **Tiene** (_____) el pelo y los ojos negros.

6. ¡A ese gato nada le **importa** (_____)!

7. Supongo que les **tiene** (_____) pánico a los gatos siameses.

8. **Son** (_____) las dos de la tarde.

9. **Lleva** (_____) una camisa blanca y una corbata gris.

10. La revista **cuesta** (_____) mucho dinero.

La visita del vendedor

(_____)

Un vendedor de revistas llegó a mi casa. Tocó el timbre tres veces hasta que papá le abrió la puerta. (_____

_____)

(_____)

Mi padre lo invitó a entrar y los dos pasaron a la sala. El vendedor le mostró un catálogo a mi padre y le habló de los diferentes tipos de revistas. (_____)

Mi padre vio una interesante sobre la mecánica. Buscó su billetera y sacó veinte dólares para pagarle al vendedor. (_____

_____)

En ese momento, Sansón entró en la sala. (_____

_____) Vio al vendedor y se acercó a saludarlo. Maulló un poco alto y luego le arañó los pantalones con

una de sus garras. El hombre cogió miedo. (_____
_____) Recogió su catálogo y se fue
corriendo. (_____) Mi
padre se molestó con Sansón, pero éste se marchó como si nada.
(_____)

Contrastes del pretérito absoluto y el imperfecto

■ El **pretérito absoluto** se emplea para expresar una acción que interrumpe el transcurso de otra acción en el pasado. La acción interrumpida se expresa con el **imperfecto**. Contraste este empleo del pretérito absoluto con la noción de acciones simultáneas en el pasado expresadas con el imperfecto que se explica arriba.

Ejemplos:
a. La pobre ardilla atravesaba la calle cuando la atropelló el automóvil.
b. Me bañaba cuando sonó el teléfono.

Alerta 34

La construcción **imperfecto de *estar* + -ando/-iendo** se emplea para expresar acción en curso en el pasado de una manera más descriptiva y dinámica. **Ejemplos:** Me estaba bañando cuando sonó el teléfono; Estábamos mirando la televisión cuando tocó a la puerta el vendedor.

■ Algunas palabras-acción se traducen de manera diferente al inglés según se empleen en el pretérito absoluto o el imperfecto. No es que cambien de significado, sino que tienen otros matices en español debido a las propiedades particulares del pretérito absoluto y del imperfecto. A continuación se anotan algunos ejemplos comunes.

Imperfecto	Traducción	Pretérito	Traducción
sabía	*I knew, knew how to, had knowledge of*	supe	*I learned, found out, discovered*
conocía	*I knew, was acquainted with*	conocí	*I met, made the acquaintance of*
quería	*I wanted to, desired to*	quise	*I tried to (in certain situations)*
no quería	*I didn't want, didn't desire to*	no quise	*I refused to, would not*
podía	*I could, was able to, I was in a position to*	pude	*I managed to, I succeeded in*
no podía	*I was not able to, could not*	no pude	*I tried but couldn't*
costaba	*it cost (before buying the item)*	costó	*it cost (after buying the item)*

Ejemplos:

a. —¿Ya conocías a Marta?

   —No, la conocí anoche en la fiesta de Pedro Pérez Prado.

b. Por fin pudimos salir del estacionamiento.

c. ¿Cuánto costaba ese monopatín?

d. —¿Sabía usted que estaba enfermo?

   —No, lo supe ayer por la tarde cuando fui al médico.

Ejercicio 7

a. En parejas, escriban oraciones con cada una de las palabras-acción que se incluyen, guiándose por el cuadro explicatorio que aparece arriba. Decidan por qué han usado el pretérito absoluto o el imperfecto:

1. sabíamos
2. supieron
3. conocías
4. conocisteis
5. quería
6. quisieron
7. no querías

8. no quise
9. podíais
10. pudo
11. no podías
12. no pudieron
13. costaban
14. costó

1. _____
2. _____
3. _____
4. _____

5. _____

6. _____

7. _____

8. _____

9. _____

10. _____

11. _____

12. _____

13. _____

14. _____

b. Cambie las palabras-acción al pasado empleando el **pretérito absoluto** o el **imperfecto**:

Es una noche de invierno. **Hace** mucho frío y no **hay** luna. Toda la familia Villagarcía **duerme. Es** una familia bastante rica. Su casa **es** muy grande y lujosa. **Tiene** cinco alcobas y tres cuartos de baño. **Está** en una calle donde **abundan** los olmos y los chopos.

A las tres de la madrugada, dos hombres enmascarados **entran** en la casa por una ventana. **Andan** sigilosamente hasta el despacho de la esposa. Uno de ellos **abre** con destreza la caja fuerte. **Saca** todas las joyas y el dinero. Se las **da** a su compañero, quien las **mete** en una bolsa. Después, los ladrones **salen** de la casa por la misma ventana.

_____ una noche de invierno. _____ mucho frío

y no _____ luna. Toda la familia Villagarcía _____.

_____ una familia bastante rica. Su casa _____

muy grande y lujosa. _____ cinco alcobas y tres cuartos de baño.

_____ en una calle donde _____ los olmos y los chopos.

A las tres de la madrugada, dos hombres enmascarados _____ en la casa por una ventana. _____ sigilosamente hasta el despacho de la esposa. Uno de ellos _____ con destreza la caja fuerte. _____ todas las joyas y el dinero. Se las _____ a su compañero, quien las _____ en una bolsa. Después, los ladrones _____ de la casa por la misma ventana.

c. Lea el siguiente párrafo y traduzca adecuadamente la expresión, determinando en cada caso si debe utilizarse el pretérito absoluto o el imperfecto:

Yo _____ (*was born*) en el Uruguay, en un pueblo próximo a la bella ciudad de Tacuarembó. Allí (yo) _____ (*lived*) hasta que _____ (*I turned*) diez años. Entonces, mis padres me _____ (*sent*) a Montevideo. Yo no _____ (*wanted*) ir, pero ellos me _____ (*explained*) que _____ (*it was*) necesario, porque en Montevideo _____ (*there was*) un colegio mucho mejor que el de nuestro pueblo. Yo _____ (*was going*) a ingresar en él y vivir con unos parientes que _____ (*we had*) en la capital.

Un día gris y lluvioso _____ (*I left*) en tren de mi pueblo. Mis padres me _____ (*said*) adiós en el andén. Ellos _____ (*were*) tristes y llorosos, y yo también _____ (*was crying*) a lágrima viva.

Cuando por fin _____ (*I arrived*) a Montevideo, mis tíos maternos

me _____ (*were waiting*) en la estación. Inmediatamente, me

_____ (*made*) sentir más relajado, pues me _____

(*welcomed, received*) con mucho afecto. Enseguida, me _____ (*took*) a su

casa. _____ (*It was*) grande y cómoda. Allí _____ (*I met*)

a mis tres primos, quienes me _____ (*embraced*) con cariño también.

Ahí mismo _____ (*began*) a acabarse mis problemas de adaptación.

Todo esto _____ (*happened*) hace mucho tiempo, cuando yo

_____ (*knew*) muy poco de la vida.

d. En parejas, lean el siguiente párrafo y seleccionen la forma correcta en cada
circunstancia:

El sábado por la mañana **salí/salía** temprano de mi casa porque **quise/quería**
visitar a mi abuelita, que **estuvo/estaba** en el hospital. **Fui/Iba** un poco preocupado y
anduve/andaba muy de prisa. Casi **corrí/corría.** Por lo tanto, no me **fijé/fijaba** en un
letrero con letras rojas que **hubo/había** en la portada entreabierta de una mansión
en ruinas. Según **comprobé/comprobaba** más tarde, el letrero **dijo/decía**: "¡Cuidado
con el perro!"

Cuando **pasé/pasaba** frente a la mansión, un perro enorme **apareció/
aparecía** de repente frente a mí. **Fue/Era** blanco y fuerte. **Ladró/Ladraba**
amenazadoramente. **Tuvo/Tenía** una cabeza inmensa y una boca llena de dientes
afilados. Cuando lo **vi/veía, me entró/me entraba** pánico y **me eché/me echaba** a
correr. **Fue/Era** un gran error, porque el perro **me alcanzó/me alcanzaba** en un dos
por tres. Cuando **me mordió/me mordía** en la pierna izquierda, **me caí/me caía** en
la acera. Entonces, el perro **volvió/volvía** a morderme en ambos brazos. Por suerte,
en ese momento **llegó/llegaba** un señor que **asustó/asustaba** al perro con su bastón.

Cuando el señor **notó/notaba** que yo **sangré/sangraba** mucho de mis heridas,
llamó/llamaba una ambulancia por su teléfono móvil. La ambulancia me
recogió/recogía en seguida y me **transportó/transportaba** a la sala de emergencias

del mismo hospital donde **estuvo/estaba** ingresada mi abuelita. Después de que me **curaron/curaban** y **me pusieron/me ponían** la primera inyección contra la rabia, **busqué/buscaba** la habitación de mi abuelita y por fin **pude/podía** visitarla.

e. Complete los espacios en blanco con la forma adecuada del **pretérito absoluto** o del **imperfecto**:

Hace exactamente una semana yo _____ (dormir) tranquilamente en mi habitación cuando un ruido extraño me _____ (despertar). (Yo) _____ (mirar) a mi alrededor y no _____ (ver) otra cosa que el reloj. _____ (ser) las dos y cuarto de la mañana. _____ (mantener) los ojos abiertos unos minutos y, después, _____ (colocar) la cabeza en la almohada nuevamente y _____ (quedarse) dormido en seguida.

Sin embargo, unos minutos más tarde (yo) _____ (sentir) otra vez el mismo ruido. Esta vez, _____ (prestar) más atención pues los sonidos _____ (repetirse) sin cesar. _____ (parecer) que alguien _____ (estar) tratando de abrir la puerta de atrás de mi apartamento. (Yo) _____ (levantarse) rápidamente, _____ (coger) la bata de casa y me la _____ (poner). _____ (caminar) hacia el fondo para ver qué o quién _____ (intentar) entrar en mi casa sin invitación.

Cuando (yo) _____ (llegar) a la puerta, los ruiditos _____ (cesar) por un instante pero pronto _____ (comenzar) otra vez. (Yo) _____ (ir) al armario de la cocina y _____ (agarrar) el bate de beisbol que guardo allí para emergencias de esta índole. Haciendo de tripas corazón, _____ (disponerse) a abrir la puerta para sorprender al ladrón o acaso hasta el asesino que tal vez _____ (encontrarse) afuera. (Yo) _____ (abrir) la puerta de un tirón y _____ (alzar) el bate con violencia para pegarle al bandido. (Yo) _____ (voltear) la cabeza a la izquierda y luego a la derecha, pero no _____ (haber) nada a mi alrededor.

Ya (yo) _____ (ir) a cerrar la puerta para volver a acostarme cuando algo me _____ (rozar) una pierna. (Yo) _____ (inclinar) la cabeza y _____ (descubrir) que el autor de los ruidos _____ (tratarse) de un mono pequeñito y juguetón. (Yo) Lo _____ (dejar) entrar para examinarlo mejor y, a la luz de la cocina, _____ (observar) que _____ (ser) color café, bastante bonito y muy flaco. Además, _____ (parecer) estar muerto de frío, pues _____ (temblar) sin parar. El ver así al pobre monito me _____ (dar) mucha lástima, así que (yo) lo _____ (cubrir) con una toalla y, luego, le _____ (pelar) un plátano y se lo _____ (ofrecer). (El) Se lo _____ (comer) con gusto y, después, _____ (subirse) a mi hombro derecho, agradecido. (Yo) Lo _____ (acariciar) y él me _____ (besar) cariñosamente en la cara.

Para hacer la historia más corta, desde el martes pasado tengo una mascota nueva: un mono tití al que (yo) le _____ (poner) el nombre de Chindasvinto, ya que ahora es el rey de mi casa.

El imperfecto en la narración

Recuerde que el imperfecto en la narración cumple ciertas funciones específicas:

1. Describe situaciones en el pasado, o sea, crea un fondo.

2. Describe estados continuos en el pasado.

3. Describe o caracteriza personas, cosas y animales.

4. Expresa acciones habituales, continuas o repetidas.

Ejercicio 8

Lea la siguiente narración en el pretérito absoluto:

> Ayer al mediodía, Cándido Bermudez salió a almorzar a un centro comercial. Decidió ir a un restaurante mexicano. Llegó bastante pronto al restaurante. Enseguida llamó a un mesero. Vio a una amiga suya y se acercó a hablar con ella un momento. Comió bien y después invitó a la chica a tomar café en Starbucks. Cuando terminaron, Cándido miró su reloj. Vio la hora y se sorprendió. Le dijo adiós a la chica y corrió a su automóvil. Cándido arrancó el coche y decidió volver por la carretera para llegar más rápido al trabajo. De repente, oyó un ruido metálico muy extraño. El motor se puso muy caliente, dejó de funcionar y comenzó a echar mucho humo. Cándido se asustó. Guió hasta el arsén (*shoulder*), detuvo el coche y se puso a maldecir.

En parejas, contesten las siguientes preguntas, pensando en la narración y en el dibujo. Utilicen el imperfecto:

1. ¿Cómo se llamaba el restaurante?

   _____

2. ¿Qué hora era?

   _____

3. ¿A qué velocidad conducía Cándido?

_____

4. ¿Cómo estaba Cándido al final?

_____

5. ¿Cómo era la chica?

_____

6. ¿De qué color tenía el pelo y los ojos?

_____

7. ¿El automóvil de Cándido estaba cerca o lejos de la cafetería?

_____

Ahora, coloquen las oraciones que crearon donde sea conveniente en la narración para darle un fondo descriptivo a ésta.

_____
_____
_____
_____
_____
_____
_____
_____
_____
_____
_____
_____
_____
_____
_____
_____
_____
_____
_____

El complemento indirecto

El **complemento indirecto** es la persona o cosa que recibe daño o beneficio de la palabra-acción. Responde a las preguntas: **¿A quién?** o **¿Para quién?**; **¿A qué?** o **¿Para qué?** Ejemplos: Enviamos la carta **a la tía Julia** (¿A quién enviamos la carta? **A la tía Julia**); Compro la comida **para el perro** (¿Para quién compro la comida? **Para el perro**); Ponen sal **a la sopa**? (¿A qué ponen sal? **A la sopa**).

- El **complemento indirecto** aparece regularmente como palabra sustituidora complementaria (pronombre) que por lo regular precede a la palabra-acción. Sus formas son las siguientes: **me, te, le, nos, os, les**.

  Ejemplos:
  a. **Le** pongo el vestido **a la niña**. (*I put the dress on the little girl.*)
  b. **Me** parece inteligente. (*He/She seems intelligent to me.*)
  c. Nuestros novios **nos** mandan flores. (*Our boyfriends send us flowers.*)
  d. **Te** doy el dinero mañana. (*I'll give you the money tomorrow.*)
  e. **¿Les** interesa **a ustedes** comprar estos esquís? (*Are you interested in buying these skis?*)
  f. **Os** dicen la verdad. (*They are telling you the truth.*)

- Muchas veces, la **palabra sustituidora** (pronombre) que representa el complemento indirecto **se aclara** o **se enfatiza** a base de la estructura *a* + **palabra-concepto** (nombre) o **palabra sustituidora** (pronombre que sigue a una palabra indicadora o preposición). Las palabras sustituidoras que pueden seguir a una preposición son **mí, ti, él, ella, usted, nosotros, vosotros, ellos, ellas, ustedes**.

  Ejemplos:
  a. **Les** dijo **a los trabajadores** que hay que empezar a la una. (*a* + **palabra concepto**)
  b. **Os** mandó el paquete **a vosotras**. (*a* + **palabra sustituidora**)
  c. **¿A ti** te duele la garganta? (*a* + **palabra sustituidora**)
  d. La jefa **nos** dio la mano **a Perucho y a mí**. (*a* + **palabra-concepto** y *a* + **palabra sustituidora**)

- Cuando en una oración coexisten dos palabras sustituidoras complementarias, una directa de tercera persona y la otra indirecta, la palabra sustituidora indirecta precede a la otra.

  Ejemplos:
  a. Me vende la casa. → **Me la** vende.
  b. ¿Te pruebas los zapatos? → ¿**Te los** pruebas?
  c. Nos mandan el paquete. → **Nos lo** mandan.

- Cuando las palabras sustituidoras complementarias son ambas de tercera persona, **le** y **les** se convierten en **se**.

Nunca, nunca, nunca se dice **le lo* sino **se lo**.

Ejemplos:

a. Le doy la manzana. → **Se la** doy.

b. Les lavas los platos. → **Se los** lavas.

c. Les entrego el dinero. → **Se lo** entrego.

- Cuando se usa una estructura compuesta de **palabra-acción** más **gerundio** (forma **-ando/-iendo**) o **infinitivo** (**-ar/-er/-ir**), **las palabras sustituidoras complementarias** o se unen al gerundio o al infinitivo, o preceden de manera normal a la palabra-acción conjugada:

Ejemplos:

a. Nos están sirviendo la sopa. → **Nos la** están sirviendo. → Están sirviéndo**nosla**.

b. Os voy a contar un cuento. → **Os lo** voy a contar. → Voy a contár**oslo**.

c. ¿Me quieres leer la carta? → ¿**Me la** quieres leer? → ¿Quieres leér**mela**?

d. Está recitándoles los poemas. → **Se los** está recitando. → Está recitándo**selos**.

- Las palabras sustituidoras complementarias se colocan siempre **después** del **imperativo afirmativo** (*affirmative command*), con el cual forman una unidad, y **antes** del **imperativo negativo** (*negative command*). Observe que cuando se añade **se** a la primera persona plural (**nosotros**) del imperativo afirmativo, desaparece la **s** final del imperativo (**Vendámosle el coche** → Vendámo**selo**). Recuerde que en español no existe la combinación **ss**. El imperativo se explica en el capítulo seis.

Ejemplos:

Oración imperativa	Afirmativo	Negativo
Escríbanme una carta.	Escríbanmela.	No me la escriban.
Dinos el chiste.	Dínoslo.	No nos lo digas.
Traedle el periódico.	Traédselo	No se lo traigáis.
Comprémosles los guantes.	Comprémoselos.	No se los compremos.

Alerta 35

Cuando hay **dos** palabras sustituidoras complementarias en una estructura de palabra-acción + infinitivo o gerundio, **nunca, nunca, nunca** pueden éstas colocarse aparte la una de la otra. Tienen ambas que preceder a la palabra-acción o seguir al infinitivo o al gerundio, formando unidad con ellos. **Ejemplos: Se lo** voy a decir/Voy a decír**selo; Me las** están pidiendo/Están pidiéndo**melas.**

Ejercicio 9

a. Traduzca al español utilizando siempre la palabra sustituidora complementaria adecuada:

1. *I am going to sell her my desk.*

   _____

2. *He gave me the video.*

   _____

3. *Did my parents show you (**informal singular**) the map?*

   _____

4. *They used to send us flowers.*

   _____

5. *Does it seem to you (**informal plural**) that it is going to rain?*

   _____

6. *The check? I already sent it to you (**formal singular**).*

   _____

7. *The homework? They turned it in to us yesterday.*

   _____

Alerta 36

Recuerde que la construcción de tercera persona con **gustar** no admite complemento directo. Por eso **nunca, nunca, nunca** se pueden crear estructuras como **me lo gusta* por *I like it.*

b. Complete los espacios en blanco con la forma correcta de la palabra sustituidora complementaria:

1. ¿Cuándo _____ vas a devolver **a Tomás** los veinte pesos que él

   _____ prestó **a ti** la semana pasada?

2. Eva _____ prometió **a Lucinda y a mí** que iba a

   llevar _____ una pizza **a los niños** para la merienda.

3. _____ pido **a vosotros** perdón por todos mis errores.

4. Roberto, ¿cuánto _____ das (**a mí**) por esta motocicleta?

   _____ costó dos mil trescientos treinta y nueve dólares nueva de

   paquete. **A ti** _____ viene muy bien para llegar a tu trabajo.

5. —¿Van a brindar _____ (**a vosotros**) sangría en la fiesta

   de aniversario?

   —No, _____ van a dar (**a nosotros**) champán porque **a mi**

   marido no _____ gusta la sangría.

c. Reemplace los complementos indicados con las palabras sustituidoras complementarias correctas.

MODELOS: Juan me compra **el vino**.   **R.:** *Juan me lo compra.*

   El cobrador revisa **los boletos *a los pasajeros***.   **R.:** *El cobrador se los revisa.*

1. El médico les hace **las indicaciones**.

   _____

2. Mi novio me escribió **una carta de amor**.

   _____

3. El mariachi da **serenatas *a las quinceañeras***.

   _____

4. Quieren ofrecernos **otra tarjeta de crédito**.

   _____

5. Los invitados les tiraron **arroz** al salir de la iglesia.

   _____

6. ¿Os dieron **las entradas**?

   _____

7. El policía le está inspeccionando **la matrícula del coche**.

_____

8. ¿Es verdad que Maritza te dedicó **un poema**?

_____

9. Los obreros de construcción echan **piropos a las jóvenes que pasan**.

_____

10. Por favor, tráiganme **la pintura** el martes por la mañana.

_____

d. Conteste afirmativa o negativamente según las indicaciones, valiéndose de las palabras sustituidoras apropiadas:

MODELOS: ¿Les llevas sopa a los enfermos ? (sí)　**R.:** _Sí, se la llevo._

¿Les van a escribir a sus amigos? (sí)　**R.:** _Sí, les vamos a escribir_ **o**
Sí, vamos a escribirles.

1. ¿Quieres prestarme el coche esta noche? (no)

_____

2. ¿Nos dejas el recibo en la mesa? (sí)

_____

3. Sebastián, hijo mío, ¿me rompiste el jarrón a propósito? (sí)

_____

4. ¿Les alquilaste el apartamento a los universitarios? (no)

_____

5. ¿Me preparaste las albóndigas? (sí)

_____

6. ¿Le mataste las pulgas a tu perro? (sí)

_____

7. ¿La peluquera le tiñó el pelo a la tía Sagrario? (sí)

_____

8. ¿Te está cuidando las plantas el vecino? (no)

_____

9. ¿Os gusta el helado de chocolate? (no)

_____

10. Cuando vivías en Guatemala, ¿les enviabas fotos con frecuencia a tus familiares? (sí)

_____

Alerta 37

Los verbos **interesar, faltar, encantar, agradar, disgustar, satisfacer** e **importar** se usan en construcciones de tercera persona como la que se forma con **gustar**.
Ejemplos: A mí me falta talento; A Esther y María del Pilar les agrada bailar la cumbia; A vosotros os disgustan los aguacates verdes; A ti no te importa nada.

Sexta entrada del cuaderno

En aproximadamente **150 a 200 palabras**, cuente lo que pasó en una actividad o evento que usted presenció o en el que usted participó. Entre los eventos y actividades a considerar pueden incluirse una boda, un encuentro deportivo, una fiesta de cumpleaños, unas vacaciones, un accidente, etc. La narración debe escribirse totalmente en el pasado y hay que utilizar tanto el pretérito como el imperfecto. Escriba oraciones simples y complejas.

Mi aventura en Atenas

Cuando yo tenía veinte años, antes de ser la reina de Uldiforbia y Tiburlandia, hice una visita oficial a Atenas. Era la primavera y todo parecía muy hermoso, pero mis acompañantes no me dejaban salir del hotel. Yo estaba triste porque quería conocer la ciudad. Una mañana me escapé.

En una esquina me encontré con un hombre de aspecto elegante. Era alto, fornido, moreno ¡y muy guapo! Me saludó y me preguntó cómo me llamaba y qué hacía en Atenas. Le dije que me llamaba Yolanda y que era una turista de Uldiforbia. Entonces él me invitó a tomar un café. Fuimos a una cafetería cercana. Hablamos por mucho rato. Cuando supo que yo quería conocer Atenas, se ofreció a mostrarme la ciudad. Me llevó por todas partes en su motocicleta. Vimos muchos monumentos importantes y algunos lugares preciosos. También cenamos en un restaurante típico.

Desgraciadamente, llegó la noche y tuve que volver al hotel. Yorgo—pues así se llamaba—me preguntó si podía verme otra vez al día siguiente. ¡Era imposible! Yo estaba comprometida para casarme con Bertoldo, el príncipe de Tiburlandia. Pero qué día inolvidable pasé en Atenas con Yorgo. (Total: 192 palabras)

Un partido de fútbol entre la Selección de México y la Selección de la Argentina

Ayer pasaron por la televisión un juego de balompié entre las selecciones de México y la Argentina. Era un encuentro amistoso de preparación para la próxima Copa del Mundo. El partido fue muy reñido. Durante el primer tiempo, ninguno de los equipos pudo anotar. México, sin embargo, atacó mucho siempre. Una vez, el portero argentino paró un disparo poderoso realizado por un delantero mexicano. Otra vez, un cabezazo del ala izquierdo de México dio contra la parte superior del arco. Los mexicanos tiraron un corner, pero el portero agarró el balón fácilmente.

El segundo tiempo fue increíble. A los dos minutos de comenzar, un jugador argentino recogió el balón en media cancha. Engañó a toda la defensa mexicana y metió la pelota en la esquina derecha de la portería de México. El marcador se mantuvo uno a cero a favor de la Argentina hasta el minuto noventa y tres, cuando los mexicanos atacaron fuertemente y un defensa argentino le puso una zancadilla dentro del área de penalty al centroforward de México. Este marcó el penal e igualó el marcador. El partido terminó uno a uno, pero hubo muchas jugadas emocionantes hasta el final. ¡Qué tremendo juego de fútbol! (Total: 192 palabras)

La narración (2)

- Otro aspecto que debe tenerse presente al pensar en la narración es lo que se llama el **punto de vista narrativo**. Nos limitamos a considerar los dos puntos de vista esenciales: el de **primera persona singular (yo)** y el de **tercera persona (él/ella)**. Narrar en primera persona equivale a contar **mi historia**. Por ejemplo, examine la siguiente narración en primera persona de un accidente automovilístico:

> **Yo** salí muy temprano de la casa para la universidad. Conducía muy rápido. De repente, choqué con un árbol. Destruí totalmente mi coche. Afortunadamente, no me pasó nada, pero la policía me multó cien dólares por conducir a exceso de velocidad. En el fondo, tuve muy buena suerte.

El punto de vista de **primera persona** es **subjetivo** porque siempre se basa en el juicio y las impresiones de la persona que habla, experimenta los acontecimientos y selecciona los detalles.

La **tercera persona** se siente como una voz más alejada e imparcial, más **objetiva**, que resume los eventos narrados sin tener un compromiso directo con ellos. Observe lo que ocurre con la misma narración una vez que se cambia el punto de vista a uno impersonal:

> **Él** salió muy temprano de la casa para la universidad. Conducía muy rápido. De repente, chocó con un árbol. Destruyó totalmente su coche. Afortunadamente, no le pasó nada, pero la policía le multó cien dólares por conducir a exceso de velocidad. En el fondo, tuvo muy buena suerte.

La narración parece ahora más objetiva y sin emoción porque la distancia entre el hablante, el personaje y los hechos es mayor.

A veces, el punto de vista en tercera persona se define como **omnisciente** debido a que el narrador asume una visión casi divina, como la de Dios. En otras palabras, sabe mucho más sobre los personajes y la realidad de lo que puede saber el ser humano normal. Véanse los detalles añadidos a la misma narración para crear la impresión de omnisciencia:

> **El joven** salió muy temprano de la casa para la universidad **porque tenía tantas preocupaciones que se había despertado al amanecer.** Conducía muy rápido, **pues siempre sentía una absurda urgencia por llegar pronto a cualquier sitio.** De repente, chocó con un árbol. Destruyó totalmente su coche, **lo cual le causó un profundo dolor.** Afortunadamente, no le pasó nada, pero la policía le multó cien dólares por conducir a exceso de velocidad. En el fondo, tuvo muy buena suerte, **aunque él lo puso en duda ya que le interesaba más el coche que su vida.**

Aunque la técnica de narrar es un asunto complicado, los factores indicados arriba son los esenciales para contar en forma oral o escrita las historias elementales que constituyen la base de la comunicación diaria. Estos mismos elementos conforman la mayor parte de las narraciones literarias sofisticadas y complejas.

Alerta 38

Uno de los tiempos indispensables para narrar es el **pluscuamperfecto** (*prior past*). Este tiempo consiste en el imperfecto de *haber* (*había, habías, había, habíamos, habíais, habían*) + **el participio pasivo** (forma **-ado/-ido**). Se utiliza para expresar una acción anterior a otra acción pasada. **Ejemplos:** Como yo ya había comido, no pude aceptar la invitación de Carmela; La banda había empezado a tocar hacía media hora cuando ustedes llegaron. Para una explicación más detallada, véase el capítulo sexto.

- La mayor parte de las narraciones se escriben en el pasado porque se relacionan con acontecimientos ya ocurridos. Por eso, según se ha indicado, el pretérito absoluto y el imperfecto son los tiempos más utilizados para narrar. Recuerde que por lo general el imperfecto se usa para describir, para pintar un fondo, o para definir una situación o un estado duradero. El pretérito, por el contrario, hace avanzar la acción, o sea, precisa acontecimientos que se perciben como completos o finales, como se nota en este ejemplo:

> La mujer entró. Era rubia y venía vestida de azul. Saludó al hombre que estaba sentado en el bar. Le preguntó si tenía los documentos. El hombre le dijo que sí. Se los dio en un sobre amarillo. Ella los puso en el bolso de piel que traía. Besó al hombre y se marchó.

- A continuación se incluye un cuadro con una serie de palabras de transición, es decir, de expresiones que ayudan a enlazar eventos e ideas cuando se escribe una narración:

Palabras de transición	Traducción
después	*after*
luego (luego de + **infinitivo**)	*after (after + -ing)*
al instante	*immediately after*
cuando	*when*
de súbito	*suddenly*
de repente	*suddenly*
al + **infinitivo**	*upon + -ing*
durante	*during*
al principio	*at the beginning*
al final	*at the end*
por fin	*finally*
finalmente	*finally*
al cabo de + **período temporal**	*after* + time period
a partir de + **expresión temporal**	*as of (after)* + temporal expression
además (de)	*also, besides*
también	*also*
asimismo	*also, in addition*
mientras	*while*

Palabras de transición	Traducción
al (a la) + mes, año, semana, día	(*the*) *next + month, year, week, day*
entonces	*then*
en seguida	*immediately*
por ahora	*for now*
por lo pronto	*as for now*
abruptamente	*abruptly*

Alerta 39

En contraste con el inglés, **próximo** (*next*) **nunca, nunca, nunca** puede usarse como palabra de transición temporal (adverbio) que sustituye a **después** (*after*). Se usa sólo como palabra sustituidora que modifica a una palabra-concepto. **Ejemplos:** la próxima vez; el año próximo; la próxima corredora.

■ Hay una serie de fórmulas para expresar tiempo transcurrido que son muy útiles en el proceso de crear narraciones. Estas son las tres fórmulas más comunes:

Hace + período de tiempo + que + oración en presente	
Hace media hora que estamos aquí.	*We have been here for a half an hour.*

Oración en presente + desde hace + período de tiempo	
Estamos aquí desde hace media hora.	*We have been here for a half an hour.*

Hace + período de tiempo + que + oración en pretérito absoluto	
Hace un año que se casaron.	*They got married a year ago.*

Oración en pretérito absoluto + hace + período de tiempo	
Se casaron hace un año.	*They got married a year ago.*

Hacía + período de tiempo + que + oración en imperfecto	
Hacía dos meses que no nos hablábamos.	*We hadn't spoken to each other in two months.*

Oración en imperfecto + desde hacía + período de tiempo	
No nos hablábamos desde hacía dos meses.	*We hadn't spoken to each other in two months.*

Ejercicio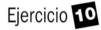

a. Responda a las siguientes preguntas de acuerdo con la estructura señalada en ella y el período temporal que se indica entre paréntesis:

MODELOS: ¿Cuánto tiempo hace que conoces a Iván? (un año)   **R.:** *Hace un año que conozco a Iván.*

¿Desde cuándo viven aquí? (veinte años)   **R.:** *Vivimos aquí desde hace veinte años.*

¿Cuándo llegaron ellos? (diez minutos)   **R.:** *Llegaron hace diez minutos.*

1. ¿Cuánto tiempo hace que estudias español? (cinco años)

_____

2. ¿Cuándo llamaron mis padres? (media hora)

_____

3. ¿Desde cuándo sales con Juan Antonio? (un año)

_____

4. ¿Cuánto tiempo hacía que esperabas en la esquina? (veinte minutos)

_____

5. ¿Hace mucho que pasó el autobús? (tres minutos)

_____

6. ¿Desde cuándo no visitaban ustedes a los abuelos? (tres meses)

_____

7. ¿Cuánto tiempo hace que no ves una buena película? (dos semanas)

_____

8. ¿Desde cuándo no vas a un partido de baloncesto? (un año y medio)

_____

9. ¿Cuánto tiempo hacía que no me llamabas por teléfono? (cinco o seis meses)

_____

Alerta 40

En contraste con el inglés, **el gerundio** (forma **-ando/-iendo**) **nunca** puede ser sujeto de una oración o seguir a una palabra indicadora (preposición). En estos casos, se usa **el infinitivo** (forma **-ar/-er/-ir**). **Ejemplos:** Correr es bueno para la salud; Me gusta leer; Te vemos después de comer; Quieren ir a bailar.

b. Escriba preguntas para las siguientes respuestas:

1. La banda tocaba desde hacía dos horas.

_____

2. Hace seis meses que conocí a Andrés.

_____

3. Hacía varios días que no hablábamos con ustedes.

_____

4. Hace muy poco que Esmirna se peleó con Pedro Alberto.

_____

5. Los pacientes están en la sala de espera desde las siete de la mañana.

_____

Los relacionantes **el cual** y **el que**

En el capítulo 2, se presentaron los relacionantes de uso más frecuente, que son **que** y **quien**. Otros relacionantes muy utilizados son **el cual** (y sus variantes **la cual, los cuales, las cuales**) y **el que** (y sus variantes **la que, los que, las que**). Estos relacionantes se usan por lo general en cláusulas explicativas y después de **palabras indicadoras** (preposiciones) largas o compuestas y aquellas de uso menos frecuente. La diferencia fundamental entre **el cual** y **el que** es que sólo **el que** puede operar como sujeto de oración o complemento directo cuando no hay antecedente explícito. A continuación se explican las maneras en que se utilizan dichas formas.

El cual (la cual, los cuales, las cuales) (*that, which, who, whom*)

Características:

- Tiene formas femeninas y plurales. Por eso se emplea en situaciones en que el antecedente se presta a posibles confusiones.

- Se utiliza después de **palabras indicadoras (preposiciones)**, sobre todo después de las **largas** o **compuestas** (**cerca de, delante de, detrás de, después de**, etc.) y de las de uso infrecuente (**tras, según, sobre, ante**, etc.).

- Se usa para referirse lo mismo a personas y animales que a cosas.

- Para usar **el cual** y sus variantes el antecedente tiene que ser explícito (es decir, la palabra-concepto que se sustituye tiene que estar expresada en la oración).

- **Nunca, nunca, nunca** puede seguir directamente al antecedente.

a. Se utiliza en cláusulas explicativas (, . . . ,), sobre todo cuando el antecedente resulta confuso.

- La **sobrina** de Paco y Sara, **la cual acaba de volver de Costa Rica**, parece que dejó un novio por allá. (**Sobrina** es el **antecedente explícito**. El hablante usa **la cual** para introducir la cláusula explicativa **acaba de volver de Costa Rica**, con el objeto de evitar cualquier confusión con **Paco y Sara**. **La cual**, expresión femenina y singular, sólo puede referirse a **sobrina**.)

- Los **tigres** de la domadora belga, **los cuales están muy bien entrenados**, saltan por un aro de fuego. (**Tigres** es el antecedente explícito. De nuevo, puede haber cierta confusión debido a que se identifican por medio de la referencia a una **domadora belga**. Por lo tanto, el hablante emplea la expresión masculina y plural, **los cuales**, para presentar la cláusula explicativa, **están muy bien entrenados**.)

b. Por lo general, se usa después de palabras indicadoras (preposiciones) largas o de uso infrecuente.

- El mapache entró en la casa por la **ventana, enfrente de la cual** estaba la cama de Guadalupe. (**Ventana** es el antecedente explícito. Es femenino y singular. Se usa la palabra indicadora larga o compuesta **enfrente de**. Por lo tanto, el hablante ha preferido utilizar **la cual** para referirse al antecedente.)

- Les voy a mostrar el **árbol contra el cual** choqué. (**Árbol** es el antecedente explícito. **Contra** es una palabra indicadora corta pero de uso no muy frecuente. Por eso, el hablante ha optado por emplear **el cual**.)

El que (la que, los que, las que) (*that, which, who, whom, the one who, the one that*)

Características:

- Tiene formas femeninas y plurales, pero sólo cambia la palabra modificadora (**el, la, los, las**).
- De la misma manera que **el cual**, se utiliza después de palabras indicadoras, aún incluso de las breves como **en, de**, etc.
- Se usa para referirse tanto a personas y animales como a cosas.
- Puede ser sujeto u objeto indefinido. En estos casos, es posible usar **el que** para reemplazar a **quien** cuando se trata de personas. En contraste con **el cual**, puede usarse en situaciones en que no existe un antecedente explícito.
- **Nunca, nunca, nunca** puede seguir directamente al antecedente.
- En el español actual, **el que** se emplea cada vez más en lugar de **el cual**, sobre todo en el idioma hablado.

a. Se usa en cláusulas explicativas (, . . . ,), sobre todo cuando el antecedente resulta confuso.

- La **novia** de nuestro nieto César, a **la que** no conocemos todavía, nos invitó a cenar esta noche. (**Novia** es el antecedente explícito. **La que** introduce la cláusula explicativa **no conocemos todavía**.)

b. Por lo general, se usa después de palabras indicadoras (preposiciones) largas o de uso infrecuente, aunque en el español actual aparece cada vez más, inclusive con las palabras indicadoras cortas.

- El **chico detrás del que** me siento se apellida Perdomo. (**Chico** es el antecedente explícito. **Detrás de** es una expresión indicadora larga. El hablante utiliza **el que** para introducir la cláusula explicativa. Note que también pudo haber utilizado **el cual** o **quien**.
- Las **pintoras sobre las que** va a hablar la profesora López son todas de México. (**Pintoras** es el antecedente explícito. **Sobre** es palabra indicadora de uso infrecuente dentro del contexto. El hablante usa **las que** para introducir la cláusula.)
- El **libro al que** me refiero lo escribió Isabel Allende. (**Libro** es el antecedente explícito. **A** es una preposición de uso frecuente. Sin embargo, no es raro hoy en día que se use **el que** con una construcción de este tipo.)

c. Se usa como sujeto de oración para referirse a una persona, animal o cosa o a un grupo de personas, animales o cosas indefinidas. En esos casos, la traducción aproximada al inglés sería *the one that, the ones that, he who, those who, anyone who,* etc.

- **Los que** llegan primero encuentran donde aparcar. (**Los que** equivale a *those who* o *the ones that* y opera como sujeto. Por eso, es imposible sustituir **los que** por **los cuales**.)
- **Las que** cantaron mejor fueron las sopranos. (**Las que** equivale a *those who* o *the ones that*.)
- Me gusta **el que** te gusta a ti. (**El que** opera como sujeto de la palabra-acción **gustar**, y equivale a *the one that*.)

d. El que puede reemplazar a quien como complemento directo. Hay que utilizar la a personal.

- **Admiro** mucho **a los que** reparan coches. (**Los que** es el complemento directo de la palabra-acción **admirar**. Por eso, se usa la **a** personal frente al relacionante. Observe el paralelismo: Admiro mucho a los mecánicos → Admiro mucho **a quienes** reparan coches → Admiro mucho **a los que** reparan coches.)
- La maestra **castigó a la que** se portó mal. (**La que** es el complemento directo de **castigar**.)

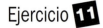

a. Complete los espacios en blanco con la forma correcta de **el cual** o **el que**:

1. La mesa debajo _____ (del que; de la cual) estábamos
   escondidos no nos protegía lo suficiente.

2. _____ (El que; El cual) ríe último, ríe mejor.

3. Las amigas de Ramón y Mariano, _____ (las cuales; la que)
   acaban de volver de Panamá, están enfermas en el hospital.

4. Respetamos a _____ (las cuales; las que) hablan más de dos
   idiomas.

5. Los árboles entre _____ (los que; los cuales) jugábamos de
   niños eran muy frondosos.

6. _____ (Los que; Los cuales) entienden de fútbol dicen que el
   Real Madrid va a ganar la Copa de Europa.

b. Complete los espacios en blanco con **que** o la forma correcta de **quien**, **el cual** o **el que**. Repare en que a veces hay más de una posibilidad:

1. Los sueldos _____ pagan aquí son miserables.

2. El equipo contra _____ jugamos usaba uniforme rojo.

3. Las alumnas _____ salieron mejor en el examen van a celebrar
   esta noche.

4. Las parientas del matrimonio escocés, _____ tuvieron que
   dormir en el aeropuerto, no están nada contentas.

5. A _____ madruga, Dios lo ayuda.

6. La bicicleta de Orlando, _____ le costó un dineral, ya está en el
   taller de reparaciones.

7. _____ siembra vientos, recoge tempestades.

8. La fórmula mediante _____ se resuelve esta ecuación es muy
   complicada.

9. No me gusta la música _____ tocan en esta discoteca.

10. Las jóvenes con _____ conversamos ayer nos dijeron que
    pensaban estudiar en Guatemala el año entrante.

c. En parejas, escriban oraciones complejas con **el que** (**la que, los que, las que**) y **el cual** (**la cual, los cuales, las cuales**) y las palabras y expresiones indicadoras a continuación:

Preposición	Oración
delante de	_____
	_____
con	_____
	_____
a	_____
	_____
detrás de	_____
	_____
sobre	_____
	_____
de	_____
	_____
por medio de	_____
	_____

d. En parejas, escriban oraciones de acuerdo con las indicaciones facilitadas:

1. Una oración en la que **quien(es)** sea el sujeto de la oración:

   _____

2. Una oración en la que **el cual** (**la cual, los cuales, las cuales**) aparezca en una cláusula explicativa (**, . . . ,**):

   _____

3. Una oración con **persona** (antecedente personal) + **que**:

   _____

4. Una oración en la que **el que** (**la que, los que, las que**) sea el sujeto (idea de *the one that*):

   _____

5. Una oración con **animal** o **cosa** + *que*:

_____

6. Una oración en la que **quien**(**es**) sea el complemento directo de la oración, es decir, que vaya precedido por la **a** personal:

_____

Estrategias de la comunicación escrita (3)

El pluscuamperfecto en la narración

Según ya se ha indicado, narrar en el pasado supone por necesidad el empleo del pretérito para hacer avanzar la acción, mientras que el imperfecto se utiliza dentro del mismo esquema para describir, crear ambiente, expresar lo reiterado o habitual, etc. Es muy importante tener presente asimismo que desde el momento que se empieza a narrar en el pasado suele hacerse necesario el referirse a eventos o realidades anteriores al primer plano de la narración. Por ejemplo, si explico lo que me pasó ayer cuando caminaba a la universidad y de repente siento la necesidad de aludir a algo que tuvo lugar la semana antes, se impone muchas veces el uso del pluscuamperfecto (**había** + **-ado/-ido**) para aclarar la naturaleza previa de los hechos. Examine el ejemplo a continuación:

Mi amiga Ernestina me contó que ayer se levantó muy temprano porque necesitaba estudiar para un examen de física muy importante que tenía a la una de la tarde. La noche anterior, Ernestina **había estado** despierta hasta las tres de la madrugada. **Se había quedado** hablando de política con dos amigas.

A pesar de eso, Ernestina se despertó a las seis y media de la mañana, se preparó un café muy fuerte y se puso a estudiar. Estuvo estudiando hasta las doce y cuarto. Entonces, decidió comer algo. Buscó en el refrigerador y encontró un tazón repleto de la sopa de vegetales que **había cocinado** hacía un par de días. Se la tomó y, después, bebió un vaso de leche enorme y se comió dos manzanas. Luego salió para el examen.

Como tuvo que esperar por el tren que siempre pasa frente a la universidad a la una menos cuarto, llegó dos o tres minutos tarde a la clase. El profesor ya **había distribuido** los exámenes, así que miró con disgusto a María. Ella no le prestó atención. Cogió su examen y se sentó en un escritorio a trabajar. De repente, empezó a bostezar, pues no **había dormido** lo suficiente y **había comido** bastante hacía poco tiempo. Intentó concentrarse pero no podía, así que puso la cabeza sobre los codos un minuto para recobrar las fuerzas.

Ernestina me dijo que no sabe lo que pasó. Lo último que recuerda es unas manos que le arrebataban el examen y la voz enojada del profesor, informándole que se le **había acabado** el tiempo. La pobre Ernestina **había dormido** durante toda la hora. ¡Qué lección más terrible aprendió mi pobre amiga!

Ejercicio 12

a. En parejas, lean la siguiente historia basada en los dibujos que se ofrece abajo. Luego cambien las palabras-acción en presente al pretérito o al imperfecto y las que están en presente perfecto (presente de *haber* + -ado/-ido según se explica en el capítulo 6) al pluscuamperfecto:

El suegro de Adela la **llama** por teléfono. Le **dice** que él y su esposa **van** a pasar por su casa esa noche para comer con ella y su marido. No **han visto** a su hijo desde **hace** mucho tiempo, así que **tienen** muchas ganas de hablar con él y, por supuesto, con Adela también. La joven se **asusta** porque no **ha pensado** para nada en la cena. **Abre** el refrigerador para ver si **hay** algo en él. **Está** completamente vacío porque Adela no **ha ido** al supermercado en más de una semana. **Busca** las llaves del coche y no las **encuentra** por ninguna parte. Adela **coge** su bolso y **sale** corriendo como una loca para el mercado. Desgraciadamente, se le **olvida** que **han pronosticado** una gran nevada para esa tarde.

La pobre Adela **compra** pollo, legumbres, pan, una tarta de manzana, una botella de vino y otras cosas para la cena. Cuando **sale** del mercado, **ha comenzado** a nevar. Adela, muy cargada y un poco molesta, **camina** dificultosamente por la nieve mientras **piensa** que **ha tenido** muy mala suerte ese día.

El suegro de Adela la _____ por teléfono. Le _____

que él y su esposa _____ a pasar por su casa esa noche para comer mucho tiempo, así que _____ muchas ganas de hablar con él y, por supuesto, con Adela también. La joven se _____ porque no _____ para nada en la cena. _____ el refrigerador para ver si _____ algo en él. _____ completamente vacío porque Adela no _____ al supermercado en más de una semana. _____ las llaves del coche y no las _____ por ninguna parte. Adela _____ su bolso y _____ corriendo como una loca para el mercado. Desgraciadamente, se le _____ que _____ una gran nevada para esa tarde.

La pobre Adela _____ pollo, legumbres, pan, una tarta de manzana, una botella de vino y otras cosas para la cena. Cuando _____ del mercado, _____ a nevar. Adela, muy cargada y un poco molesta, _____ dificultosamente por la nieve mientras _____ que _____ muy mala suerte ese día.

b. En parejas, cambien al pluscuamperfecto las palabras-acción de las siguientes oraciones:

MODELO: Perdimos toda esperanza.   **R.:** *Habíamos perdido toda esperanza.*

1. Todos se mudaron a los Estados Unidos.

   _____

2. La compraron hacía sólo un año.

   _____

3. Los caballos se criaron en Kentucky y allí los entrenaron.

   _____

4. ¡Tropezó con un guijarro!

   _____

5. Ya yo perdí la esperanza.

   _____

6. Yo seleccioné un caballo.

   _____

7. Tres de los jockeys nacieron en México.

   _____

Ahora, lean los párrafos a continuación. Completen los espacios en blanco con las oraciones indicadas en pluscuamperfecto de modo que resulte una narración coherente.

Hace poco, vi una carrera de caballos por televisión. Fue un espectáculo maravilloso. Participaron once animales. Todos eran muy hermosos. Había tres caballos negros, dos grises y blancos, uno totalmente blanco y cinco caballos bayos. Eran grandes y fuertes. Tenían las patas muy finas y las llevaban protegidas con esparadrapo. Con la excepción de uno o dos, _____ _____. Casi todos los jinetes eran de ascendencia hispana. Un comentarista dijo que _____ _____. Los otros seis eran de Panamá y Venezuela. Eso sí, _____ hacía bastantes años.

A pesar de que no sé gran cosa de las carreras de caballos, estaba muy emocionado antes del principio de la competencia. _____ _____ después de verlos desfilar. Era una hermosa yegua, negra y vigorosa, que se llamaba Lagartija. Sus dueños _____.

Lagartija empezó muy mal. Estaba en último lugar al principio y, durante casi toda la carrera, se mantuvo muy lejos de los caballos que iban adelante. La verdad es que _____ cuando de repente los anunciadores señalaron que Lagartija iba avanzando rápidamente por afuera. En efecto era así. Al llegar al último poste, alcanzó al caballo que llevaba la delantera. Casi lo pasaba cuando dio un leve traspiés. _____ _____.

A pesar del percance, Lagartija quedó en tercer lugar. Me consta que pudo haber ganado, así que lamenté mucho su derrota.

La **se** recíproca

A veces la partícula **se** confiere **valor recíproco** a una acción; es decir, indica que **dos o más personas** son afectadas mutuamente por la misma acción. Por naturaleza, este tipo de construcción tiene que ser plural. De ahí que las únicas palabras sustituidoras que se utilicen para formar la estructura sean **nos**, **os** y **se**. Éstas comunican básicamente la misma idea que la expresión inglesa *each other.* Cuando escribo **Rogelio y Marta se adoran**, señalo que la acción los afecta a ambos igualmente; es decir, que Rogelio adora a Marta en la misma proporción en que Marta adora a Rogelio. Esta oración se traduce así: *Rogelio and Marta adore each other.*

Sujeto 1 ↑↓ Sujeto 2	*se* (que apunta al sujeto) ←	palabra-acción en plural
Rogelio (1) ↑↓ y Marta (2)	se ←	adoran

Ejemplos de la se recíproca:

a. Rolando y yo ya no **nos saludamos**. (*Rolando and I don't even say hello to each other anymore.*)

b. ¿Ustedes se **visitan** con frecuencia? (*Do you visit each other frequently?*)

c. **Os tratáis** muy mal. (*You treat each other badly.*)

Ejercicio **13**

a. Complete los espacios en blanco con la construcción recíproca adecuada:

1. Tus tíos _____ (querer) mucho, ¿no?

2. Mi amiga Hortensia y yo _____ (llamar) por teléfono a menudo.

3. ¿Es verdad que vosotros _____ (comprometer) la semana pasada?

4. Los niños _____ (pegar) por gusto.

5. Cuando Herminia y yo vivíamos en diferentes ciudades, nosotras nunca _____ (escribir) porque no teníamos tiempo para hacerlo.

6. Los boxeadores _____ (dar) la mano antes de empezar a pelear.

7. Vosotros _____ (decir) chistes constantemente.

8. Ayer, las jugadoras _____ (abrazar) después de la victoria.

9. Mi esposo y yo _____ (enamorar) cuando estudiábamos en la universidad.

Alerta 41

Como se ha explicado, la partícula **se** es suficiente para dar valor recíproco a un verbo, o sea, la **se** recíproca comunica la noción de *each other*. Sin embargo, a veces se aclara el carácter recíproco de una construcción por medio de frases como **uno a otro**, o **el uno al otro**. **Ejemplos:** Los alumnos se miran los unos a los otros; Las dos poetas se admiran una a otra. **Repare en que si la construcción recíproca incluye una entidad masculina y una femenina, el masculino se impone en la frase aclaratoria. Ejemplo:** Los niños y las niñas se aman unos a otros.

b. Cree construcciones recíprocas con las ideas que se ofrecen:

Modelo: Yo telefoneo a Hilda./Hilda me telefonea a mí.

    R.: *Hilda y yo nos telefoneamos.*

1. El profesor Romero te conoce./Tú conoces al profesor Romero. (Use la forma **vosotros**.)

    _____

2. Yo respeto a mi madre./Mi madre me respeta a mí.

    _____

3. El dóberman mordió al pastor alemán./El pastor alemán mordió al dóberman.

    _____

4. Eduardo nunca me veía./Yo nunca veía a Eduardo.

    _____

5. Adolfo besó a su esposa./Su esposa besó a Adolfo.

    _____

6. La verdad es que yo no te comprendo./La verdad es que tú no me comprendes.

    _____

7. Usted no le presta dinero a él./El no le presta dinero a usted. (Use la forma **ustedes**.)

    _____

8. Tú le mentías a ella a menudo./Ella te mentía a ti a menudo. (Use la forma **vosotros**.)

    _____

La narración (3)

Para escribir una narración coherente, primero se selecciona un acontecimiento real o ficticio. Luego, se desarrolla un esquema cuyo objetivo sea fragmentar el resumen de la historia en sus partes esenciales. Hay que considerar siempre que toda narración tiene que tener una introducción o presentación, un medio o cuerpo—que constituye la porción más larga del escrito—y una conclusión. Después de elaborar el esquema conviene darle título a la narración, puesto que muchas veces ese simple acto contribuye a aclarar ideas y a precisar el enfoque. Tal vez es en este momento que el escritor o la escritora decide desde qué punto de vista se debe contar la historia.

Acto seguido se ofrece el esquema de una narración posible, basada en un **acontecimiento real**.

Baile de Graduación

Esquema de lo que me ocurrió con el baile de graduación de mi último año de secundaria

Lista de ideas y acontecimientos que me gustaría incluir

1. Era el último año de la escuela secundaria.

2. Mi novio Matt y yo habíamos roto.

3. Faltaban dos semanas y no tenía cita para el baile de graduación.

4. Muchos de mis amigos y amigas iban al baile y yo no quería quedar fuera.

5. Un día, un chico de segundo año me invitó al baile.

6. No era mi tipo, pero yo acepté.

7. Pensaba que no iba a poder ir al baile.

8. Era bastante más bajo que yo, y por eso no le dije a nadie que iba con él.

9. El día del baile, me preparé para ir.

10. Los bailes de graduación son una tradición importante en los Estados Unidos y quería disfrutar de ella.

11. Cuando llegó Josh a buscarme, no me pareció tan mal.

12. Se portó muy bien conmigo esa noche.

13. Por la tarde, me preparé con mucho cuidado para el baile y me senté en mi habitación a esperar a Josh.

14. Nos divertimos mucho, pero nunca volví a salir con él.

15. Me hacía ilusión estar con mis amigos y amigas en el baile.

16. Compré un vestido largo, hermoso y elegante.

17. El día después del baile, mi novio Matt me llamó y empezamos a vernos otra vez.

18. Josh me llevó a cenar a un buen restaurante.

19. Pronto Matt y yo nos vamos a casar.

20. Josh medía como diez centímetros menos que yo y no era bien parecido.

21. Resultó ser una experiencia positiva.

22. Josh se portó como un caballero.

23. Me daba pena ir al baile con un muchacho bajito y feo de segundo año.

24. El día del baile fui a la peluquería y me arreglé el pelo.

25. Le agradezco todavía a Josh la invitación.

El próximo paso es determinar un **título**. Muchas veces hay que pensar en varios títulos antes de encontrar el más adecuado. En este caso, la autora de la narración consideró los siguientes títulos:

Títulos posibles

1. Josh y yo

2. Cómo pude llegar a ir al baile de graduación

3. La importancia de los bailes de graduación

4. Mi último baile de graduación

5. Mi novio Matt

6. El día que salí con un chico más bajo que yo, llamado Josh

7. Por qué a mí no me gustaba Josh

8. Josh, Matt y yo

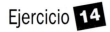

1. ¿Cuál de estos títulos prefiere usted? ¿Por qué?

   _____

2. ¿Cuál de los títulos le parece peor? ¿Por qué?

   _____

3. ¿Cuál de los títulos es más descriptivo? ¿Por qué?

   _____

4. ¿Se le ocurre a usted un título mejor?

   _____

El próximo paso es determinar el punto de vista desde el que se va a escribir, o sea, va la autora a contar en primera persona (**yo**) o en tercera persona (**ella**). Por necesidad, esta decisión afecta el tono del escrito, así como la manera en que el lector o la lectora lo entiende.

Ejercicio 15

1. ¿Qué punto de vista es mejor para escribir la narración? ¿Por qué?

   _____

2. ¿Qué impresión va a dar la historia si se usa la primera persona?

   _____

3. ¿Qué impresión va a dar la historia si se usa la tercera persona?

   _____

Ahora, lea la historia según la escribió su autora.

Mi último baile de graduación

Estaba en el último año de la escuela secundaria. Faltaban sólo dos semanas para el baile de graduación y todavía nadie me había invitado a asistir. Sospechaba que esto se debía a que muchos chicos no sabían que mi novio Matt y yo no salíamos desde hacía un mes. Pensaba que no iba a poder ir al baile. Eso me molestaba un poco, aunque no demasiado. Soy una mujer independiente que tiene confianza en sí misma. Sin embargo, los bailes de graduación son una tradición importante en los Estados Unidos y quería disfrutar de ella. Además, muchos de mis amigos y amigas pensaban acudir. Por supuesto, me hacía ilusión estar con ellos y divertirme.

Un martes por la mañana, después de la clase de trigonometría, un muchacho de aspecto infantil se acercó a mí en el pasillo. Como yo no tenía la más mínima idea de quién era, él se me presentó. Me dijo que se llamaba Josh Mendoza y que era estudiante del segundo año. También aclaró que sabía que yo era Barb Roberts y que le parecía simpática y muy atractiva. Por eso quería invitarme al baile de graduación, si todavía yo no tenía compañero.

Me quedé muy sorprendida. Era un chico bastante más joven que yo. Además, tampoco era bien parecido y, para colmo, medía como diez centímetros menos que yo. Me dije para mí con cierto horror que ni siquiera iba a poder usar zapatos de tacón. Por eso, hasta yo misma me sorprendí cuando le contesté que aceptaba encantada.

Debo admitir que pasé dos semanas muy abochornada. Me daba pena confesarles a mis amigos que iba a ir al baile de graduación con un muchacho bajito y feúcho de segundo año.

De todos modos, compré un vestido largo, hermoso y elegante. El día del baile fui a la peluquería y me arreglé el pelo. Esa tarde, me bañé, me maquillé, me perfumé, me puse el vestido nuevo y, luego, me senté en mi habitación a esperar la llegada de Josh.

A las cinco y media de la tarde, sonó el timbre, y pronto mis padres me anunciaron que mi acompañante estaba en la sala. Bajé y, para mi sorpresa, Josh no me pareció tan mal. No voy a mentir diciendo que ahora era mi tipo, el hombre de mis sueños. Pero se veía presentable. Además, desde el primer momento se portó como todo un caballero. Me llevó a cenar a un buen restaurante, y luego bailamos y hablamos mucho en la fiesta. La verdad es que nos divertimos esa noche.

Nunca más salí con Josh. El día después del baile de graduación reanudé mis relaciones con Matt. Nos vamos a casar muy pronto. Pero aún así le agradezco todavía a Josh la invitación al baile. Me dio la oportunidad de tener una experiencia social positiva durante mi último año de la escuela secundaria. ¡Pero era demasiado bajo para mí! (Total: 484 palabras)

Ejercicio 16

En parejas, contesten las siguientes preguntas:

1. ¿Les parece que esta narración está bien estructurada, es decir, que tiene una buena introducción, que el cuerpo está bien desarrollado, y que la conclusión es apropiada?

   _____

2. ¿Desde qué punto de vista narra la autora? ¿Qué impresión causa esto en los lectores?

   _____

3. ¿Qué opinión tienen ustedes de la autora?

   _____

4. ¿Creen ustedes que es una mujer independiente como ella dice?

_____

5. ¿Qué piensan de Josh Mendoza?

_____

6. ¿Cómo se imaginan ustedes que es Matt?

_____

7. ¿Con qué personaje se identifican ustedes más? ¿Por qué?

_____

Ejercicio 17

a. En parejas, organicen las oraciones que se les ofrecen para formar párrafos coherentes dentro de la narración:

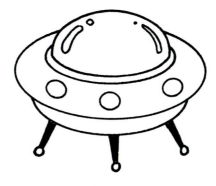

Oraciones sobre un incidente raro
Nos cegó completamente.
Tenía casi la forma de un plato hondo de comer, y muchas ventanas redondas también.
De repente, vimos una luz azul muy brillante.
Cuando pudimos recuperar la vista, vimos frente a nosotros una inmensa nave espacial.
Además, había varias antenas largas que salían del techo de la nave.
Era roja y anaranjada.
Mi primo Rafael y yo íbamos caminando de noche por una urbanización nueva.

Primer párrafo

_____

_____

_____

_____

_____

_____

_____

_____

_____

Entonces, Rafael—que es mucho más valiente que yo—dijo en voz baja que debíamos acercarnos un poco para ver quién estaba dentro de ese platillo volador.

No sabíamos qué hacer.

Rafael y yo nos pusimos muy nerviosos.

Segundo párrafo

_____

_____

_____

_____

Luego, nos acercamos a la ventana y miramos por ella.

Sentados alrededor de una mesa cuadrada de metal había cinco hombrazos que parecían hechos de aluminio.

Subimos por una escalerilla que estaba cerca de una ventana.

Vimos como uno de ellos ponía un CD en la máquina.

Sobre la mesa tenían un aparato para tocar discos compactos.

Nos aproximamos a la nave.

Tenían unas cabezas enormes y unos ojos que eran como linternas.

Daban una luz rosada.

Lo que vimos adentro nos sorprendió muchísimo.

Tercer párrafo

_____

_____

_____

_____

_____

_____

_____

_____

_____

_____

Escuchamos una canción que decía que los marcianos habían llegado ya y que habían llegado bailando el ricachá, ricachá, ricachá, ricachá.

De súbito, por un inmenso altoparlante que estaba casi al lado nuestro, comenzó a salir música caribeña.

Cuarto párrafo

_____

_____

_____

_____

Tocaban música salsera toda la noche y el programa siempre comenzaba con la canción que ahora escuchábamos.

¡Qué desencanto, pero al mismo tiempo, qué alivio!

El platillo era la estación de radio que se anunciaba como "Los marcianos de la salsa."

En seguida nos dimos cuenta de lo que pasaba.

Quinto párrafo

_____

_____

_____

_____

_____

_____

_____

_____

_____

_____

_____

b. En parejas, examinen los siguientes títulos:

Títulos posibles
1. Los marcianos llegaron ya
2. La nave espacial
3. Rafael y yo
4. Una gran sorpresa
5. Los marcianos no existen
6. La salsa de los hombrazos de aluminio
7. Las estaciones de radio absurdas
8. Por qué a mucha gente le gusta la salsa

1. ¿Cuál de estos títulos prefiere usted? ¿Por qué?

_____

2. ¿Cuál de los títulos le parece peor? ¿Por qué?

_____

3. ¿Cuál de los títulos es más descriptivo? ¿Por qué?

_____

4. ¿Se le ocurre a usted un título mejor?

_____

Instrucciones para la primera narración

Primer paso

1. Proponga un **título** para una narración basada en un acontecimiento (*event*) real.

2. Indique **el punto de vista** (primera persona o tercera persona) que seleccionó para contar la historia y explique brevemente por qué lo escogió.

3. Escriba el esquema de la narración. El esquema debe consistir en por lo menos **veinticinco oraciones** simples o complejas. Puede usar como modelo el esquema de la narración titulada "Mi último baile de graduación", que está en las páginas 148–149.

Segundo paso

1. Una vez que el profesor o la profesora corrija y le devuelva las veinticinco oraciones, organícelas para formar una **narración** coherente de aproximadamente **300 a 400 palabras.** Puede usar como modelo la narración titulada "Mi último baile de graduación", que está en las páginas 150–152. Cuando sea necesario, utilice la lista de palabras de transición (págs. 134–135) para enlazar las oraciones de una manera lógica.

2. Entregue la versión preliminar de la narración **mecanografiada a doble espacio.** Utilice una letra (*font*) de **doce puntos** o más.

Tercer paso

1. Después de que la profesora o el profesor revise y le devuelva la versión preliminar de la narración, haga todas las correciones necesarias. Tenga en cuenta las sugerencias del profesor o la profesora.

2. Después de hacer todas las correcciones, entregue la versión final **mecanografiada a doble espacio.** Utilice una letra (*font*) de **doce puntos** o más.

Capítulo

4

La narración con diálogo

Temas

- Introducción al subjuntivo
- El presente de subjuntivo
- El subjuntivo de influencia
- El subjuntivo de emoción
- El subjuntivo de irrealidad
- Escribir con el subjuntivo: la carta personal
  Séptima entrada del cuaderno
- El subjuntivo con antecedente indefinido, dudoso o inexistente
- Las palabras-enlace y el subjuntivo de irrealidad, proyección futura e hipótesis
- La voz pasiva con **ser**
- La **se** con valor medio (la pasiva refleja)
- La narración impersonal
  Octava entrada del cuaderno
- Los relacionantes **lo cual** y **lo que**
- La narración con diálogo
- Estrategias de la comunicación escrita (4)
  Instrucciones para la narración con diálogo

Introducción al subjuntivo

Si el indicativo (presente, pretérito absoluto, imperfecto, futuro, condicional, pretérito [presente] perfecto, pluscuamperfecto, futuro perfecto, condicional perfecto) es el modo de la palabra-acción que se usa para expresar la realidad— lo que pasa, pasó o va a pasar—el **subjuntivo** es el modo de la palabra-acción que se emplea para referirse a **lo dudoso**, **lo posible**, **lo deseado**, **lo necesario**, o **lo relacionado con emociones**. Cuando digo "Juan viene mañana", pienso en ese hecho como algo concreto que va a suceder. Por el contrario, cuando señalo "Dudo que Juan venga mañana", estoy vacilando ante esa realidad, presentándola como algo que puede o no suceder. Por eso empleo el subjuntivo en la segunda cláusula ("que Juan venga mañana").

Aunque puede utilizarse en otras estructuras, por lo general el subjuntivo aparece en cláusulas subordinadas porque su uso depende del significado de la palabra-acción que se emplea en la cláusula principal. Es decir, cuando escribo "Dudo que Juan venga mañana", utilizo el subjuntivo **venga** en la cláusula subordinada porque he expresado duda (**dudo**) en la cláusula principal.

Ejemplos:

Cláusula principal	Cláusula subordinada
Gilberto y su esposa desean	que cenemos con ellos.
Es posible	que mi amiga Rocío compre un coche nuevo.
No creen	que tú seas amiga mía.
Tengo miedo de	que vosotros os enferméis.

El presente de subjuntivo

Según se observa en el siguiente cuadro, el presente de subjuntivo se forma por medio de la primera persona singular del presente de indicativo de casi todas las palabras-acción. Para hallar la base del presente de subjuntivo, se elimina la **-o** final de la primera persona singular del presente de indicativo:

Infinitivo	1ª persona del presente de indicativo	Base de la palabra-acción	Terminaciones del presente de subjuntivo
cantar	yo cant**o**	cant →	**-e, -es, -e, -emos, -éis, -en**
comer	yo com**o**	com →	**-a, -as, -a, -amos, -áis, -an**
vivir	yo viv**o**	viv →	**-a, -as, -a, -amos, -áis, -an**

A continuación se incluyen ejemplos del presente de subjuntivo de varias palabras-acción:

Infinitivo de la palabra-acción	Forma **yo** del presente de indicativo	Presente del subjuntivo
bailar	bail**o**	bail**e**, bail**es**, bail**e**, bail**emos**, bail**éis**, bail**en**
beber	beb**o**	beb**a**, beb**as**, beb**a**, beb**amos**, beb**áis**, beb**an**
escribir	escrib**o**	escrib**a**, escrib**as**, escrib**a**, escrib**amos**, escrib**áis**, escrib**an**
tener	teng**o**	teng**a**, teng**as**, teng**a**, teng**amos**, teng**áis**, teng**an**
salir	salg**o**	salg**a**, salg**as**, salg**a**, salg**amos**, salg**áis**, salg**an**
estudiar	estudi**o**	estud**ie**, estud**ies**, estud**ie**, estud**iemos**, estud**iéis**, estud**ien**
traer	traig**o**	traig**a**, traig**as**, traig**a**, traig**amos**, traig**áis**, traig**an**
ver	ve**o**	ve**a**, ve**as**, ve**a**, ve**amos**, ve**áis**, ve**an**
seguir	sig**o**	sig**a**, sig**as**, sig**a**, sig**amos**, sig**áis**, sig**an**
huir	huy**o**	huy**a**, huy**as**, huy**a**, huy**amos**, huy**áis**, huy**an**
coger	coj**o**	coj**a**, coj**as**, coj**a**, coj**amos**, coj**áis**, coj**an**
vencer	venz**o**	venz**a**, venz**as**, venz**a**, venz**amos**, venz**áis**
oír	oig**o**	oig**a**, oig**as**, oig**a**, oig**amos**, oig**áis**, oig**an**
caber	quep**o**	quep**a**, quep**as**, quep**a**, quep**amos**, quep**áis**, quep**an**
conocer	conozc**o**	conozc**a**, conozc**as**, conozc**a**, conozc**amos**, conozc**áis**, conozc**an**

■ El presente de subjuntivo de todas las palabras-acción cuya base incluye los diptongos **ie** o **ue** son irregulares en la primera (**nosotros**) y la segunda persona (**vosotros**) del plural. Repare en los ejemplos siguientes:

IE (VERBOS -AR/-ER)		
Infinitivo de la palabra-acción	Forma **yo** del presente de indicativo	Presente del subjuntivo
cerrar	cierro	cierre, cierres, cierre, **cerremos**, **cerréis**, cierren
perder	pierdo	pierda, pierdas, pierda, **perdamos**, **perdáis**, pierdan

UE (VERBOS -AR/-ER)		
Infinitivo de la palabra-acción	Forma **yo** del presente de indicativo	Presente del subjuntivo
volar	vuel**o**	vuele, vueles, vuele, **volemos**, **voléis**, vuelen
poder	pued**o**	pueda, puedas, pueda, **podamos**, **podáis**, puedan

¡OJO!

*El presente de subjuntivo de **jugar** se conjuga de la siguiente manera: juegue, juegues, juegue,*
***ju**guemos, **ju**guéis, jueguen.*

IE (VERBOS -IR)		
Infinitivo de la palabra-acción	Forma **yo** del presente de indicativo	Presente del subjuntivo
sentir	sient**o**	sienta, sientas, sienta, **sintamos**, **sintáis**, sientan
preferir	prefier**o**	prefiera, prefieras, prefiera, **prefiramos**, **prefiráis**, prefieran

UE (VERBOS -IR)		
Infinitivo de la palabra-acción	Forma **yo** del presente de indicativo	Presente del subjuntivo
dormir	duerm**o**	duerma, duermas, duerma, **durmamos**, **durmáis**, duerman
morir	muer**o**	muera, mueras, muera, **muramos**, **muráis**, mueran

- Las palabras-acción que terminan en **-car**, **-gar** y **-zar** sufren cambios ortográficos que se deben a la necesidad de mantener la consistencia de sonidos. Observe los ejemplos a continuación:

Infinitivo de la palabra-acción	1ª persona del pres de indicativo	Presente del subjuntivo
tocar	toc**o**	to**que**, to**ques**, to**que**, to**quemos**, to**quéis**, to**quen**
apagar	apag**o**	apag**ue**, apag**ues**, apag**ue**, apag**uemos**, apag**uéis**, apag**uen**
alcanzar	alcanz**o**	alcan**ce**, alcan**ces**, alcan**ce**, alcan**cemos**, alcan**céis**, alcan**cen**

En realidad, sólo hay seis palabras-acción verdaderamente irregulares en el presente de subjuntivo. Son las únicas que no se basan en la primera persona singular del presente del indicativo. Estas palabras-acción son **dar, ir, ser, haber, estar** y **saber**.

Infinitivo de la palabra-acción	1ª persona del pres de indicativo	Presente del subjuntivo
dar	**doy**	**dé, des, dé, demos, deis, den**
ir	**voy**	**vaya, vayas, vaya, vayamos, vayáis, vayan**
ser	**soy**	**sea, seas, sea, seamos, seáis, sean**
haber	**he**	**haya, hayas, haya, hayamos, hayáis, hayan**
estar	**estoy**	**esté, estés, esté, estemos, estéis, estén**
saber	**sé**	**sepa, sepas, sepa, sepamos, sepáis, sepan**

Ejercicio 1

a. Complete los espacios en blanco con la forma correcta del presente de subjuntivo:

1. Es necesario que Juliana _____ (venir) temprano mañana.

2. La profesora duda que yo _____ (tomar) las cosas seriamente.

3. Insistimos en que nuestros hijos _____ (leer) todas las noches.

4. Quieren que (nosotros) _____ (salir) cuanto antes.

5. Es probable que (tú) _____ (llegar) antes que yo.

6. Ojalá que vosotros _____ (tener) mucho cuidado en la carretera.

7. Deseo que ustedes _____ (buscar) bien por todas partes.

8. No creen que _____ (ser) buena idea correr tanto.

9. ¡Parece mentira que Norberto no _____ (saber) quién es Jennifer López!

10. Prefieren que (nosotros) no _____ (divertirse) demasiado.

11. Te recomiendo que _____ (estudiar) más para el examen.

12. Es imposible que ella me _____ (querer).

13. El médico no piensa que ustedes _____ (cuidarse) lo suficiente.

14. Esperan que vosotros _____ (conocer) a Marcos y a su esposa en la fiesta.

15. No es verdad que yo _____ (sentirse) mal.

b. De acuerdo con el modelo, forme oraciones complejas con las frases que se le facilitan. Note que la cláusula subordinada tiene que estar en el subjuntivo:

MODELO: Mis amigos desean. / Los acompaño.

    R.: *Mis amigos desean que los acompañe.*

1. Es dudoso. / Nosotros vamos al cine.

    _____

2. Mi novio quiere. / Lo llamo esta noche.

    _____

3. Es mejor. / Me escribes un correo electrónico.

    _____

4. Os piden. / Os portáis bien en la escuela.

    _____

5. A mi padre no le gusta. / Me quejo tanto.

    _____

6. Es lamentable. / Lola y Matías no pueden asistir a la ceremonia.

    _____

El subjuntivo de influencia

Se usa el subjuntivo en oraciones subordinadas cuando la cláusula principal expresa **voluntad** o **deseo**, es decir, cuando en ella la palabra-acción dominante indica la influencia que alguien o algo ejerce o desea ejercer sobre el sujeto de la cláusula subordinada. Cuando escribo "Don Juan quiere que doña Inés se case con él", la palabra-acción **quiere** señala el deseo de don Juan de ejercer su influencia en doña Inés.

Ejemplos:

Oración con el subjuntivo	Traducción
Le ruego que tenga cuidado.	*I beg you to be careful.*
Preferimos que no fumen en la casa.	*We prefer that you not smoke in the house.*
Es importante que aprendamos a conducir.	*It's important that we learn to drive.*
Mi tía desea que la visite.	*My aunt wants me to visit her.*

La influencia se expresa siempre de un sujeto a otro sujeto, es decir, alguien o algo trata de afectar a otra persona, animal o cosa que es el sujeto de la cláusula subordinada. Observe cuidadosamente la siguiente estructura:

sujeto 1 + palabra-acción de influencia + *que* + sujeto 2 + palabra-acción en el subjuntivo

Ejemplos:

Oración con el subjuntivo	Traducción
Quiero que salgas conmigo.	*I want you to go out with me. (I want that you go out with me.)*
La profesora exige que hagamos la tarea.	*The professor demands that we do the homework.*

Es muy importante recordar que si no hay cambio de sujeto, o sea, si un sujeto no trata de ejercer su influencia sobre otro, entonces se usa el infinitivo.

Ejemplos:

Oración con el infinitivo	Traducción
Quieren bañarse.	*They want to take a bath.*
Necesito comer temprano hoy.	*I need to eat early today.*

Hay muchas expresiones que indican voluntad, mandato o influencia y que, por lo tanto, exigen el uso del subjuntivo en la cláusula subordinada. A continuación se incluyen algunas de uso frecuente.

Las expresiones de influencia que se incluyen abajo responden a la siguiente fórmula:

Expresión de influencia	+ que	+ cláusula subordinada con el subjuntivo

querer	desear	insistir en
prohibirle (a alguien)	ser necesario	ser mejor
ser bueno	ser malo	sugerir
insinuarle (a alguien)	ser imprescindible	rogarle (a alguien)
decirle (a alguien)	escribirle (a alguien)	invitar (a alguien) a
pedirle (a alguien)	proponerle (a alguien)	imponerle (a alguien)
hacer	advertirle (a alguien)	aconsejarle (a alguien)
preferir	recomendarle (a alguien)	dejar (a alguien)
permitirle (a alguien)	oponerse a	exigir
mandarle (a alguien)	ordenarle (a alguien)	ser indispensable
ser preciso	ser importante	convenir
estar mal (o bien)	ser útil	ser conveniente

Alerta 42

Decir se usa a veces para informar y no para mandar. En ese caso, se emplea el indicativo en la cláusula subordinada. **Ejemplos:** Me dicen que es difícil esa asignatura (*They tell me that subject is difficult*); El médico le dice que está enfermo (*The doctor tells him that he is sick*). Contraste esas oraciones con éstas: Me dicen que estudie mucho (*They tell me to study a lot*); El médico le dice que se cuide (*The doctor tells him to take care of himself*).

Ejercicio 2

a. Complete los espacios en blanco con la forma correcta del **presente de subjuntivo** o con el **infinitivo** (forma **-ar/-er/-ir**) de la palabra-acción entre paréntesis:

1. Mis padres desean que yo los _____ (llamar) si voy a llegar tarde.

2. Felipe quiere _____ (estudiar) en Chile.

3. Me dice el médico que (yo) _____ (comer) menos.

4. Te pedimos que nos _____ (ayudar) a cargar unos muebles.

5. Nos prohíben que _____ (fumar) en las aulas.

6. Conviene siempre _____ (conducir) a la velocidad adecuada.

7. Os recomiendo que _____ (irse) antes de las nueve.

8. La tía Sagrario prefiere _____ (andar) en moto.

9. Señor García, le ruego que usted _____ (concluir) cuanto antes el trabajo.

10. Está muy mal que Rosendo y Azucena no _____ (querer) visitar a su abuelita enferma.

11. El congreso se opone a que las tropas _____ (quedarse) en el Medio Oriente por mucho tiempo.

12. Es necesario _____ (llegar) temprano para coger sitio.

13. La profesora Lobato les exige a sus alumnos que _____ (entregar) la tarea al principio de la clase.

14. Es dudoso que (nosotros) _____ (poder) terminar antes de las cinco.

15. Vamos a exigirle al camarero que nos _____ (traer) agua.

b. En parejas, escriban oraciones con las estructuras y las palabras-acción que se les facilitan:

MODELO: Desear que   **R.:** *Deseamos que nuestros padres compren un coche nuevo.*

1. querer que

_____

2. ser bueno que

_____

3. decirle (a alguien) que

_____

4. mandar que

_____

5 insistir en que

_____

c. Mini-entrevista. Divídanse en parejas y entrevístense a base de las siguientes preguntas personales. Luego, escriban las respuestas.

MODELO:

Sara: ¿Te pide tu compañero de cuarto que no hagas mucho ruido por la noche?

Guillermo: Sí, mi compañero de cuarto me pide que no haga mucho ruido por la noche.

Sara escribe: *El compañero de cuarto de Guillermo le pide que no haga mucho ruido por la noche.*

1. ¿Prefieres trabajar en un restaurante, en una librería o en una tienda?

_____

2. ¿Prefieren tus padres que trabajes en un restaurante, en una librería o en una tienda?

_____

3. ¿Deseas terminar tus estudios antes de casarte?

_____

4. ¿Desean tus padres que termines tus estudios antes de casarte?

_____

5. ¿Qué quieres ser después de terminar los estudios?

   _____

6. ¿Qué quieren tus padres que seas después de terminar los estudios?

   _____

7. ¿Es importante ganar mucho dinero para vivir bien?

   _____

8. ¿Quieren tus padres que ganes mucho dinero en el futuro?

   _____

9. ¿Tus amigos te piden que les prestes dinero?

   _____

10. ¿Tú les pides a tus padres que te presten dinero?

   _____

Alerta 43

La palabra-exclamación **ojalá** se usa para expresar lo mismo deseo que emoción. Por lo tanto, siempre va seguida del subjuntivo. Es importante recordar también que la palabra puede ir acompañada de **que**. **Ejemplos:** Ojalá tengas mucha suerte; Ojalá que todos estén bien.

El subjuntivo de emoción

Se usa el subjuntivo cuando la palabra-acción de la cláusula principal expresa emoción.

Ejemplos:

Oración con el subjuntivo	Traducción
Tememos mucho que el coche esté a punto de romperse.	*We are really afraid that the car is about to break down.*
¿Te gusta que la gente se tiña el pelo de azul?	*Do you like people to dye their hair blue?*
Es maravilloso que haga buen tiempo hoy.	*It's wonderful that the weather is nice today.*
Estáis contentos de que el profesor no venga hoy.	*You are happy that the professor isn't coming today.*

Al igual que con las estructuras de influencia ya explicadas, si no hay cambio de sujeto por lo regular, se usa el infinitivo, aunque según se observa en los ejemplos es posible también usar el subjuntivo en las cláusulas subordinadas de este tipo.

Oración con el infinitivo o el subjuntivo	Traducción
Me alegro de poder asistir al concierto.	*I am glad I can go to the concert.*
Me alegro de que yo pueda asistir al concierto.	*I am glad I can go to the concert.*
Se sorprenden de no tener hambre.	*They are surprised that they are not hungry.*
Se sorprenden de que no tengan hambre.	*They are surprised that they are not hungry.*

Alerta 44

En contraste con el inglés, la palabra-enlace **que** no es optativa en estas estructuras. **Ejemplos:** Lamentan que su equipo pierda tantos partidos (*They are sorry [that] their team loses so many games.*)

Las expresiones de emoción que se incluyen abajo responden a la siguiente fórmula:

Expresión de emoción	+ que	+ cláusula subordinada con el subjuntivo

alegrarse de	sentir	esperar
temer	ofenderse de	sorprenderse de
sorprenderle a uno	molestarle a uno	lamentar
indignarle a uno	ser triste	encantarle a uno
ser horrible	ser maravilloso	ser terrible
fastidiarle a uno	detestar	gustarle a uno *o* disgustarle a uno
preocuparle a uno	tener miedo de	estar contento/a de ser sorprendente

Alerta 45

Es importante recordar que **esperar** y **temer** pueden ser sinónimos de **pensar** y, por lo tanto, no expresar emoción. En esos casos van acompañados del indicativo. **Ejemplos:** Esperan que van a salir bien en el examen de matemáticas (*They expect to do well on the math exam*); Temo que no comiste lo suficiente ayer (*I suspect that you did not eat enough yesterday*).

Ejercicio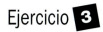

a. Complete los espacios en blanco con la forma correcta del **presente de subjuntivo** o con el **infinitivo** (forma **-ar/-er/-ir**) de la palabra-acción entre paréntesis:

1. ¡Es lástima que Alejandro no me _____ (llamar) nunca!

2. Ojalá que (vosotros) _____ (sentirse) mejor.

3. Siento mucho que te _____ (doler) la cabeza.

4. Mis abuelos están contentos de que (yo) les _____ (escribir) una vez al mes.

5. A Isabel le encanta _____ (patinar) en el hielo.

6. ¿Os ofende que (nosotros) no _____ (querer) cenar con vosotros?

7. A Maribel le fastidia que su suegra _____ (ponerse) a criticarla.

8. Mi hermana mayor detesta _____ (charlar) con personas que no conoce bien.

9. ¿A tu esposa le gusta que tú _____ (saber) cocinar?

b. En parejas, escriban oraciones con las estructuras y las palabras-acción que se les facilitan:

Modelo: temer   **R.:** *Tememos que llueva hoy.*

1. esperar

_____

2. ojalá

_____

3. me sorprende

_____

4. a ti te preocupa

_____

5. es lástima

_____

6. les encanta

_____

7. nos disgusta

_____

Alerta 46

En español, por lo regular **sentir** es sinónimo de **lamentar**, o sea expresa una emoción. En contraste con el inglés *to feel,* no se utiliza para indicar opinión. En esos casos, hay que emplear **creer** o **pensar**. **Ejemplos:** *I feel that the plane is not going to arrive on time:* Creo (pienso) que el avión no va a llegar a tiempo; *They feel that the lesson is too difficult:* Creen (piensan) que la lección es muy difícil.

c. Mis amigos. En parejas, háganse preguntas sobre lo que les gusta y lo que les molesta de sus amigos o amigas. Luego, pónganse de acuerdo sobre cuatro cosas que les gustan y cuatro cosas que les molestan en común. Las respuestas siempre tienen que seguir las estructuras **Me gusta que . . .** o **Me molesta que . . . .**

Modelo:

¿Qué te gusta de tus amigos?	1. Me gusta que mi amiga Marta me trate con respeto. 2. Me gusta que mi compañera de cuarto vaya al cine conmigo.
¿Qué te molesta de tus amigos?	1. Me molesta que mi amigo Joaquín sea tan tonto. 2. Me molesta que mis amigos fumen en mi coche.

Gustos y molestias compartidos →	1. *Nos gusta que nuestras compañeras de cuarto vayan al cine con nosotras.* 2. *Nos molesta que nuestros amigos fumen en el coche.*

Gustos individuales	Molestias individuales
1. _____	1. _____
2. _____	2. _____
3. _____	3. _____
4. _____	4. _____
5. _____	5. _____
6. _____	6. _____
7. _____	7. _____
8. _____	8. _____

Gustos compartidos	Molestias compartidas
1. _____	1. _____
2. _____	2. _____
3. _____	3. _____
4. _____	4. _____

El subjuntivo de irrealidad

Cuando la cláusula principal expresa irrealidad (lo dudoso, lo posible, lo que no es verdad) o niega una realidad, se usa el subjuntivo en la cláusula subordinada.

Ejemplos:

Oración con el subjuntivo	Traduccion
Dudan que usted sea inteligente.	*They doubt that you are intelligent.*
Es posible que me corte el pelo esta tarde.	*It's possible that I may get my hair cut this afternoon.*
No es cierto que Elsa cante mejor que yo.	*It's not true that Elsa sings better than I.*
El conductor niega que conduzca muy de prisa.	*The driver denies that he drives very fast.*

Por el contrario, **si se expresa seguridad** en la cláusula principal, se usa el indicativo en la cláusula subordinada.

Oración con el indicativo	Traducción
Es verdad que Bill Gates tiene mucho dinero.	*It's true that Bill Gates has a lot of money.*
Sus padres están convencidos de que Luis no quiere graduarse de la universidad.	*Luis's parents are convinced that he doesn't want to graduate from the university.*
Estoy seguro de que voy a ir a España.	*I'm certain that I'm going to Spain.*

Los verbos **creer**, **pensar** y **dudar** presentan problemas muy particulares. En esencia, puede decirse que, por lo regular, **creer** y **pensar** exigen el uso del indicativo, mientras que **dudar** exige el uso del **subjuntivo**. Por el contrario, **no creer** y **no pensar** exigen el uso del subjuntivo, mientras que **no dudar** exige el uso del **indicativo**. Los siguientes cuadros explican los contrastes:

Creer → Indicativo	No creer → Subjuntivo
Creen que yo no sé la verdad.	No creen que yo sepa la verdad.
Creemos que Alfonso llega hoy.	No creemos que Alfonso llegue hoy.

Pensar → Indicativo	No pensar → Subjuntivo
La profesora Pérez piensa que trabajamos mucho.	La profesora Pérez no piensa que trabajemos mucho.
Vosotros pensáis que va a llover hoy.	Vosotros no pensáis que vaya a llover hoy.

No dudar → Indicativo	Dudar → Subjuntivo
No dudamos que bailas bien.	Dudamos que bailes bien.
La abogada no duda que su cliente es inocente.	La abogada duda que su cliente sea inocente.

No negar → Indicativo	Negar → Subjuntivo
No negamos que ellos corren más rápido que nosotros.	Negamos que ellos corran más rápido que nosotros.
No niego que juegas bien al póker.	Niego que juegues bien al póker.

Las preguntas con **creer** (**no creer**), **pensar** (**no pensar**), **dudar** (**no dudar**) y **negar** (**no negar**) exigen el subjuntivo o el indicativo de acuerdo con el **grado de duda o de seguridad** que se quiera expresar.

Creer → Poca duda: indicativo	Creer → Mucha duda: subjuntivo
¿Crees que yo hablo demasiado?	¿Crees que yo hable demasiado?

Pensar → Poca duda: indicativo	Pensar → Mucha duda: subjuntivo
¿Piensan que es buena idea llevar abrigo?	¿Piensan que sea buena idea llevar abrigo?

Dudar → Poca duda: indicativo	Dudar → Mucha duda: subjuntivo
¿Duda usted que el candidato dice la verdad?	¿Duda usted que el candidato diga la verdad?

Negar → Poca duda: indicativo	Negar → Mucha duda: subjuntivo
¿Negáis que Clara saca buenas notas?	¿Negáis que Clara saque buenas notas?

Alerta 47

La explicación que se ofrece sobre los usos de **creer** (**no creer**), **pensar** (**no pensar**), **dudar** (**no dudar**) y **negar** (**no negar**) se basa en el patrón normal de la lengua española. Sin embargo, es posible que un hablante nativo utilice el indicativo con **no creer**, **no pensar**, **dudar** y **negar**, o que emplee el subjuntivo con **creer**, **pensar**, **no dudar** y **no negar**. Todo depende del grado de duda o seguridad que quiera expresar. No obstante, se recomienda que—para evitar errores—se respete el sistema sugerido.

La mayor parte de las expresiones impersonales (**ser** + palabra modificadora o palabra-concepto) exigen el uso del subjuntivo en la cláusula subordinada.

Ejemplos:

a. Es mentira que no estudiemos lo suficiente.
b. Es dudoso que los Iturrioz no compren la casa de enfrente.
c. Es importante que llegues a tiempo.
d. No es posible que alguien tenga tan mala suerte.

Sin embargo, hay algunas excepciones importantes, como las que aparecen en el siguiente cuadro:

Expresión	Oración afirmativa → Indicativo	Oración negativa → Subjuntivo
es verdad	Es verdad que tengo frío.	No es verdad que tenga frío.
es cierto	Es cierto que hoy es martes.	No es cierto que hoy sea martes.
es evidente	Es evidente que ese perro muerde.	No es evidente que ese perro muerda.
es obvio	Es obvio que Pepe lleva peluca.	No es obvio que Pepe lleve peluca.
es seguro	Es seguro que va a nevar hoy.	No es seguro que vaya a nevar hoy.
es claro	Es claro que limpian bien el piso.	No es claro que limpien bien el piso.

Alerta 48

Las expresiones impersonales de probabilidad (**es posible, es probable**, etc.) siempre exigen el uso del subjuntivo en la cláusula subordinada, inclusive si son negativas (**no es posible, no es probable**, etc.). **Ejemplos:** Es posible que el tren salga a tiempo; No es probable que te visite esta semana.

Ejercicio 4

a. Complete los espacios en blanco con la forma correcta del **presente de subjuntivo**, con el **presente de indicativo** o con el **infinitivo** (forma **-ar/-er/-ir**) de la palabra-acción entre paréntesis:

1. Es probable que (yo) _____ (tener) muchos problemas con esta tarea.

2. Dudan que los Rojas _____ (mudarse) pronto.

3. Lourdes piensa que este cuadro _____ (ser) muy bonito.

4. Es seguro que tú _____ (ir) a ganar el premio.

5. ¿Cómo? ¿No crees que Guadalupe y René _____ (venir) a la fiesta?

6. Es verdad que hoy _____ (hacer) mucho frío.

7. Pensamos _____ (salir) inmediatamente.

8. No es cierto que vosotros _____ (dormirse) siempre en las reuniones.

9. Niegan que yo _____ (conducir) mejor que ellos.

10. Es imposible _____ (aprender) tanto en una noche.

11. No dudamos que ustedes _____ (estar) cansados.

b. De acuerdo con el modelo, forme oraciones complejas con las frases que se le facilitan. Determine cuándo hay que usar el indicativo y cuándo el subjuntivo.

MODELO: es posible / nieva mucho este invierno

   R.: *Es posible que nieve mucho este invierno.*

1. la doctora Ruiz cree / tengo pulmonía

   _____

2. no es probable / Mercedes y Rubén traen los refrescos

   _____

3. Wilfredo y yo dudamos / les gusta esa película

   _____

4. es imposible / incluís a todo el mundo en la lista

   _____

5. Julio César y Carola niegan / somos ejemplares

   _____

6. es evidente / no te peinas nunca

   _____

c. En parejas, escriban respuestas a las siguientes preguntas:

1. ¿Crees que es buena idea madrugar los sábados?

   _____

2. ¿Es posible que el equipo de fútbol americano de la universidad gane todos sus partidos este año?

   _____

3. ¿Dudas que los coches eléctricos funcionen mejor que los coches de gasolina?

   _____

4. ¿Niegas que el español sea importante como lengua comercial hoy en día?

   _____

5. ¿No piensas que la gasolina cuesta demasiado?

   _____

6. ¿Es verdad que es barato asistir a la universidad?

   _____

7. ¿Es probable que el mundo se acabe en el año 2525?

   _____

8. ¿Es obvio que a toda la gente le gusta el cine?

   _____

Escribir con el subjuntivo: la carta personal

Muchos escritos expresan ambigüedad temporal; es decir, son textos que miran hacia el pasado, que comentan el presente o se proyectan hacia el futuro al mismo tiempo. Uno de los ejemplos más comunes de este tipo de escrito es la carta personal. Con mucha frecuencia escribimos cartas para contar lo pasado. Al hacerlo, sin embargo, expresamos a veces lo que hacemos en el momento mismo de la escritura y hasta incorporamos en ellas a la persona a quien nos dirigimos, manifestando deseos que tienen que ver con el futuro, con nuestras emociones y con nuestra voluntad.

Séptima entrada del cuaderno

Escriba una carta personal de aproximadamente **200 a 250 palabras** a un amigo o una amiga. En ella, emplee el presente de subjuntivo en por lo menos cinco oraciones. Subraye (*underline*) las oraciones en las que se usa el subjuntivo. No olvide que debe escribir a doble espacio.

Querida Marisol:

¿Cómo estás? La verdad es que estoy ocupadísima estos días. Mi mamá insiste en que la ayude en la tienda. Mi hermana me pide que cuide a sus hijos los sábados. También en mi clase de español la profesora nos exige que escribamos composiciones muy complicadas.

Para darte una idea, la semana pasada trabajé en la tienda cinco días desde las tres de la tarde hasta las nueve de la noche. El sábado estuve en casa de mi hermana todo el día. Como este semestre tengo cuatro clases por la mañana, tuve que levantarme diariamente a las siete. Puedes imaginarte la cantidad de tarea que tengo. Es posible que un día de éstos me vuelva loca de tanto trabajo, así que dudo que pueda visitarte este semestre.

Por cierto, ¡el viaje que planeas para el verano me parece maravilloso! Es estupendo que tengas todo el mes de junio para *viajar por Galicia con tu compañera de cuarto. Os recomiendo que en Santiago visitéis el Museo del Pueblo Gallego. A mí me gustó mucho, sobre todo el Panteón de Gallegos Ilustres, donde está la tumba de la poeta Rosalía de Castro.*

Me alegro mucho de que penséis pasar por aquí al regreso. Os espero con entusiasmo. Ojalá que me pases algunas tarjetas postales durante el mes de junio.

Te abraza fuertemente tu amiga,
Concha

(Total: 224 palabras)

El subjuntivo con antecedente indefinido, dudoso o inexistente

Cuando la cláusula principal incluye un **antecedente indefinido**, **dudoso** o **inexistente**, se usa el subjuntivo en la cláusula subordinada. Recuerde que un antecedente es simplemente la persona, animal, cosa o concepto a que se refiere o que modifica la cláusula subordinada. Ahora bien, la noción de indefinición no se basa necesariamente en las palabras o estructuras empleadas, sino que depende la mayor parte de las veces de la intención o actitud del hablante. Repare en los ejemplos a continuación para determinar las diferencias. (**CP** = **cláusula principal**; **CS** = **cláusula subordinada**.)

CP con antecedente indefinido	CS con el subjuntivo	Traducción
Busco un secretario	que sepa alemán.	*I'm looking for a (any) secretary who knows German.*
Queremos un televisor	que funcione.	*We want a (any) TV that works.*
¿Conoces un mecánico	que repare transmisiones?	*Do you know a (any) mechanic who repairs transmissions?*
Necesitamos unos libros	que tengan mapas de Haití.	*We need (any) books that have maps of Haiti.*

Las estructuras a continuación contienen oraciones subordinadas con el indicativo porque el hablante percibe el antecedente como definido, es decir, como existente.

CP con antecedente definido	CS con el indicativo	Traducción
Busco al secretario	que sabe alemán.	*I'm looking for the secretary who knows German.*
Queremos el televisor	que funciona.	*We want the TV that works.*
¿Conoces al mecánico	que repara transmisiones?	*Do you know the mechanic who repairs transmissions?*
Necesitamos unos libros	que tienen mapas de Haití.	*We need the books (books that we know exist) that have maps of Haiti.*

Alerta 49

Con palabras-acción como **buscar, necesitar, requerir, querer,** etc. se usa la **a** personal cuando el antecedente es una persona conocida, o sea, cuando el antecedente es definido. Si es indefinido, se omite la **a** personal. **Ejemplos:** Busco una mujer que sea discreta (**una mujer** es antecedente indefinido); Busco a una mujer que es discreta (**a una mujer** es antecedente definido porque se trata de una mujer particular, acaso conocida por el hablante).

Tres antecedentes posibles o dudosos de uso frecuente son **alguien, algo** y **alguno** (**alguna, algunos, algunas**):

CP con antecedente indefinido	CS con el subjuntivo	Traducción
Buscamos a alguien	que baile sevillanas.	*We are looking for someone who dances sevillanas.*
¿Tienes algún dinero	que me puedas prestar?	*Do you have any money that you could lend me?*
Voy a comprarle a ella algo	que le guste.	*I'm going to buy her something (not yet decided) that she will like.*

Si el hablante percibe estos antecedentes como definidos, se usa el indicativo en la oración subordinada:

CP con antecedente definido	CS con el indicativo	Traducción
Buscamos a alguien	que baila sevillanas.	*We are looking for someone (a known person) who dances sevillanas.*
Tengo algún dinero	que te puedo prestar.	*I have some money that I can lend you.*
Voy a comprarle a ella algo	que le gusta.	*I'm going to buy her something (a known item) that she likes.*

Cuando la cláusula principal incluye un antecedente negativo, o sea, desconocido o inexistente, siempre se usa el subjuntivo en la cláusula subordinada. Tres antecedentes comunes de este tipo son **nada, nadie** y **ninguno** (**ninguna, ningunos, ningunas**).

CP con antecedente negativo	CS con el subjuntivo	Traducción
No hay nadie	que coma más que tú.	*Nobody eats more than you.*
No veo nada	que quiera comprar.	*I don't see anything that I want to buy.*
¿No encuentras ningún pantalón	que te sirva?	*You can't find any pants that fit you?*

Ejercicio 5

a. Mini-entrevista. Divídanse en parejas y entrevístense a base de las siguientes preguntas personales. Luego, escriban las respuestas.

MODELO:

Marisol: ¿Buscas un novio que tenga mucho dinero?

Gema: No, no busco un novio que tenga mucho dinero.

Marisol escribe: *Gema no busca un novio que tenga mucho dinero.*

1. ¿Tienes algún amigo que hable japonés?

   _____

2. ¿Conoces a alguien que viaje a menudo a Alaska?

   _____

3. ¿Hay una tienda cerca de la universidad donde vendan libros usados?

   _____

4. ¿Comes con frecuencia en algún restaurante que sirva comida china?

   _____

5. ¿Cuál es una película que te parezca romántica?

   _____

6. ¿Tienes un trabajo que pague bien?

   _____

7. ¿Hay algún profesor o profesora que te caiga muy mal?

   _____

8. En cambio, ¿hay algún profesor o profesora que te caiga muy bien?

   _____

b. En parejas, escriban oraciones con las estructuras que se les facilitan.

MODELO: Mis amigos buscan . . . que. . . .

    R.: *Mis amigos buscan un coche que cueste poco.*

1. No hay nadie que. . . .

   _____

2. Necesitamos . . . que. . . .

   _____

3. ¿Hay alguien que . . . ?

   _____

4. Conozco a . . . que. . . .

   _____

5. ¿No veis nada que . . . ?

   _____

6. Nuestros padres tienen algunas . . . que. . . .

_____

7. No hay ningún . . . que. . . .

_____

Las palabras-enlace y el subjuntivo de irrealidad, proyección futura e hipótesis

Con ciertas expresiones que enlazan dos oraciones se puede usar el indicativo o el subjuntivo en la cláusula subordinada de acuerdo con el significado. Si se quiere indicar **resultado, realidad o norma**, se usa el **indicativo** en la cláusula subordinada (es decir, después de la expresión que enlaza); si se quiere indicar **irrealidad, posibilidad, duda, o proyección futura**, se usa el **subjuntivo** en la cláusula subordinada.

■ **Aunque** es una de las expresiones más comunes para indicar tanto realidad como irrealidad de acuerdo con el contexto:

Ejemplos de realidad (información) vs. irrealidad (proyección futura, duda)

Expresión-enlace	Oraciones	Explicación
aunque	Aunque estoy muerta de hambre, no voy a comer en ese restaurante.	Realidad: mera información
	Aunque esté muerta de hambre, nunca voy a comer en ese restaurante.	Irrealidad: proyección futura (*even if I am; uncertain future*)
	Aunque hace buen día, no voy a salir.	Realidad: mera información
	Aunque haga buen día mañana, no voy a salir.	Irrealidad: proyección futura (*even if it is; uncertain future*)
	Aunque María lo quiera, no piensa casarse con él.	Irrealidad: duda, pues no se sabe si María lo quiere (*even if*)

■ Hay expresiones temporales que exigen el uso del subjuntivo cuando apuntan al futuro, es decir, si se trata de una acción que todavía no se ha realizado y que puede realizarse:

cuando	hasta que	mientras
después de que	tan pronto como	así que
en cuanto		

Ejemplos de posibilidad futura vs. resultado, realidad o norma

Expresión-enlace temporal	Oraciones	Explicación
cuando	Comimos cuando llegó mi tío.	Realidad
	Siempre como cuando tengo hambre.	Norma
	Piensan comer cuando lleguen los invitados.	Posibilidad o proyección futura

Expresión-enlace temporal	Oraciones	Explicación
hasta que	Los niños jugaron hasta que se cansaron.	Realidad
	Todos los días, mis hijos juegan hasta que se cansan.	Norma
	Supongo que los niños van a jugar hasta que se cansen.	Posibilidad o proyección futura

Expresión-enlace temporal	Oraciones	Explicación
mientras	El perro ladraba mientras la gente pasaba.	Realidad
	Por lo general, hago ejercicios mientras veo la tele.	Norma
	Sus padres van a seguir contentos mientras Romualdo saque buenas notas.	Posibilidad o proyección futura

Expresión-enlace temporal	Oraciones	Explicación
después de que	Su hermana se casó después de que consiguió trabajo.	Realidad
	Siempre me levanto después de que suena el despertador.	Norma
	Pienso mudarme a Chicago después de que me gradúe.	Posibilidad o proyección futura

Expresión-enlace temporal	Oraciones	Explicación
así que/en cuanto/ tan pronto como	Lo vimos así que (tan pronto como, en cuanto) salió del aeropuerto.	Realidad
	Todos los días cenamos así que (tan pronto como, en cuanto) llega mi madre del trabajo.	Norma
	Vamos a buscarlo así que (tan pronto como, en cuanto) nos llame por teléfono.	Posibilidad o proyección futura

Ejercicio 6

a. Complete los espacios en blanco con el presente de indicativo, el pretérito absoluto de indicativo o el presente de subjuntivo:

1. Te prometo que en cuanto (yo) _____ (tener) tiempo, voy a visitarte.

2. Vamos a estudiar después de que (nosotros) _____ (acabar) de cenar.

3. Cuando Eduardo _____ (salir) de compras, siempre gasta mucho.

4. Mis padres no reconocieron a Elena aunque (yo) se la _____ (presentar) a ellos la semana pasada.

5. Tan pronto como la profesora Casanova _____ (comprar) un coche nuevo, se fue a visitar Nueva York.

6. Luis y Jaime esperaron a sus novias hasta que (ellas) _____ (salir) del trabajo.

7. ¿Es verdad que escuchas música cuando _____ (estar) malhumorado?

8. Silvia dice que se va a vivir a Roma en cuanto (ella) _____ (graduarse) de la universidad.

9. Ayer los estudiantes no hicieron ni una sola pregunta en clase a pesar de que (ellos) no _____ (entender) nada de lo que explicó el maestro.

10. Nadie quiere casarse conmigo aunque (yo) _____ (ser) millonario, guapo, inteligente e interesante.

11. Estoy seguro de que la ingeniera Montilla no va a llamarme hasta que (yo) la

    _____ (llamar).

12. Ustedes se enferman cuando _____ (comer) demasiado.

13. Aunque ayer el señor Portuondo nos _____ (garantizar) que

    siempre tenía mala suerte, acabamos de enterarnos que se sacó la lotería.

14. Queremos ir a esquiar tan pronto como _____ (nevar) este

    invierno.

15. No voy a casarme contigo aunque (tú) me _____ (prometer) el

    sol, la luna y las estrellas.

16. Rita y Sandra discutieron después de que el mesero les _____

    (llevar) la cuenta.

b. Conteste las siguientes preguntas utilizando las palabras-enlace y la forma
indicada de la palabra-acción:

1. ¿Qué haces cuando recibes una mala nota?

    _____

2. ¿Vas a regresar a tu apartamento o residencia estudiantil tan pronto como se
   termine esta clase?

    _____

3. ¿Lloraste después de que tus padres te dejaron en la universidad?

    _____

4. ¿Piensas casarte aunque no estés enamorado/a?

    _____

5. ¿Estudias sólo hasta que te aburres?

    _____

6. Por lo general, ¿hablas por teléfono mientras caminas?

    _____

c. Complétense las oraciones siguientes de una manera original:

1. Así que _____, se lo voy a comunicar a la directora.

2. Tan pronto como _____, me puse en contacto con las

    autoridades.

3. No piensan marcharse hasta que _____.

4. Cuando _____, nos enfadamos mucho.

5. Van a acabar de hacer la tarea en cuanto _____.

6. Siempre te levantas después de que _____.

d. Escriba oraciones originales en el subjuntivo con las palabras-enlace indicadas:

1. aunque:

_____

2. después de que:

_____

3. en cuanto:

_____

4. hasta que:

_____

■ Con ciertas palabras-enlace, siempre se usa el subjuntivo, ya que por su significado ponen en duda la realidad de la acción verbal o, en el caso de **antes de que**, apuntan necesariamente a un futuro posible. Éstas son:

en caso de que (*in case*)	sin que (*without*)
con tal que (*provided that, as long as*)	a menos que (*unless*)
para que (*so that*)	antes de que (*before*)
a fin de que (*so that*)	

Ejemplos:

a. Pienso llamar a Juanjo en caso de que quiera acompañarnos.

b. Vamos a salir sin que nos vea la niña.

c. Vuestros padres dicen que os van a mandar dinero con tal que lo uséis para pagar el alquiler.

d. Nunca van al médico a menos que sea imprescindible.

e. El entrenador explica claramente la estrategia para que los jugadores la entiendan bien.

f. ¿Puedes encender la televisión antes de que empiece nuestro programa favorito?

g. Les gritan a fin de que presten atención.

Si no hay cambio de sujeto, se usa el infinitivo después de **sin, antes de, en caso de** y **para**:

Ejemplos:

a. Elena se va siempre sin despedirse.
b. Hijo, por favor, tienes que terminar de lavar los platos antes de poner la televisión.
c. En caso de necesitar dinero, me puedes escribir un correo electrónico.
d. Debes salir pronto para llegar a tiempo al trabajo.

De manera que y **de modo que** son sinónimos de **para que** y **a fin de que**. Sin embargo, en contraste con **para que** y **a fin de que**, se usan con el indicativo para expresar resultado. En esos casos, hay una coma entre la cláusula principal y la subordinada.

Ejemplos:

Expresión-enlace temporal	Oraciones	Explicación
de manera que/ de modo que	Los caballos tenían sed, de manera que (de modo que) bebieron agua.	Resultado (*therefore*)
	La clase de botánica es muy difícil, de manera que (de modo que) tenemos que estudiar mucho.	Resultado (*therefore*)
	Deben salir temprano de manera que (de modo que) puedan comprar los boletos.	Posibilidad o proyección futura (*so that*)

Alerta 50

Así que se usa también como sinómimo de **de manera (modo) que**. En esos casos, indica que la oración afectada es consecuencia de lo que se dijo antes. **Ejemplo:** Tenemos prisa, así que debes terminar de vestirte inmediatamente.

a. Complete los espacios en blanco con el el infinitivo o el presente de subjuntivo:

1. Mi hermana siempre se va sin que (yo) la _____ (ver).

2. Vinieron para _____ (hablar) con la madre de los González.

3. Traigo el paraguas en caso de que _____ (llover).

4. Ramón, debes pagar la cuenta para que (ellos) no _____ (pensar) que somos ladrones.

5. El representante de los obreros afirma que éstos están dispuestos a trabajar hasta la medianoche con tal que la empresa les _____ (pagar) un poco más.

6. Te voy a castigar a menos que (tú) les _____ (pedir) perdón a los vecinos.

7. Si no se apuran, se van a quedar sin _____ (desayunar).

8. Lucila va a regalarme un traje nuevo para que (yo) _____ (ir) bien vestido a su boda.

9. Te doy los libros a fin de que los _____ (devolver) a la biblioteca.

10. Los estudiantes piensan escaparse antes de que _____ (entrar) el profesor.

11. Hace mucho frío. Conviene abrigaros de manera que no _____ (coger) una pulmonía.

12. El hombre se niega a comprar el coche sin que lo _____ (revisar) un mecánico con anterioridad.

13. Se recomienda no comer demasiado antes de _____ (meterse) en el agua.

14. Hijo, te vamos a comprar un coche nuevo con tal que _____ (sacar) buenas notas este año.

b. Complétense las oraciones siguientes de una manera original:

1. Aurelia piensa estudiar en la Argentina el año próximo a menos que

   _____.

2. La senadora Mendiola anunció que se va a retirar de la política en caso de

   _____.

3. Vuestra compañera de cuarto pasa la aspiradora todos los días para que

   _____.

4. Yo no tenía hambre, de modo que _____.

5. Sugieren que los llamemos antes de que _____.

6. Todos los días Alfredo va a clase sin _____.

c. Escriba oraciones originales en el subjuntivo con las palabras-enlace indicadas:

   1. sin que:

      _____

   2. para que:

      _____

   3. con tal que:

      _____

   4. antes de que:

      _____

d. Complete el siguiente ejercicio de repaso de las palabras-enlace presentadas en este capítulo. Llene los espacios en blanco con el presente de indicativo, el pretérito absoluto de indicativo, el infinitivo o el presente de subjuntivo:

   1. ¿Por qué no me llamas mañana en caso de que te _____ (ser) posible asistir a la fiesta?

   2. Elena dice que quiere comprar una motocicleta cuando _____ (tener) dinero.

   3. Ayer los clientes esperaron frente a la tienda hasta que los dueños _____ (abrir) la puerta.

   4. El avión debe despegar antes de que _____ (empezar) la tormenta.

   5. ¿Pensáis salir de viaje tan pronto como _____ (despertarse)?

   6. Los ladrones entraron sin _____ (hacer) ruido.

7. Queremos viajar por toda Europa en cuanto _____ (terminar) las clases.

8. ¿Es verdad que te casaste con Arturo exactamente un año después de que (ustedes) _____ (conocerse)?

9. Pues claro que (yo) _____ (votar) cuando hay elecciones.

10. La señora Magdalena acaba de darnos dos euros para que (nosotros) le _____ (comprar) pan y leche.

11. ¿Te echaron de la fiesta aunque no _____ (hacer) nada malo?

12. Te voy a comprar un teléfono móvil a fin de _____ (poder) localizarte fácilmente.

13. Vosotros debéis prestarle atención al médico a menos que _____ (querer) morir jóvenes.

14. No me voy a casar contigo aunque (tú) me lo _____ (pedir) de rodillas.

15. Comieron antes de _____ (marcharse).

16. Susana siempre baila con Iván aunque (él) le _____ (caer) muy mal a ella.

17. Les voy a contar una historia verdadera para que (ustedes) no _____ (decir) mentiras nunca más.

La voz pasiva con **ser**

En español, como en inglés, hay una voz activa y una voz pasiva. La voz activa es aquella en la que un actor realiza una acción que afecta a una persona, animal, cosa o concepto. Cuando escribo "El mecánico reparó el coche," "el mecánico" es el sujeto o actor; "reparó" es la acción que el mecánico realizó; y "el coche" es lo reparado, o sea, lo afectado por la palabra-acción. Esta es la estructura normal de la oración. Sin embargo, también existe una voz pasiva que, en cierta forma, representa la inversión de esta estructura normal porque el énfasis cambia del sujeto o actor a la persona, animal, cosa o concepto afectado. Se usa entonces la siguiente fórmula:

sujeto pasivo	ser	participio pasivo	por	agente de pasiva
El coche	fue	reparado	por	el mecánico.

Observe que el actor, o sea, el mecánico, ahora ocupa el último lugar en la oración. Es el agente que se identifica mediante la palabra **por**. Mientras tanto, el objeto afectado por la palabra-acción, es decir **el coche**, pasa al primer lugar dentro de la estructura. La palabra-acción en pretérito, **reparó**, se ha convertido en la frase pasiva **fue reparado**.

A pesar de que este tipo de construcción es correcta en español, no se usa con la misma frecuencia que en inglés. El español es una lengua activa. Los hispanohablantes evitan casi siempre la construcción *ser* + **participio pasivo**, sobre todo en la conversación diaria.

Hay que recordar cuatro aspectos relacionados con la construcción pasiva:

- Aunque la mayor parte de los participios pasivos son regulares, o sea, terminan en **-ado** (palabras-acción que acaban en **-ar**) o **-ido** (palabras-acción que acaban en **-er** o **-ir**), otros son irregulares. En el siguiente cuadro se incluyen algunos de uso muy frecuente:

abierto (abrir)	escrito (escribir)	puesto (poner)	resuelto (resolver)
cubierto (cubrir)	frito (freír)	roto (romper)	visto (ver)
dicho (decir)	muerto (morir)	hecho (hacer)	vuelto (volver)
	descrito (describir)		

Alerta 51

El participio pasivo de las palabras-acción compuestas (o sea, **prefijo** + **infinitivo**) normalmente **conserva la irregularidad** del infinitivo de que procede. **Ejemplos:** **re**volver → **re**vuelto; **de**volver → **de**vuelto; **en**cubrir → **en**cubierto; **pre**ver → **pre**visto; **com**poner → **com**puesto; **des**hacer → **des**hecho.

- En la construcción pasiva, el participio (forma **-ado/-ido**) debe concordar en género y número con el sujeto de pasiva; **ser** concuerda en número.

Ejemplos:

a. Los libros fueron escritos por María Luisa Bombal.
b. La bicicleta fue arreglada por mi tío.
c. Las listas fueron preparadas por el secretario de la presidenta.

- Es posible omitir el agente de la construcción pasiva cuando éste se desconoce o no se considera importante.

Ejemplos:

a. El edificio fue construido el año pasado.
b. Las maletas nunca fueron localizadas.

- Aunque es posible crear construcciones pasivas en cualquier tiempo de **ser**, lo más frecuente es que se utilice el **pretérito absoluto**. A continuación aparecen ejemplos en que se utiliza la voz pasiva en otros tiempos de la palabra acción:

Ejemplos:

a. La fiesta es organizada por la asociación de ex alumnos.

b. Dudo que el prisionero sea trasladado a otra celda.

c. Las papas nunca eran sazonadas como es debido por el cocinero.

Ejercicio 8

a. Convierta la oración activa en pasiva según el modelo:

Modelo: Rosaura leyó la novela. **R.:** *La novela fue leída por Rosaura.*

1. La familia Arrabal compró el piso.

   _____

2. El jardinero recogió las flores.

   _____

3. Una compositora boliviana compuso esa sonata.

   _____

4. Estoy seguro de que los corredores norteamericanos batieron muchos récords olímpicos.

   _____

5. El editor incluyó el poema en la antología.

   _____

6. Esa pareja alquiló la motocicleta.

   _____

b. En parejas, creen oraciones pasivas con los elementos facilitados. Presten atención a la concordancia y cambien el infinitivo al participio pasivo cuando sea necesario:

1. el / ecuación / ser (**pretérito absoluto**) / resolver / por / el / alumna / más / inteligente:

   _____

2. ese / novelas / ser (**pretérito absoluto**) / escribir / por / un / escritora / paraguayo:

   _____

3. el / discurso / ser (**pretérito absoluto**) / pronunciar / por / el / líder / de / el / cámara de representantes:

_____

4. el / meriendas / ser (**pretérito absoluto**) / repartir / por / el / asistentes de vuelo:

_____

5. el / coches / mal / estacionado / ser (**pretérito absoluto**) / multar / por / el / policía:

_____

La **se** con valor medio (la pasiva refleja)

La partícula **se** tiene un uso especial que se conoce como valor medio o pasiva refleja. Esta construcción, que se emplea con mucha frecuencia tanto en el español hablado como en el escrito, no es totalmente activa ni totalmente pasiva. Esta estructura depende de un signo o señal introductoria: la **se** media o pasiva refleja. Ésta precede a una palabra-acción que concuerda con un sujeto que es animal, cosa o concepto: Se rompió el espejo (*The mirror got broken*); Se pierden las llaves con frecuencia (*The keys frequently get lost*).

Para entender bien esta estructura, puede establecerse cierto paralelo con el inglés. Por ejemplo, si uno quiere expresar en español una idea como *They sell bread in the bakery*, el hablante tiene por lo menos dos opciones. Una sería utilizar la misma construcción activa impersonal que se utiliza en inglés: "Venden pan en la panadería." En este caso, el sujeto implícito **ellos** (*they*) se refiere a esa persona o grupo de personas no identificadas que controla la panadería. La segunda opción sería emplear una construcción media o pasiva refleja con **se**, la cual está más cerca de la voz pasiva en inglés: "Se vende pan en la panadería" (*Bread is sold in the bakery*).

Otro ejemplo semejante sería las maneras de traducir la oración, *In Spain, they used to close the stores at one o'clock*. Se puede usar en español la misma estructura que en inglés: "En España cerraban las tiendas a la una". Teóricamente, sería posible utilizar la construcción pasiva *ser* + **participio**: "En España las tiendas eran cerradas a la una" (*In Spain, stores used to be closed at one o'clock*). Esta construcción es de uso infrecuente en español, sobre todo porque no interesa el actor, es decir, la persona que ejecuta la acción. Lo más común sería utilizar la construcción media con **se**: "En España se cerraban las tiendas a la una" (*In Spain, they used to close the stores at one o'clock*).

- La construcción media o pasiva refleja se basa en la siguiente fórmula:

se + palabra-acción (concuerda con el sujeto) + sujeto inanimado (cosa, concepto o animal)

Ejemplos:

a. Se abrió la puerta.

b. Se sabían tus mentiras.

c. La película se va a estrenar en Nueva York.

d. Ojalá que se exterminen todas las cucarachas.

e. En este hotel se cambian las sábanas diariamente.

*No se usa la construcción media con **se** cuando se identifica el agente de la acción. En esos casos se emplea la voz pasiva (**ser** + **participio**). **Ejemplo:** Las puertas son cerradas por Andrés. No se dice* "Se cierran las puertas por Andrés".*

Alerta 52

Hasta cierto punto, el orden de la oración es flexible en las construcciones medias o pasivas reflejas. **Ejemplo:** Se pintan de rojo las paredes = Las paredes se pintan de rojo.

- Si el sujeto de la construcción media o pasiva refleja es una persona o varias personas, la estructura cambia considerablemente. En esos casos, la palabra-acción está siempre en singular y el sujeto de pasiva se identifica mediante la palabra indicadora **a**. Se utiliza la siguiente fórmula:

se + palabra-acción en singular + **a** + sujeto animado (persona, por lo regular)

Ejemplos:

a. En los Estados Unidos no se ayuda lo suficiente a los pobres.

b. Se escuchó con entusiasmo al orador.

c. Se necesitaba tranquilizar a los futuros padres porque estaban muy nerviosos.

Ejercicio 9

a. Cree estructuras medias (**se** + palabra-acción) según las indicaciones:

Modelo: *Se comen* (**comer**; presente de indicativo) muchos caramelos en *Halloween*.

1. _____ (**escribir**; presente de indicativo) ocho composiciones durante el semestre.

2. El condominio _____ (**alquilar**; pretérito de indicativo) en un dos por tres.

3. _____ (**condenar**; pretérito de indicativo) a veinte años de cárcel a los delincuentes.

4. El comercio _____ (**abrir**; presente de indicativo) a las nueve de la mañana.

5. Es necesario que _____ (**sembrar**; presente de subjuntivo) más fríjoles negros este año.

6. _____ (**comprar**; presente de indicativo) automóviles chocados.

7. _____ (**ver**; imperfecto de indicativo) las montañas a lo lejos.

8. Dudo que _____ (**elegir**; presente de subjuntivo) a los mismos representantes este año.

9. Las ventanas siempre _____ (**abrir**; imperfecto de indicativo) cuando hacía viento.

10. Todavía no _____ (**fregar**; pretérito de indicativo) los platos.

b. En parejas, escriban oraciones medias con (**se** + palabra-acción) a base de las estructuras que se ofrecen a continuación:

Modelo: Cerraron la puerta.   **R.:** *La puerta se cerró.*

1. Castigaron al niño por portarse mal en la escuela.

   _____

2. Necesitan dinero para financiar el proyecto.

   _____

3. Es mejor que escriban la carta en inglés.

   _____

4. Van a fabricar siete casas nuevas en este barrio.

   _____

5. Entrenaban a los futbolistas de la selección nacional desde hacía un mes.

   _____

6. Filmaron las películas en Portugal.

   _____

7. Rompen las copas finas con facilidad.

   _____

8. Es posible que examinen a los estudiantes el mes que viene.

   _____

c. En parejas, lean el siguiente pasaje. Luego, cambien la voz pasiva (**ser** + **-ado/-ido**) por la construcción media (**se** + palabra-acción) para completar los espacios en blanco.

Modelo: La piedra **fue tirada**.   **R.:** *Se tiró la piedra.*

Mi novio y yo fuimos al cine el otro día para ver una película extranjera que **era titulada** *Misión Probable IX*. **Fue filmada** en Groenlandia, en un glaciar donde **son encontrados** muchos osos blancos. La película **fue premiada** en el famoso festival de cine de Lagunilla. Además, la primera actriz, Doménikka Stanilavski, **fue galardonada** con un *Globo de Matías Pérez,* el premio más importante que **es concedido** a una actriz en ese festival. También **fue reconocido** por su labor al director, Jordi Rabal Ripoll.

A decir verdad, la película no nos gustó a nosotros ni al resto del público. Dudamos que **sean vendidas** muchas entradas de ahora en adelante. En nuestra opinión, los osos actuaron mejor que las personas.

Mi novio y yo fuimos al cine el otro día para ver una película extranjera que

_____ *Misión Probable IX*. _____ en Groenlandia, en un

glaciar donde _____ muchos osos blancos. La película _____

en el famoso festival de cine de Lagunilla. Además, a la primera actriz, Doménikka

Stanilavski, _____ con un *Globo de Matías Pérez,* el premio más importante

que _____ a una actriz en ese festival. También _____ por su

labor al director, Jordi Rabal Ripoll.

A decir verdad, la película no nos gustó a nosotros ni al resto del público.

Dudamos que _____ muchas entradas de ahora en adelante.

En nuestra opinión, los osos actuaron mejor que las personas.

- A veces las estructuras medias o pasivas reflejas se personalizan mediante la palabra sustituidora que representa el complemento indirecto (**me, te, le, nos, os, les**). De esa manera se identifica a la entidad responsable de la acción o afectada por ella:

Construcción con *se*	Construcción con *se* + CI
El perro **se pierde** con frecuencia.	El perro **se nos pierde** con frecuencia. (*Our dog gets lost often.*)
Se rompió el vaso.	**Se me rompió** el vaso. (*I broke the glass.*)
Siempre **se caía** el cuadro.	A Ana simpre **se le caía** el cuadro. (*Ana's picture always fell.*)
Se quemaron los frijoles.	**Se te quemaron** los frijoles. (*You burnt the beans.*)
Se va a acabar la gasolina.	**Se les va a acabar** la gasolina. (*They are going to run out of gas.*)

Ejercicio 10

a. De acuerdo con el modelo, identifique por medio de la palabra sustituidora complementaria (**me, te, le, nos, os, les**) la entidad responsable de la acción o afectada por ella:

MODELO: **Se olvidó** el problema (**a él**).   **R.:** *Se le olvidó el problema.*

1. **Se perdieron** los zapatos. (**a ellos**)

   _____

2. **Se pinchó** la goma del coche. (**a mí**)

   _____

3. ¡Pobre de ti! **Se murió** el caballo. (**a ti**)

   _____

4. **Se fue** el autobús. (**a vosotros**)

   _____

5. **Se apagaron** las luces. (**a nosotros**)

   _____

b. En parejas, creen oraciones semejantes a las anteriores con las palabras-acción que se les facilitan:

echar a perder	_____
romper	_____
caer	_____
acabar	_____
dormir	_____
arruinar	_____

La narración impersonal

En el capítulo 3 se presentó la narración de tipo personal o subjetivo, es decir, de primera persona, así como la narración de tiempo impersonal u objetivo, o sea, de tercera persona. Se explicó que la narración impersonal establece una distancia mayor entre la voz que escribe y la persona que lee. Por eso, este método de narrar sugiere imparcialidad, precisión y hasta un mejor conocimiento de los hechos que se cuentan.

Una de las estrategias más comunes para escribir en tercera persona en español se basa en la construcción media y la impersonal (ver la páginas 79–80 del capítulo 2), ambas de las cuales consisten en el uso de **se** + palabra-acción. De esa manera, se excluye casi en absoluto la voz personal que invariablemente queremos buscar en una historia.

Octava entrada del cuaderno

Escriba una narración impersonal (es decir, en tercera persona) de aproximadamente **200 a 250 palabras** sobre cualquier evento pasado. En ella, debe haber por lo menos tres oraciones con la **se** media. Subraye las construcciones medias (**se** + palabra-acción). No olvide que debe escribir a doble espacio.

Examine cuidadosamente el ejemplo a continuación. Note que hay más de tres construcciones medias. Observe también como la voz personal casi desaparece, pues se oculta en la objetividad de la tercera persona y la construcción **se** + palabra-acción.

Una fiesta de sorpresa

El año pasado se celebraron las bodas de plata de Andrés y Myriam Suárez, los padres de mi amiga Sonia, así que ella y sus hermanos Éric y Eugenio decidieron sorprenderlos. Con la ayuda de varios conocidos, se organizó una gran fiesta. Se invitó a familiares y amigos. Se decidió que el día quince de agosto se debía llamar por teléfono a Andrés y Myriam para invitarlos al cine y sacarlos de la casa. Se escogió a Matt y Barb Roberts-Zimmerman porque ellos salen juntos mucho. Se determinó que había que recogerlos a las tres de la tarde para tenerlos de vuelta a eso de las seis y cuarto. Media hora antes, se abrieron las puertas de la casa a unas veinte personas.

Como no había suficientes muebles, cubiertos ni platos, se alquilaron sillas y mesas plegables. También se compraron muchos platos de cartón, así como cubiertos y vasos de plástico. La comida se pidió de un restaurante libanés que les gusta mucho a Myriam y Andrés. Además, se trajeron refrescos, vino blanco y tinto y champaña.

A eso de las seis y diez, se oyó gritar a Éric: "Es hora de esconderse para que mis padres no se den cuenta de nada". Precisamente en ese momento, se escucharon los pasos de Matt, Barb, Myriam y Andrés. Cuando se abrió la puerta, los invitados gritaron: "¡Feliz aniversario!" Horas más tarde, aún se hablaba de la agradable sorpresa que se llevaron los padres de Sonia. (Total: 244 palabras)

Los relacionantes **lo cual** y **lo que**

Los relacionantes **lo cual** y **lo que** son formas neutras que se usan para referirse a ideas completas o abstracciones, nunca a una palabra-concepto específica. A continuación se muestra el modo correcto de utilizar ambas formas. Note que **lo que** siempre puede sustituir a **lo cual**, pero no al revés.

Lo cual (*which*)

Características:

1. Se usa para referirse a toda una idea expresada anteriormente o a una oración completa.

2. Se usa después de palabras indicadoras (o sea, las preposiciones **de**, **con**, **por**, **a**, etc.) para referirse a toda una idea expresada anteriormente o a una oración completa.

3. Es una forma neutra, es decir, no tiene femenino ni plural.

4. Siempre es posible reemplazar **lo cual** por **lo que**.

a. Se refiere a todo un concepto expresado anteriormente o a toda la oración que expresa la idea.

1. Rosa María es muy terca, **lo cual** no me sorprende porque su papá también lo es. (**Lo cual** se refiere a toda la oración **Rosa María es muy terca**.)

2. Dicen que la inteligencia es superior a la fuerza, **lo cual** no me convence en absoluto. (**Lo cual** se refiere a toda la idea de que **la inteligencia es superior a la fuerza**.)

b. Se usa después de palabras indicadoras (*a, por, en, con, etc.*) para referirse a toda una idea expresada anteriormente o a una oración completa.

1. El cinco de mayo mataron a Lola, por **lo cual** todo el pueblo está de luto. (**Lo cual** se refiere a toda la oración **el cinco de mayo mataron a Lola** y sigue a la palabra indicadora **por**.)

2. El médico le comunicó a la señora Flores que los resultados del examen habían sido negativos, con **lo cual** se sintió mucho más tranquila. (**Lo cual** se refiere a toda la oración **los resultados del examen habían sido negativos** y sigue a la palabra indicadora **con**.)

Lo que (*which, what, that, that which*)

Características:

1. Como **lo cual**, se usa para referirse a toda una idea expresada anteriormente o a una oración completa.

2. Como **lo cual**, se usa después de palabras indicadoras (o sea, las preposiciones **de**, **con**, **por**, **a**, etc.) para referirse a toda una idea expresada anteriormente o a una oración completa.

3. Como **lo cual**, es una forma neutra; es decir, no tiene femenino ni plural.

4. En contraste con **lo cual**, se usa como sujeto neutro (*what*) para aludir a una idea no expresada en la oración.

a. Se refiere a todo un concepto expresado anteriormente o a toda la oración que expresa la idea.

1. Rosa María es muy terca, **lo que** no me sorprende porque su papá también lo es. (**Lo que** se refiere a toda la oración **Rosa María es muy terca**.)

2. Dicen que la inteligencia es superior a la fuerza, **lo que** no me convence en absoluto. (**Lo que** se refiere a toda la idea de que **la inteligencia es superior a la fuerza**.)

b. Se usa después de palabras indicadoras (*a, por, en, con*, etc.) para referirse a toda una idea expresada anteriormente o a una oración completa.

1. El cinco de mayo mataron a Lola, por **lo que** todo el pueblo está de luto. (**Lo que** se refiere a toda la oración **el cinco de mayo mataron a Lola** y sigue a la palabra indicadora **por**.)

2. El médico le comunicó a la señora Flores que los resultados del examen habían sido negativos, con **lo que** se sintió mucho más tranquila. (**Lo que** se refiere a toda la oración **los resultados del examen habían sido negativos** y sigue a la palabra indicadora **con**.)

5. En contraste con **lo cual**, se usa después de palabras indicadoras (o sea, las preposiciones **de**, **con**, **por**, **a**, etc.) para referirse a uno o varios conceptos no expresados concretamente en la oración.

c. **Puede usarse como sujeto neutro. A veces este sujeto forma parte de un complemento directo y se traduce como *what* y, en ocasiones, *that*.**

1. **Lo que** pasó fue que el coche chocó con un árbol. (**Lo que** equivale a *what* y opera como sujeto neutro de **pasó**. En este caso, es imposible reemplazar **lo que** con **lo cual**.)

2. Mis abuelos me contaron todo **lo que** sufrieron durante la guerra. (**Lo que** equivale a *that* y se refiere a una serie de hechos no identificados concretamente. En este caso, es imposible reemplazar **lo que** con **lo cual**.)

d. **Se usa después de las palabras indicadoras (a, de, en, por, etc.) para referirse a uno o varios conceptos no expresados concretamente en la oración.**

1. No saben de **lo que** se trata. (**Lo que** equivale a *what* y se refiere a un concepto implícito que el hablante no expresa. En este caso, es imposible reemplazar **lo que** con **lo cual**.)

2. El mensajero viene por **lo que** le prometiste a su supervisora. (**Lo que** equivale a *what* y se refiere a un concepto implícito que el hablante no expresa. En este caso es imposible reemplazar **lo que** con **lo cual**.)

Ejercicio 11

a. Indique con una X en cuáles de las siguientes oraciones es imposible usar **lo cual**:

Oración	Imposible
1. Lo que pasa es que vosotros nunca llegáis a tiempo.	☐
2. Va a llover mañana, lo que no nos sorprende en absoluto.	☐
3. Todo lo que le dijo su madre era la pura verdad.	☐
4. Se me rompió la bicicleta, por lo que tengo que ir a pie a la universidad.	☐
5. La rampa de estacionamiento está cerrada hoy, lo que dificulta el aparcar.	☐
6. No entiendo nada de lo que dice ese anunciador de televisión.	☐

La narración con diálogo

b. En parejas, escriban oraciones con **lo que** y **lo cual**, valiéndose de los elementos facilitados. Preste atención especial a la concordancia.

1. a / Ruperto / no / gustarle (**presente de indicativo**) / nada / bailar / ¿lo cual o lo que? / le / molestar (**presente de indicativo**) / a / su / amigas

_____

2. ¿lo que o lo cual? / tú / les / hacer (**pretérito absoluto**) / a / tu / parientes / uruguayo / estar (**pretérito absoluto**) / muy / mal

_____

3. el / profesora / Corrientes / siempre / explicarnos (**presente de indicativo**) / todo / ¿lo que o lo cual? / no / entender (**presente de indicativo de** *nosotros*)

_____

4. el / policía / aparecerse (**pretérito absoluto**) / en / nuestro / apartamento / a / el / dos de / el / madrugada / con / ¿lo que o lo cual? / acabarse (**pretérito absoluto**) / el / fiesta

_____

c. En parejas, escriban oraciones conforme a lo indicado:

1. **Lo que** como sujeto neutro:

_____

2. **Por lo cual**:

_____

3. **Lo cual** después de coma (,) para referirse a toda una idea o a una oración completa:

_____

4. **Lo que** después de una de estas palabras indicadoras: **de, a, por, con, en**:

_____

Alerta 53

Cuyo (**cuya**, **cuyos**, **cuyas**) (*whose, of whom, of which*) es un relacionante que tiene valor posesivo. Por eso, concuerda en género y número con lo poseído, es decir, con la palabra-concepto que lo sigue. **Ejemplos:** El coche cuya llanta delantera derecha (*whose right front tire*) está pinchada es el mío; El señor Robles, cuyos hijos (*whose children*) viven muy lejos ahora, siempre está triste; La chica con cuya madre (*with whose mother*) fuimos al cine se llama Catalina. Igual que en inglés, este relacionante es de uso poco frecuente, sobre todo en la lengua hablada.

La narración con diálogo

Muchas veces, se incluye diálogo en una narración para hacerla más dramática e interesante. En esos casos, es necesario presentar correctamente el diálogo de manera directa, o sea, hacerlo a base de expresiones que se adapten al tono que uno quiere comunicar. Esto suele hacerse mediante ciertas palabras-acción. Otras veces, el diálogo se presenta de manera indirecta por medio esencialmente de la siguiente fórmula: **palabra-acción** + *que* + **información reportada**. A continuación aparecen algunas de las palabras-acción y estructuras más comunes.

Palabra-acción	Traducción	Ejemplo
decir	*to say, tell*	El hombre dijo, "Tengo los documentos".
observar	*to say, observe*	La mujer observó, "Los documentos son falsos".
responder	*to answer*	"¡Mentira! Son verdaderos", le respondí.
suplicar	*to beg, to plead*	Le supliqué, "Por Dios, no te vayas".
gruñir	*to growl*	El jefe gruñó, "Es necesario trabajar más seriamente".
confesar	*to confess*	Confesaron: "Somos culpables".
exclamar	*to exclaim*	La joven exclamó, "¡Me voy porque me da la gana!"
contestar	*to answer*	Me contestaron, "No te podemos prestar el dinero".
contar	*to tell*	Adolfo comenzó a contar muy seriamente: "Ayer iba para casa de la abuelita cuando me encontré con un lobo enorme y . . ."

(Continúa)

Palabra-acción	Traducción	Ejemplo
explicar	*to explain*	El agente les explicó, "El avión va a llegar tarde, debido a la tormenta".
preguntar	*to ask*	"¿Y tú?" le pregunté, "¿Sabes cuándo sale el tren?"
gritar	*to shout*	Os gritó, "¡Cuidado!"
susurrar	*to whisper*	El espectador susurró, "Vámonos, que esta obra no sirve".
quejarse	*to complain*	El herido se quejó amargamente, "¡Ay! ¡Qué dolor!"
sugerir	*to suggest*	El profesor sugirió, "Deben estudiar mucho más".
murmurar	*to say softly*	La niña murmuró, "Mamá, ¿dónde estás?"
rogar	*to beg, to plead*	Me rogó, "Por favor, hay que tener mucho cuidado cuando se maneja".

Ejercicio 12

a. Use las palabras-acción facilitadas para cambiar el tono de la oración principal de acuerdo con las indicaciones.

La locutora dijo, "Compren este excelente producto".

exclamar	suplicar	responder
confesar	susurrar	quejarse
	gritar	

1. La locutora _____, "Compren este excelente producto".
   (Pedir con mucha humildad como solicitando un favor.)
2. La locutora _____, "Compren este excelente producto".
   (Decir en voz muy baja para que sólo alguien que está muy cerca pueda oír.)
3. La locutora _____, "Compren este excelente producto".
   (Declarar con mucho entusiasmo.)
4. La locutora _____, "Compren este excelente producto".
   (Contestar una pregunta.)
5. La locutora _____, "Compren este excelente producto".
   (Decir en voz muy alta y con tono casi ofensivo.)

b. Utilice las palabras-acción que se ofrecen abajo para introducir una oración original en discurso directo:

explicar	_____
sugerir	_____
contestar	_____

Estrategias de la comunicación escrita (4)

El discurso indirecto

Según se ha explicado, el diálogo hace un texto más realista, interesante o hasta dramático. Se trata de un procedimiento muy eficaz para amenizar un escrito. Conviene también tener presente, sin embargo, que un efecto parecido se puede conseguir a base de lo que se llama **discurso indirecto**. El discurso indirecto consiste en presentar el diálogo en una oración subordinada con **que**, la cual se introduce por medio de expresiones informativas como las que se vieron anteriormente, o sea, palabras-acción como **decir, exclamar, explicar, gritar, aclarar, declarar**. El discurso indirecto permite que el diálogo sólo se insinúe o se exprese de manera oblicua, pues se hace parte de la estructura narrativa. Repare en los siguientes ejemplos para observar la manera en que el discurso directo puede convertirse en indirecto:

1. Mi hemano me dice, "**Me siento** enfermo". → Mi hermano me dice **que se siente** enfermo.

2. Las jóvenes gritaron, "¡**Tenemos** mucho miedo!" → Las jóvenes gritaron **que tenían** mucho miedo.

Note que en el segundo ejemplo se usa el imperfecto en la oración en discurso indirecto. Se hace así porque el tiempo está subordinado al pretérito de la oración principal. En el caso del discurso directo la oración "Tenemos mucho miedo" es una cita textual, es decir, una repetición fuera del tiempo de lo que dijeron las jóvenes en el pasado.

   Es importante observar que, a veces, las oraciones en discurso indirecto exigen el uso del subjuntivo si la oración principal indica necesidad o voluntad, o sea, si comunica un tipo de mandato (*command*). Por supuesto, en los casos en que esta situación se plantea en el pasado, hay que utilizar el imperfecto o el pluscuamperfecto del subjuntivo, tiempos que se explican en los capítulos cinco y seis. Note los siguientes ejemplos:

1. La profesora les dice a los alumnos que **entreguen** la tarea a tiempo.

2. El médico le exigió a mi padre que **dejara** de fumar.

Ejercicio 13

a. Convierta en indirectas las oraciones en discurso directo:

1. El policía le sugirió a la mujer, "No debe conducir tan rápido".

   _____

2. Los jóvenes confiesan, "Comimos demasiados perros calientes".

   _____

3. La maestra les repite a los niños, "Seis por seis son treinta y seis".

_____

4. El público les gritó a las futbolistas, "¡Tienen que marcar un gol!"

_____

5. El letrero dice, "Se prohíbe pintar en las paredes".

_____

b. En parejas, lean la siguiente mini-narración con diálogo. Luego, conviertan en indirectas las oraciones en discurso directo:

Lucía y Mireya, dos buenas amigas de la universidad, conversan sobre las dificultades que tienen en una clase de historia de México mientras caminan hacia el estacionamiento. Ambas están muy quejosas de su profesor, el doctor Remberto Pardiez.

Mireya le dice a Lucía, "Me parece que el profesor Pardiez es demasiado exigente". Luego le explica, "Nos asigna demasiada tarea todos los días". Lucía le responde, "Tienes toda la razón". Después añade, "Pide que sus alumnos lean por lo menos 150 páginas para cada clase". Mireya se lleva las manos a la cabeza, pues está muy alterada. Grita, "¡El profesor Pardiez está completamente loco!" Después opina, "Deberían de recluirlo en un manicomio". Lucía exclama, "Sólo sé que el primer examen va a ser horrible".

Después de compartir sus lamentaciones, las dos amigas se despiden junto a sus respectivos coches. Cuando ya están dentro de ellos, Mireya baja la ventanilla porque quiere decirle algo a Lucía. Ésta hace lo mismo. Mireya, muy sonriente, le avisa, "Es importante que recuerdes que hay fiesta mañana en casa de Amjad". Lucía le contesta, "Lo sé bien y no me la pienso perder". Arrancan sus coches y se van.

A continuación, escriba de nuevo la narración con diálogo, pero utilice el discurso indirecto donde convenga.

_____

_____

_____

_____

_____

_____

_____

_____

_____

_____

_____

_____

_____

_____

_____

_____

_____

Alerta 54

Recuerde que **preguntar** significa _to ask a question_ mientras que **pedir** significa _to ask for, to request._ **Ejemplos:** Le pregunté dónde estaba la perra; Nos preguntó la hora; Te pidió dinero prestado; Les pedimos ayuda a los profesores. **Nunca, nunca, nunca** se pueden *preguntar preguntas. Uno sólo **pregunta o hace preguntas**.

A continuación se ofrece el esquema cronológico de una narración impersonal basada en un acontecimiento ficticio. En este caso, la persona que escribió el relato escogió organizar las oraciones de antemano para hacer más fácil el proceso de escritura. Note que incluso intercala diálogo en algunas oraciones con el objeto de hacer más dinámica la narración que luego va a escribir:

Esquema de lo que le ocurrió a un empleado de la compañía de electricidad al ir a medir el contador de una cliente

Lista de ideas y acontecimientos que se piensan incluir

1. El empleado de la compañía eléctrica se llamaba Ramón Ibáñez.

2. El lunes de la semana pasada pasó por la casa de una mujer.

3. La mujer se llamaba Rosalinda Pereira.

4. Iba a medir el consumo de electricidad del mes.

5. Tocó a la puerta para pedir permiso.

6. Rosalinda salió en bata de casa.

7. Acababa de salir de la ducha y no había terminado de secarse.

8. Ramón le preguntó, "¿Me permite usted que revise el contador de electricidad?"

9. Rosalinda le contestó, "Le ruego que tenga cuidado, pues no quiero que me pise las flores".

10. Ramón Ibáñez respondió con fingida cortesía, "¡A sus órdenes, señora!"

11. Dijo, "Un empleado de la compañía de electricidad siempre respeta los deseos del cliente".

12. Pensó para sus adentros, "¡Qué flores ni flores!"

13. Ramón caminó hasta el contador y se inclinó.

14. Rozó con una mano el rosal de Rosalinda.

15. Ramón se hincó y, violento, pisó la mata.

16. Se rompieron dos ramas.

17. Exclamó, "¡Jolines! Espero que a esta mujer se le muera el rosal".

---

18. Se oyó un gran zumbido.

19. Ramón dio la vuelta.

20. Vio un enjambre de avispas que iba a atacarlo.

21. Se escuchó un grito, "¡Ay! ¡Ojalá que no me coman vivo!"

22. Salió huyendo sin pensarlo ni un segundo más.

23. Las avispas lo perseguían enojadas.

24. Ramón trataba de escapar cuando escuchó a Rosalinda.

25. Rosalinda le gritaba desde la puerta, "¡Señor! ¡Insisto en que no me cobre nada este mes después de lo que hizo!"

Cómo se indicó en el capítulo anterior, el próximo paso es determinar un título. Muchas veces hay que pensar en varios títulos antes de encontrar el más adecuado. En este caso, se consideraron los siguientes títulos:

Títulos posibles

1. El rosal de Rosalinda

2. Las avispas

3. Lo costosa que es la electricidad

4. El empleado, el rosal y las avispas

5. Una malvada anciana llamada Rosalinda

6. Por qué las mujeres no deben andar en bata de casa

7. La tragedia del rosal

8. El empleado bondadoso

Ejercicio 14

1. ¿Cuál de estos títulos le parece mejor? ¿Por qué?

   _____

2. ¿Cuál de los títulos le parece peor? ¿Por qué?

   _____

3. ¿Cuál de los títulos es más descriptivo? ¿Por qué?

   _____

4. ¿Cuál de los títulos es más poético? ¿Por qué? ¿Cuál le parece más prosaico o vulgar? ¿Por qué?

_____

5. ¿Se le ocurre a usted un título mejor?

_____

Ahora, lea cuidadosamente la versión definitiva de la historia. Repare en que la persona que escribió el relato ha cambiado muchas oraciones, haciéndolas a veces más complejas para evitar la repetición y la monotonía. También ha ampliado el diálogo, añadiendo palabras modificadoras y exclamaciones para hacer más dramatica la historia. El resultado es una narración más sofisticada:

El empleado, el rosal y las avispas

El lunes de la semana pasada, el empleado de la compañía eléctrica Ramón Ibáñez pasó por la casa de Rosalinda Pereira. Iba a medir el consumo de electricidad de ese mes, pues se lo exigía un trabajo en el cual frecuentemente se encontraba con personas malhumoradas, perros agresivos y obstáculos peligrosos.

Antes de revisar el contador, tocó a la puerta para pedir permiso. Rosalinda abrió en bata de casa, pues acababa de salir de la ducha y no había terminado de secarse. En efecto, el pelo se le notaba mojado debajo de la toalla que llevaba amarrada a la cabeza. Ramón le preguntó un poco sonriente, "Buenos días,

señorita. ¿Me permite usted que revise el contador de electricidad?"
Rosalinda le contestó, "Bien, puede hacerlo, pero le ruego que tenga
cuidado, pues no quiero que me pise las flores que están alrededor".
El contador respondió con fingida cortesía, "¡A sus órdenes, señora!
Aunque un empleado de la compañía de electricidad tenga prisa,
siempre respeta los deseos del cliente". Sin embargo, Ramón pensó
para sus adentros, "¡Qué flores ni flores! Tengo demasiado trabajo y
calor para reparar en la salud de las plantas".

Ramón caminó hasta el aparato para leerlo. Al inclinarse, rozó
con una mano el rosal que Rosalinda tenía sembrado junto al
contador. Ramón se hincó y, molesto, pisó con violencia la mata. Se
rompieron dos ramas llenas de botones. Entonces Ramón exclamó,
"¡Jolines! ¡Espero que a esta mujer se le muera el maldito rosal!" En
ese momento, se oyó un gran zumbido. Ramón dio la vuelta y vio un
enjambre de avispas dispuestas a atacarlo. De repente, se escuchó un
grito que rompió la tranquilidad de la tarde: "¡Ay! ¡Ojalá que no me
coman vivo!" Sin pensarlo ni un segundo más, Ramón Ibáñez salió
huyendo. Detrás de él iban las avispas que lo perseguían enojadas.
Mientras Ramón trataba de escapar, Rosalinda le gritaba desde la
puerta, "¡Señor! ¡Señor! Insisto en que no me cobre nada este mes
después de lo que le hizo a mi hermoso rosal". (Total: 338 palabras)

Ejercicio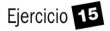

a. En parejas, contesten las siguientes preguntas:

1. ¿Les parece que esta narración está bien estructurada?

   _____

2. ¿Desde qué punto de vista se narra? ¿Qué impresión causa esto en los lectores?

   _____

3. ¿Qué les parece el uso del diálogo en la narración? ¿Es eficaz? ¿Por qué?

_____

4. ¿Qué opinión tienen ustedes de Ramón Ibáñez? Expliquen.

_____

5. ¿Cómo piensan ustedes que es Rosalinda? Expliquen.

_____

6. ¿Qué papel tienen las avispas en la historia? Expliquen.

_____

7. ¿Creen ustedes que es razonable lo que pide Rosalinda al final? Aclare.

_____

Lea con cuidado la versión en primera persona de la misma narración. Repare en los cambios de tono y vocabulario.

Me llamo Ramón Ibáñez, y soy empleado de la compañía eléctrica. El lunes de la semana pasada pasé por la casa de una señora muy terca e insistente. Iba a medir el consumo de electricidad de ese mes, pues me lo exigía un trabajo en el cual frecuentemente me encuentro con personas malhumoradas, perros agresivos y obstáculos peligrosos.

Antes de revisar el contador, toqué a la puerta para pedir permiso. La señora abrió en bata de casa. Parecía que acababa de salir de la ducha y no había terminado de secarse. La miré de arriba abajo y observé que el pelo se le notaba mojado debajo de la toalla que llevaba amarrada a la cabeza. Le pregunté cortésmente, "Buenos días, señorita. ¿Me permite usted que revise el contador de electricidad?" La mujer me contestó, "Bien, puede hacerlo, pero le ruego que tenga cuidado, pues no quiero que me pise las flores que están alrededor". Le respondí sonriente, "¡A sus órdenes, señora! Aunque un empleado de la compañía de electricidad tenga prisa, siempre respeta los deseos del cliente". Sin embargo, pensé para mí: "¡Qué flores ni flores! Tengo demasiado trabajo y calor para reparar en la salud de las plantas".

Caminé hasta el aparato para leerlo. Al inclinarme, rocé con una mano el rosal que la dichosa mujer tenía sembrado junto al contador. Me hinqué y, molesto, pisé la mata sin querer. Se rompieron dos ramas llenas de botones. Entonces exclamé, "¡Jolines! ¡Espero que a esta mujer se le muera el maldito rosal!" En ese momento, oí un gran zumbido. Di la vuelta y vi un enjambre de avispas dispuestas a atacarme. Aunque soy un hombre muy valiente, grité asustado, "¡Ay! ¡Ojalá que no me coman vivo!" Sin pensarlo ni un segundo más, salí huyendo. Detrás de mí iban las avispas que me perseguían enojadas.

Mientras escapaba, escuché que la sinvergünza me gritaba desde la puerta, "¡Señor! ¡Señor! Insisto en que no me cobre nada este mes después de lo que le hizo a mi hermoso rosal". ¡Qué día tan fatal y qué mujer más pesada y escandalosa! (Total: 347 palabras)

b. En parejas, contesten las siguientes preguntas:

1. Identifiquen todas las palabras y frases que no aparecen en la primera versión.

   _____

2. ¿Les parece que es necesario cambiar el título de esta versión? Si así lo piensan, ¿qué título le darían?

   _____

3. ¿Cómo ha cambiado el tono de la narración? Explique.

   _____

4. ¿Por qué les parece que ha cambiado el tono de la narración?

   _____

5. ¿Cambia la imagen de alguno de los personajes entre una narración y la otra? ¿Por qué?

   _____

6. ¿Cuál de las dos versiones les gusta más? ¿Por qué?

   _____

7. ¿Les gustaría a ustedes añadirle o quitarle algo a esta narración? ¿Qué?

   _____

Ejercicio 16

a. Lea la siguiente narración:

Una gran tragedia deportiva

Cuando yo tenía diecisiete años, jugaba la primera base para el equipo de beisbol de mi instituto. Bateaba en quinto lugar porque, como era grande y fuerte, le pegaba duro a la pelota. Durante la temporada de mi último año fui el líder del equipo en jonrones y carreras impulsadas. Aunque soy muy modesto y nunca hago alarde de mis proezas, cuando mis admiradores me preguntaban qué tal iba la temporada, tenía que responderles, "Excelente. Soy el mejor de todos. Los invito a que vengan a verme para que se asombren".

Un día, jugábamos contra nuestro máximo rival, los Mapaches de Almendralejo. Era un equipo formidable, con atletas altos y corpulentos. Siempre bateaban mucho y jugaban bien a la defensiva. Sin embargo, este día nuestro mejor lanzador, un zurdo llamado Vicente Reyes, pitcheaba un buen partido. Yo lo ayudaba mucho desde la primera base. Cada vez que notaba que se ponía un poco nervioso, le gritaba: "Hay que lanzar con más cuidado. ¿Quiéres que perdamos este encuentro?" U: "Ojalá que empieces a tirar la bola más bajo. ¿Deseas que te peguen un jonrón?" Mis palabras tuvieron efecto porque cuando llegamos a la última entrada perdíamos solamente tres por dos. Había nada más que un out y teníamos corredores en segunda y tercera cuando me tocó batear. En cuanto vieron que me acercaba al plato dispuesto a romper la pelota, su manager salió del dugout para cambiar al pitcher. Puso a un derecho flaquito que tiraba con muy poca velocidad. Me puse contentísimo. Susurré: "¡Pobrecito! Seguro que la primera pelota que me lances va a terminar a mil metros de aquí".

Me preparé para batear. El flaquito tiró una curvita suave que obviamente era bola. No obstante, oí que el umpiri chillaba, "Strike". Lo miré con mala cara, pero no dije nada. Pensé para mí: "Es posible que este árbitro sea un cretino". Mientras reflexionaba, me di cuenta de que el próximo lanzamiento ya estaba en camino. Le tiré con todas mis fuerzas, pero abaniqué. Parece que un poquito de arena se me metió en el ojo o que el viento alejó algo la pelota de mi bate. De todos modos, no estaba preocupado. Me quedaba un strike: era suficiente. Le grité al lanzador: "Ojalá que Dios te proteja. La próxima bola sale del terreno".

El pítcher, aterrorizado, en lugar de lanzar una recta por arriba del jon como hacen los valientes, tiró otra curva que estaba afuera por lo menos medio metro. Iba a decirle, "¡Cobarde! Espero que no tengas tanto miedo la . . . ," cuando escuché detrás de mí, "¡Strike tres! ¡Out!"

Con los ojos encendidos, le grité al umpiri: "¿Qué dice? ¿Está ciego?" El umpiri exclamó: "¿Quiere que lo eche del juego?" Le contesté: "No me importa, bandido. ¿Cuánto le pagaron por cantarme out?" Respondió ofendido: "¡Fuera! Le recomiendo que se dé una ducha fría". No pude más. Lo insulté con furia. Entre cinco compañeros y nuestro manager me sacaron del terreno. El próximo bateador fue out, y perdimos el partido tres por dos.

Han pasado once años y todavía recuerdo con resentimiento ese juego. Aún detesto al cobarde pitcher y a ese umpiri sinvergüenza. Lo incomprensible es que todo el mundo me echó la culpa de la derrota, sólo porque me ponché cuatro veces ese juego. No entendieron que incluso un jugador superior como yo necesita que los umpiris colaboren y no hagan trampas como ese que me amargó la vida para siempre. (Total: 573 palabras)

b. Conteste las siguiente preguntas sobre el contenido de la historia:

1. ¿Era buen jugador de beisbol el narrador? ¿En qué se basa usted para afirmarlo?

   _____

2. ¿Qué les decía el narrador a sus amigos y amigas?

   _____

3. ¿Por qué daba miedo el equipo de los Mapaches de Almendralejo?

   _____

4. ¿Qué le decía el narrador al lanzador de su equipo para animarlo? ¿Deben decirse cosas así a un lanzador?

   _____

5. ¿Cuál era la situación cuando le tocó batear al narrador?

   _____

6. ¿Cómo lanzaba el pítcher flaquito según el narrador?

   _____

7. De acuerdo con el narrador, ¿por qué no le pudo dar al segundo lanzamiento del flaquito?

   _____

8. ¿Por qué se enfadó el narrador con el umpiri?

   _____

9. ¿Qué cosas le dijo el narrador al umpiri?

   _____

10. ¿Cómo respondió el umpiri?

    _____

11. ¿Cómo terminó el partido?

    _____

12. ¿Por qué recuerda siempre el narrador este juego?

    _____

c. En parejas, contesten las siguientes preguntas de tipo general:

1. ¿Le parece que esta narración tiene una estructura coherente? Explique.

   _____

2. ¿Desde qué punto de vista se cuenta esta historia? ¿Es efectivo este enfoque? ¿Por qué?

   _____

3. ¿Cómo cambiaría la narración de estar escrita en tercera persona? Explique.

   _____

4. ¿Qué opinión del narrador se llevan los lectores? ¿Es un tipo simpático?

   _____

5. ¿Qué le parece el umpiri? ¿Es una persona justa?

   _____

6. ¿Es eficaz el uso del diálogo intercalado? ¿Por qué?

   _____

7. ¿Qué palabras relacionadas con el beisbol aprendieron ustedes? Enumérenlas.

   _____

d. Usando como modelo el "Esquema de lo que le ocurrió a un empleado de la compañía de electricidad al ir a medir el contador de una cliente", prepare un esbozo sintetizador de la narración sobre el beisbol. Debe consistir solamente en quince oraciones breves que resuman adecuadamente la esencia del contenido. Recuerde que en este caso el esquema tiene que estar en la primera persona.

1. _____
2. _____
3. _____
4. _____
5. _____
6. _____
7. _____
8. _____
9. _____

10. _____

11. _____

12. _____

13. _____

14. _____

15. _____

e. En parejas, preparen un esquema a base de los esquemas individuales que se elaboraron fuera de clase. Además, seleccionen un título para la narración.

Título: _____

1. _____

2. _____

3. _____

4. _____

5. _____

6. _____

7. _____

8. _____

9. _____

10. _____

11. _____

12. _____

13. _____

14. _____

15. _____

f. En hoja aparte, escriba un resumen preciso en tercera persona de la narración sobre el beisbol. El resumen debe consistir en 150 a 175 palabras. Presente el resumen mecanografiado a doble espacio (letra [*font*] de doce puntos o más).

Instrucciones para la narración con diálogo

Primer paso

1. Proponga un título para una narración sobre un acontecimiento real o inventado.

2. Indique el punto de vista (primera persona o tercera persona) que ha seleccionado para contar la historia, y explique brevemente por qué lo ha escogido.

3. Escriba el esquema de la narración. El esquema debe consistir en por lo menos veinticinco oraciones simples o compuestas. Puede usar como modelo el esquema de la narración titulada "El empleado, el rosal y las avispas" (págs. 208–209). La narración debe incluir diálogo y por lo menos tres oraciones que formen parte del diálogo intercalado deben estar en el subjuntivo. No escriba oraciones demasiado complejas.

Segundo paso

1. Una vez que la profesora o el profesor corrija y les devuelva las veinticinco oraciones, organícelas para formar una narración coherente de aproximadamente 300 a 400 palabras. Puede usar como modelo la narración titulada "El empleado, el rosal y las avispas" (págs. 210–211) o "Una gran tragedia deportiva" (págs. 214–216). Cuando sea necesario, utilice la lista de "Palabras de transición" (págs. 134–135) para enlazar las oraciones de una manera lógica.

2. Entregue la versión preliminar de la narración **mecanografiada a doble espacio.** Utilice una letra (*font*) de **doce puntos** o más.

Tercer paso

1. Después de que la profesora o el profesor revise y le devuelva la versión preliminar de la narración con diálogo, haga todas las correcciones necesarias. Tenga en cuenta las sugerencias del profesor o la profesora.

2. Después de hacer todas las correcciones, entregue la versión final **mecanografiada a doble espacio.** Utilice una letra (*font*) de **doce puntos** o más.

Capítulo

La exposición argumentativa

Temas

- El imperfecto de subjuntivo
- El imperfecto de subjuntivo en oraciones subordinadas
- Introducción a la argumentación
  Novena entrada del cuaderno
- El condicional simple
- El imperfecto de subjuntivo y el condicional en oraciones condicionales
- La exposición
  Décima entrada del cuaderno
- Otros usos del subjuntivo
- *Para y por*
- Estrategias de la comunicación escrita (5)
- La exposición argumentativa
  Instrucciones para la exposición argumentativa

El imperfecto de subjuntivo

En el capítulo anterior se estudió el presente de subjuntivo. Se explicó que el subjuntivo es el modo de la palabra-acción que se emplea para referirse a lo dudoso, lo posible, lo deseado, lo necesario, lo relacionado con las emociones. Al comentar los usos del presente de subjuntivo, se presentó esta forma verbal en oraciones subordinadas para referirse a acciones que ocurren o pueden ocurrir. Por ejemplo, una oración como "Quieren que Elena baile mañana" se refiere a un deseo que, si se realiza, va a ser en el futuro (**mañana**) mientras que una oración como "Dudo que tú tengas hambre en este momento" se refiere a una duda presente (**en este momento**). En este capítulo vamos a aprender a expresar duda, posibilidad, deseo, necesidad, emoción, etc. a base de tres circunstancias: 1) el pasado; 2) el pasado mirando hacia el futuro; 3) condición posible o contraria a la realidad. A continuación se ofrecen ejemplos de las tres circunstancias que se van a aclarar a lo largo del capítulo:

1. El profesor Rosales dudó que yo **estudiara** mucho para el examen.

2. Gilberto y su esposa deseaban que **cenáramos** con ellos el martes que viene.

3. Si nuestro coche **estuviera** roto, lo llevaríamos al mecánico.

El imperfecto de subjuntivo es la forma más común de este modo, o sea, la que se emplea con mayor frecuencia. Se crea por medio de la **tercera persona plural del pretérito absoluto**. Para hallar la base del imperfecto de subjuntivo, se elimina **-ron** de la tercera personal plural del pretérito absoluto y se añade la terminación adecuada. Una característica particular del imperfecto de subjuntivo es que tiene dos terminaciones: **-ra** y **-se**. Para simplificar y evitar errores, es recomendable utilizar consistentemente sólo la forma **-ra**. Ésta es la más común en el español moderno, tanto en el hablado como en el escrito. En el siguiente cuadro se ofrecen ejemplos del imperfecto de subjuntivo de palabras acción que acaban en **-ar**, **-er** e **-ir**.

Infinitivo	3ra persona plural del pretérito	Base de la palabra-acción	Terminaciones del imperfecto del subjuntivo
cant**ar**	ellos canta**ron**	canta →	-ra, -ras, -ra, -ramos, -rais, -ran
		canta →	-se, -ses, -se, -semos, -seis, -sen
com**er**	ellos comie**ron**	comie →	-ra, -ras, -ra, -ramos, -rais, -ran
		comie →	-se, -ses, -se, -semos, -seis, -sen
viv**ir**	ellos vivie**ron**	vivie →	-ra, -ras, -ra, -ramos, -rais, -ran
		vivie →	-se, -ses, -se, -semos, -seis, -sen

Como se observa en el cuadro a continuación, las fórmulas son válidas incluso si las palabras-acción son irregulares (casos de **andar**, **saber** y **decir**):

Infinitivo de la palabra-acción	3ra persona plural del pretérito	Imperfecto del subjuntivo
hablar	hablaron	hablara, hablaras, hablara, habláramos, hablarais, hablaran
		hablase, hablases, hablase, hablásemos, hablaseis, hablasen
beber	bebieron	bebiera, bebieras, bebiera, bebiéramos, bebierais, bebieran
		bebiese, bebieses, bebiese, bebiésemos, bebieseis, bebiesen
existir	existieron	existiera, existieras, existiera, existiéramos, existierais, existieran
		existiese, existieses, existiese, existiésemos, existieseis, existiesen
andar	anduvieron	anduviera, anduvieras, anduviera, anduviéramos, anduvierais, anduvieran
		anduviese, anduvieses, anduviese, anduviésemos, anduvieseis, anduviesen
saber	supieron	supiera, supieras, supiera, supiéramos, supierais, supieran
		supiese, supieses, supiese, supiésemos, supieseis, supiesen
decir	dijeron	dijera, dijeras, dijera, dijéramos, dijerais, dijeran
		dijese, dijeses, dijese, dijésemos, dijeseis, dijesen
pedir	pidieron	pidiera, pidieras, pidiera, pidiéramos, pidierais, pidieran
		pidiese, pidieses, pidiese, pidiésemos, pidieseis, pidiesen

Ejercicio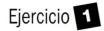

a. Complete los espacios en blanco con la forma correcta del imperfecto de subjuntivo:

1. Era necesario que los chicos _____ (asistir) a clase con regularidad.

2. El médico dudaba que yo _____ (hacer) ejercicios todos los días.

3. La ingeniera insistió en que se _____ (diseñar) mejor el puente.

4. Querían que (nosotros) _____ (marcharse) inmediatamente.

5. Era imposible que el equipo _____ (jugar) peor, pero se las arregló para lograrlo.

6. Sus abuelos deseaban que Luisa _____ (divertirse) mucho en el extranjero.

7. Ojalá que ustedes _____ (saber) todas las respuestas.

8. Lamentaron mucho que (yo) _____ (salir) mal en el examen de anatomía.

9. A su novio le molestó que (ella) _____ (querer) ir al cine con nosotros.

10. ¿Es verdad que preferías que (nosotros) te _____ (servir) langosta?

11. Os recomendé que _____ (coger) otra carretera.

12. Era increíble que (ellos) _____ (tener) tanta mala suerte.

13. Le dije a ese sinvergüenza que _____ (irse) enseguida de mi casa.

14. El maestro os rogó que vosotros _____

    (portarse) mejor.

15. Nunca sospeché que Arturo me _____ (ser) infiel.

16. La tía le pidió a su sobrina que no _____

    (andar) descalza por la calle.

17. El mesero nos dijo que esperaba que _____

    (comer) bien.

18. Me imagino que él quería que (nosotros) le _____

    (dar) una buena propina.

b. De acuerdo con el modelo, forme oraciones complejas con las frases que se le facilitan. Note que la oración subordinada tiene que estar en el subjuntivo:

MODELO: Sus amigos deseaban. / Herminia los acompañó.

   R.: *Sus amigos deseaban que Herminia los acompañara.*

1. Me pareció increíble. / Tú saliste mal en el examen.

    _____

2. Vuestros padres os rogaron. / Condujisteis con cuidado.

    _____

3. Dudábamos. / El tren llegó a tiempo.

    _____

4. Le pedí a mi tía Claudia. / Me hizo un favor.

    _____

5. Al árbitro no le gustaba. / Los jugadores se quejaban siempre.

    _____

6. Fue imperdonable. / Dormimos mal en ese hotel tan caro.

    _____

El imperfecto de subjuntivo en oraciones subordinadas

El imperfecto de subjuntivo se usa en las oraciones subordinadas del mismo modo que el presente de subjuntivo. La diferencia entre ambos tiempos es que si el presente de subjuntivo apunta al presente o al futuro en relación con la palabra-acción o la expresión que aparece en la cláusula principal, el imperfecto de subjuntivo se refiere al pasado, a un presente o futuro visto desde el pasado o hasta a un pasado contemplado desde el presente. En los cuadros que siguen se explican las relaciones temporales más frecuentes que determinan el uso del presente de subjuntivo o del imperfecto de subjuntivo en la oración subordinada.

¡OJO!

Hay muchas otras posibilidades. Estas son sólo las más frecuentes.

El presente de subjuntivo	
Cláusula principal	*que + cláusula subordinada*
Presente de indicativo El perro quiere . . .	**que + presente de subjuntivo → acción futura** que lo saquemos a pasear.
*****	*****
Presente de indicativo La profesora Rovira no cree . . .	**que + presente de subjuntivo → acción presente** que estudiemos lo suficiente cada día.
Futuro de indicativo o ir a + infinitivo Nos vamos a alegrar de . . .	**que + presente de subjuntivo → acción futura** que se termine el año escolar.
Pretérito (presente) perfecto de indicativo Luisa y su esposo han exigido . . .	**que + presente de subjuntivo → acción futura** que los tratemos con más consideración.
*****	*****
Pretérito (presente) perfecto de indicativo El médico ha dudado . . .	**que + presente de subjuntivo → acción presente** que mi padre se cuide lo suficiente.
Mandato Díganles a sus amigos . . .	**que + presente de subjuntivo → acción futura** que se porten bien en la fiesta.
Expresión impersonal Es probable . . .	**que + presente de subjuntivo → acción presente** que Luisa no sepa bailar.
Expresión impersonal Es posible . . .	**que + presente de subjuntivo → acción futura** que el partido empiece bastante más tarde.

En el segundo cuadro se aclaran los nexos temporales más frecuentes cuando se emplea el imperfecto de subjuntivo en una cláusula subordinada.

El imperfecto de subjuntivo	
Cláusula principal	*que + cláusula subordinada*
Pretérito absoluto de indicativo	**que + imperfecto de subjuntivo → acción pasada**
Nos sorprendió . . .	que el chico gritara de ese modo.
*****	*****
Pretérito absoluto de indicativo	**que + imperfecto de subjuntivo → futuro del pasado**
Mis padres le rogaron a mi hermana . . .	que los visitara para la navidad.
Imperfecto de indicativo	**que + imperfecto de subjuntivo → acción pasada**
El abogado dudaba . . .	que su cliente le dijera toda la verdad.
*****	*****
Imperfecto de indicativo	**que + imperfecto de subjuntivo → futuro del pasado**
Los niños deseaban . . .	que los Reyes Magos les trajeran muchos regalos.
Presente de indicativo	**que + imperfecto de subjuntivo → acción pasada**
Espero . . .	que no le mintieran al juez.
Pluscuamperfecto de indicativo	**que + imperfecto de subjuntivo → futuro del pasado**
Su tía le había pedido a René . . .	que le comprara algo en Francia.
Expresión impersonal	**que + imperfecto de subjuntivo → acción pasada**
Es probable . . .	que nadie supiera la verdad.
Expresión impersonal	**que + imperfecto de subjuntivo → futuro del pasado**
Fue insólito . . .	que los Pérez se sacaran la lotería dos veces.

En el tercer cuadro se contrasta el uso del presente de subjuntivo y del imperfecto de subjuntivo después de palabras-enlace que sugieren modo, condición o tiempo.

Contraste entre el presente de subjuntivo y el imperfecto de subjuntivo	
Cláusula principal	*que + cláusula subordinada*
Presente de indicativo	**aunque + presente de subjuntivo → irrealidad, proyección futura**
Voy a viajar por toda Latinoamérica . . .	aunque no tenga mucho dinero.
*****	*****
Imperfecto de indicativo	**aunque + imperfecto de subjuntivo → irrealidad, proyección futura vista desde el pasado**
Iba a viajar por toda Latinoamérica . . .	aunque no tuviera mucho dinero.
Presente de indicativo	**cuando + presente de subjuntivo → posibilidad o proyección futura**
Piensan hablar con el jefe . . .	cuando sea posible.
*****	*****
Imperfecto de indicativo	**cuando + imperfecto de subjuntivo → posibilidad o proyección futura vista desde el pasado**
Pensaban hablar con el jefe . . .	cuando fuera posible.
Presente de indicativo	**para que + presente de subjuntivo → proyección futura**
Compran los libros . . .	para que ustedes los lean.
Pretérito absoluto de indicativo	**para que + presente de subjuntivo → proyección futura vista desde el pasado.**
Compraron los libros . . .	para que ustedes los leyeran.

🔎 **¡OJO!**

Recuerde que con ciertas palabras-enlace que indican condición, tiempo o modo, se puede usar el indicativo para referirse a resultado o norma. Esto ocurre lo mismo en el presente que en el pasado. En caso de duda, revise la explicación del capítulo 4, página 182.

Ejercicio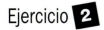

a. Cambie el presente de subjuntivo al imperfecto de subjuntivo de acuerdo con el modelo:

Modelo: El médico desea que el paciente se cuide más.

R.: El médico deseaba que el paciente *se cuidara* más.

1. Nuestra profesora duda que Alicia tenga cuatro novios.

   Nuestra profesora dudaba que Alicia _____ cuatro novios.

2. Vuestros amigos lamentan que estéis enfermos.

   Vuestros amigos lamentaban que _____ enfermos.

3. Mi padre insiste en que mi hermana conduzca más lentamente.

   Mi padre insistió en que mi hermana _____ más lentamente.

4. Es increíble que los vendedores nos llamen tanto a la hora de comer.

   Era increíble que los vendedores nos _____ tanto a la hora de comer.

5. Compran una pala nueva en caso de que nieve mucho este invierno.

   Compraron una pala nueva en caso de que _____ mucho ese invierno.

6. Busco a alguien que sepa la dirección del Museo de Arte Románico de Soria.

   Buscaba a alguien que _____ la dirección del Museo de Arte Románico de Soria.

7. El ingeniero nos recomienda que reparemos el puente.

   El ingeniero nos recomendó que _____ el puente.

8. No nos pensamos despertar hasta que suene la alarma del despertador.

   No nos pensábamos despertar hasta que _____ la alarma del despertador.

Alerta 55

Como norma, **nunca** se emplea el presente de subjuntivo en la cláusula subordinada después de cualquier tiempo pasado en la cláusula principal. O sea, no se dice: ***Quería que llegue a tiempo**. Se dice: **Quería que llegara a tiempo**.

b. Complete los espacios en blanco con la forma correcta del presente de subjuntivo o del imperfecto de subjuntivo de acuerdo con el contexto:

1. Es probable que (yo) _____ (sacar) buenas notas el próximo semestre.

2. Se alegraron de que su hija no _____ (lesionarse) seriamente en el partido de hockey sobre hielo.

3. La profesora dijo que prefería que (nosotros) _____ (escribir) a máquina todas las composiciones.

4. Hay que recordar que tu padre trabajó mucho para que _____ (poder) asistir a la universidad.

5. Queremos que Eduardo y tú _____ (venir) a la fiesta esta noche.

6. Vamos a sugerirle al cocinero que no le _____ (echar) tanta sal a la sopa de plátano.

7. Nos entristeció mucho que _____ (perderse) el perro de Mariola ayer.

8. El peluquero dudaba que yo _____ (tener) suficiente dinero para pagarle. Por eso no me cortó el pelo.

9. Seguro que tan pronto como vosotros _____ (sacarse) la lotería, vais a comprar un yate.

10. Lamentaron mucho que (yo) _____ (salir) mal en el examen de anatomía.

11. ¿Es verdad que cuando estudiabas en el instituto tus padres exigieron que no _____ (ponerse) un arete en la lengua?

12. Parece mentira que los clientes de este restaurante siempre

_____ (tratar) tan mal a los meseros.

13. Alfonso nunca contestaba a menos que _____ (saber)

la respuesta.

c. De acuerdo con el modelo, forme oraciones complejas con las frases que se le facilitan. Noten que la oración subordinada tiene que estar en el imperfecto de subjuntivo.

MODELO: Mis amigos deseaban. / Los acompañé.

    R.: *Mis amigos deseaban que los acompañara.*

1. El médico dudaba. / Yo me cuidaba lo suficiente.

    _____

2. La esposa de Jaime quería. / Ellos viajaron a Bolivia.

    _____

3. Era posible. / La computadora no funcionaba bien.

    _____

4. Vuestros padres os rogaron. / Condujisteis con cautela.

    _____

5. A mi conejito Pilín no le gustaba. / Le daba comida de perros.

    _____

6. Fue lamentable. / Tú no fuiste al baile.

    _____

Introducción a la argumentación

Discutir es una actividad normal entre los seres humanos. Consiste básicamente en enfrentar nuestras ideas sobre un asunto a las de otra persona u otras personas. Las discusiones pueden ser amistosas y racionales, pero también pueden ser apasionadas y hasta violentas de acuerdo con el tema, con nuestras emociones y con el entusiasmo conque exponemos las ideas. Por lo general, las discusiones son verbales, o sea, forman parte de la conversación diaria. A veces, sin embargo, discutimos por escrito. Ese tipo de escrito se llama argumentación.

Ejercicio 3

a. En muchos países del mundo, la edad mínima para conducir es de veintiún años. Se considera que sólo a partir de esa edad los hombres y las mujeres poseen la madurez suficiente para conducir con responsabilidad y respetar las leyes de tránsito. Por eso, algunos proponen que la edad mínima para conducir en los Estados Unidos se suba a los veintiún años. En parejas, anoten cinco argumentos a favor de esta propuesta. Luego, anoten cinco argumentos en contra de ella.

Ideas a favor

1. _____
2. _____
3. _____
4. _____
5. _____

Ideas en contra

1. _____

2. _____

3. _____

4. _____

5. _____

b. De acuerdo con las instrucciones del profesor o de la profesora, divídanse en grupos para discutir la propuesta de que la edad mínima para conducir en los Estados Unidos se suba a los veintiún años. Los grupos deben formarse para potenciar el debate; es decir, ciertos miembros del grupo van a asumir la posición afirmativa mientras que otros tienen que asumir la negativa. Antes de que comience el debate, el grupo mismo debe nombrar a una jueza o a un juez. Esta persona es responsable de evaluar la discusión y, al final, debe comunicar su veredicto al grupo y a los otros miembros de la clase, resumiendo los puntos de vista expuestos que determinaron la decisión.

Novena entrada del cuaderno

En aproximadamente **150 a 200 palabras**, explíquele a un amigo o a una amiga su punto de vista sobre el siguiente tema: Debe prohibirse el hablar por teléfono móvil (teléfono celular) mientras uno conduce. A continuación se incluye un modelo relacionado más o menos con el tema.

Favor de no hablar por teléfono móvil en público

Hoy en día, es imposible caminar por una universidad, un aeropuerto o un centro comercial sin observar a alguien que habla por teléfono móvil. Así, muchas conversaciones indiscretas se hacen públicas. En más de una oportunidad he oído a una persona que anda junto a mí discutir problemas económicos o hablar mal de la gente o hasta revelar serios problemas amorosos. Todo eso me hace sentir incómoda. Es increíble que los seres humanos sean tan egoístas y tengan tan poco respeto por el espacio personal de los demás. En ocasiones he llegado a pensar que alguien se dirige a mí debido a su proximidad y a que habla en voz demasiado alta. Hasta ahora no he participado en ninguno de estos monólogos telefónicos. Sólo sé que me ponen muy furiosa. Uno de estos días es probable que interrumpa alguna conversación para expresar mi parecer sobre el tema discutido.

Esta preocupación mía me lleva a proponer esto: hay que prohibir el hablar por teléfono móvil mientras se circula por los lugares públicos. Dudo que haya tanta necesidad de hablar en presencia de otros. Debemos respetar el derecho de los demás y encontrar sitios privados para conversar por el móvil. (Total: 198 palabras)

El condicional simple

El condicional (forma **-ría** de la palabra acción) indica lo que debe pasar (*would happen*). Las formas regulares del condicional se adaptan a la siguiente fórmula:

Infinitivo de la palabra-acción	Terminación (-ía/-ías/-ía/-íamos/-íais/-ían)
bailar	(yo) bailar**ía**
	(tú) bailar**ías**
	(él, ella, usted) bailar**ía**
	(nosotros) bailar**íamos**
	(vosotros) bailar**íais**
	(ellos, ellas, ustedes) bailar**ían**
beber	(yo) beber**ía**
	(tú) beber**ías**
	(él, ella, usted) beber**ía**
	(nosotros) beber**íamos**
	(vosotros) beber**íais**
	(ellos, ellas, ustedes) beber**ían**
vivir	(yo) vivir**ía**
	(tú) vivir**ías**
	(él, ella, usted) vivir**ía**
	(nosotros) vivir**íamos**
	(vosotros) vivir**íais**
	(ellos, ellas, ustedes) vivir**ían**

Algunas palabras-acción son irregulares tanto en el condicional como en el futuro. Estos son algunos ejemplos de uso frecuente:

poner	pon**dría**, pon**drías**, pon**dría**, pon**dríamos**, pon**dríais**, pon**drían**
hacer	ha**ría**, ha**rías**, ha**ría**, ha**ríamos**, ha**ríais**, ha**rían**
decir	di**ría**, di**rías**, di**ría**, di**ríamos**, di**ríais**, di**rían**
tener	ten**dría**, ten**drías**, ten**dría**, ten**dríamos**, ten**dríais**, ten**drían**
salir	sal**dría**, sal**drías**, sal**dría**, sal**dríamos**, sal**dríais**, sal**drían**
venir	ven**dría**, ven**drías**, ven**dría**, ven**dríamos**, ven**dríais**, ven**drían**
querer	quer**ría**, quer**rías**, quer**ría**, quer**ríamos**, quer**ríais**, quer**rían**
caber	cab**ría**, cab**rías**, cab**ría**, cab**ríamos**, cab**ríais**, cab**rían**
haber	hab**ría**, hab**rías**, hab**ría**, hab**ríamos**, hab**ríais**, hab**rían**
valer	val**dría**, val**drías**, val**dría**, val**dríamos**, val**dríais**, val**drían**
saber	sab**ría**, sab**rías**, sab**ría**, sab**ríamos**, sab**ríais**, sab**rían**
poder	pod**ría**, pod**rías**, pod**ría**, pod**ríamos**, pod**ríais**, pod**rían**

Ejemplos:

Yo no comería esa manzana.	*I would not eat that apple.*
Comprarían el carro, pero dicen que no tienen suficiente dinero.	*They would buy the car, but they say that they do not have enough money.*
René le dijo al profesor que se examinaría al día siguiente.	*René told the professor that he would take the exam the following day.*

Alerta 56

Es importante recordar que cuando *would* se utiliza en inglés para referirse a una acción repetida o habitual, hay que usar el imperfecto en español. **Ejemplos:** *They would go to the movies every Sunday* → Iban al cine todos los domingos; *We would eat often at that restaurant* → Comíamos con frecuencia en ese restaurante.

b. El condicional también se emplea para expresar probabilidad en el pasado:

Ejemplos:

El perro tendría mucha sed.	*The dog was probably very thirsty.*
Me imagino que irían a España en avión.	*I imagine that they probably traveled to Spain by plane.*
¿Qué hora sería cuando llegó él?	*What time could it have been when he arrived?*

Ejercicio 4

a. Complete los espacios en blanco con la forma correcta del condicional simple:

1. ¿Te _____ (gustar) cenar conmigo esta noche?

2. De ser posible, (nosotros) _____ (querer) salir para eso de la una.

3. ¿Vosotros _____ (hacer) lo que os pidiéramos?

4. Yo no _____ (cantar) en público nunca.

5. La maestra dijo que (ella) _____ (escribir) los ejercicios en la pizarra.

6. Estoy seguro de que la tía Sagrario _____ (ponerse) esa falda amarilla con una blusa naranja.

7. De estar enfermo, (tú) _____ (tener) fiebre.

8. Ustedes jamás me _____ (decir) mentiras, ¿verdad?

9. Mira, Hilda, la verdad es que yo no _____ (salir) con ese primo tuyo.

b. Cambie la frase con **el pretérito o el imperfecto** + *posiblemente* por el condicional de probabilidad:

Modelo: Posiblemente le escribió a su mamá.

    R.: *Le escribiría a su mamá.*

1. Tatiana y Erik posiblemente se enamoraron en 1999 ó 2000.

   _____

2. Posiblemente tú estabas duchándote cuando sonó el teléfono.

   _____

3. El perro de mi vecino posiblemente empezó a ladrar a las tres de la madrugada.

   _____

4. Me imagino que yo posiblemente me encontraba en el trabajo a esa hora.

   _____

5. Supongo que mi hermano y yo posiblemente leímos esa novela cinco veces.

   _____

El imperfecto de subjuntivo y el condicional en oraciones condicionales

- El condicional se usa para formar la siguiente construcción: **si** + **-ra/-se**, **-ría**.

  Ejemplos:

Si tuviera dinero, iría al cine.	*If I had money, I would go to the movies.*
Si dejara de llover, jugaríamos al golf.	*If it would stop raining, we would play golf.*
Nos llamarían si supieran algo.	*They would call us if they knew anything.*

- La construcción **si** + **-ra/-se**, **-ría** se usa para expresar irrealidad o la poca posibilidad de que una acción se realice. Es importante tener presente que se puede usar **si** con otros tiempos de la palabra-acción (el presente de indicativo, el pretérito, el imperfecto, etc.), pero en esos casos no se acentúa la irrealidad.

  Ejemplos:

  a. Si tuviera hambre, comería. (Se implica que la persona que habla no tiene hambre; o sea, se señala la irrealidad del hecho de tener hambre.)

  b. Si fueras más inteligente, sacarías mejores notas. (Se pone en duda la realidad de que la persona con quien se habla sea muy inteligente.)

  c. Me casaría con Beatriz si fuera tan rica como Oprah Winfrey. (Se pone en duda la realidad de que Beatriz sea tan rica como Oprah Winfrey.)

Alerta 57

Nunca, nunca, nunca se usa el presente de subjuntivo despues de **si**; o sea, es imposible decir *Si tenga tiempo, iría a la discoteca. Hay que escribir, **Si tuviera tiempo, iría a la discoteca**. Tampoco se pueden usar después de **si** los siguientes tiempos: pretérito (presente) perfecto de subjuntivo (**haya** + **-ado/-ido**), futuro de indicativo (**cantaré, comeré, viviré**, etc.), futuro perfecto de indicativo (**habré** + **-ado/-ido**).

- Con **como si** (*as if*) se usa el imperfecto de subjuntivo para referirse al pasado, al presente o al futuro:

  Ejemplos:

  a. Se expresa como si estuviera enojado. (*He talks as if he were angry.*) (En este momento, o sea, en el presente.)

  b. Ayer lo saludé como si lo conociera. (*Yesterday I greeted him as if I knew him.*) (En el pasado.)

  c. Te garantizo que la abogada nos va a tratar como si fuéramos tontos. (*I guarantee that the lawyer will treat us as if we were fools.*) (En el futuro.)

Ejercicio 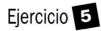 5

a. Complete los espacios en blanco con una de las formas que se ofrecen en la segunda parte del cuadro. Observe que no siempre hay que usar el condicional o el imperfecto de subjuntivo. Todo depende del contexto:

Oración condicional	Opciones
1. Si Paco fumara menos, no _____ tanto.	a. tose b. tosería
2. Si _____ temprano al centro, encontrarías aparcamiento.	a. llegas b. llegaras
3. Si tengo hambre, _____ por Burger King.	a. paso b. pasaría
4. Si _____ a México, visitaríamos Chichen-Itzá.	a. viajáramos b. viajábamos
5. El hombre gritaba como si _____ loco.	a. estuviera b. estaba
6. Si los chicos llegaban tarde a clase, la señorita Lourdes los _____.	a. castigaría b. castigaba
7. Si no miraras tanto la televisión, _____ más.	a. estudias b. estudiarías

b. Forme oraciones condicionales (**si** + **-ra**, **-ría**), uniendo las ideas que se ofrecen abajo:

Modelo: Tengo sed./Bebo agua.   **R.:** *Si tuviera sed, bebería agua.*

1. Andas más rápido./Llegas a tiempo a clase.

   _____

2. Ester sabe la verdad./Se molesta conmigo.

   _____

3. Rompéis los platos favoritos de mamá./Nunca os deja usarlos nuevamente.

   _____

4. No dormimos ocho horas cada noche./Estamos siempre cansados.

   _____

5. Julián se pone la corbata roja, verde y violeta./Se ve muy ridículo.

   _____

6. Tus hermanos comen menos./Adelgazan rápidamente.

_____

7. Voy al cine todos los fines de semana./No tengo dinero para comprar un coche nuevo.

_____

8. Usted se enferma./Debe ir al médico.

_____

c. Escriba frases completas con *si* + **imperfecto de subjuntivo o el condicional simple** para completar los espacios en blanco:

1. Si tuviera un millón de dólares, _____.

2. _____, te diría la verdad.

3. Si tuviera que bailar, _____.

4. _____, hablaría con ellos.

5. Si fuera la profesora de esta clase, _____.

6. _____, iríamos a la India.

7. Tú hablas como si _____.

d. Caja de sorpresas. Cada estudiante va a escribir **su propia oración condicional** en dos hojas de papel. La primera parte de cada oracion (**si** + **-ra**) debe escribirse en una hoja, mientras que la segunda parte (la que incluye el condicional simple) debe escribirse en otra. Cuando terminen, deben colocarse los fragmentos con **si** + **-ra** en la caja de sorpresas designada **A** y los fragmentos con el condicional simple en la caja designada **B**. Después, siguiendo el orden indicado por la profesora o el profesor, cada estudiante va a ir escogiendo fragmentos en las cajas de sorpresas. Cuando todos los estudiantes tengan fragmentos, los van a leer ante la clase en la forma de oraciones condicionales.

La exposición

Exponer es expresar ideas en prosa de manera coherente y precisa. Estos escritos tienen como objetivo informar, discutir, valorar, resumir, sugerir, explicar, etc. En contraste con la descripción y la narración, la exposición exige un orden mucho más fijo, más pensado, pues lo importante es que el texto proceda de manera lógica. Por lo general, consta de una serie indefinida de párrafos presentados por uno inicial que incluye la tesis o idea principal. Este tipo de texto exige también una conclusión que enlace las ideas expuestas en los otros párrafos y que, al mismo tiempo, repita la tesis.

Ejercicio 6

a. En parejas, consideren los siguientes temas y escriban cinco ideas que ustedes compartan sobre cada uno:

El fútbol norteamericano en las universidades de los Estados Unidos

1. _____

2. _____

3. _____

4. _____

5. _____

Los concursos de belleza

1. _____

2. _____

3. _____

4. _____

5. _____

La importancia de conocer otros países y culturas

1. _____

2. _____

3. _____

4. _____

5. _____

b. Ahora, en parejas, seleccionen uno de los tres temas y contesten las siguientes preguntas:

1. Si ustedes tuvieran que escribir una exposición sobre este tema, ¿cuál sería el título?

   _____

2. ¿Cuál sería la tesis o idea central?

   _____

3. ¿Cuáles serían tres ideas que ustedes usarían para apoyar la tesis?

   _____

   _____

   _____

4. ¿Cuál sería la conclusión?

   _____

Décima entrada del cuaderno

En aproximadamente **150 a 200 palabras** exponga sus ideas sobre uno de los siguientes temas que se discutieron en clase: 1) El fútbol norteamericano en las universidades de los Estados Unidos; 2) Los concursos de belleza; 3) La importancia de conocer otros países y culturas. Recuerde que el escrito tiene que consistir en una tesis o idea central, en por lo menos un párrafo de apoyo y en una conclusión. A continuación se incluye un modelo basado en otro tema semejante. Note que se ha señalado la tesis o idea central.

Por qué fuman los jóvenes

A pesar de que el gobierno y la Liga contra el Cáncer realizan campañas constantes contra el tabaquismo, _muchos jóvenes se hacen adictos al tabaco a muy temprana edad_. La gente se pregunta por qué se inician en este vicio. Aunque nadie posea una respuesta definitiva, los expertos coinciden en que los jóvenes fuman sobre todo por dos razones.

Primero, con frecuencia el enviciamiento se debe al influjo de las amistades. Los muchachos y muchachas de trece o catorce años sienten una gran necesidad de pertenecer a grupos sociales. Si estos compañeros insisten en que fumen, los jóvenes suelen probar el tabaco.

Segundo, los adolescentes tambien experimentan con el cigarrillo para que sus amigos los admiren por su rebeldía e individualidad. Se imaginan que el fumar los hace parecer mayores y más independientes. Mediante este vicio quieren demostrar que ya sus padres no los controlan. Desean que todos sepan que pronto van a romper las barreras del hogar.

Desgraciadamente, por las dos razones mencionadas los jóvenes adquieren un hábito muy feo y perjudicial. Es posible que este enviciamiento los acompañe la vida entera porque dejar de fumar es mucho más difícil que comenzar a hacerlo. (Total: 198 palabras)

Otros usos del subjuntivo

Aunque el subjuntivo se usa casi siempre en oraciones subordinadas o condicionales, hay algunas excepciones como las dos que aparecen abajo y que son muy frecuentes.

■ Se usa el subjuntivo con las expresiones **quizá** o **quizás**, **tal vez** y **acaso** cuando el hablante quiere acentuar la duda o la posibilidad. Por el contrario, se usa el indicativo cuando hay menos duda. Observe que **quizá** o **quizás**, **tal vez** y **acaso** significan exactamente lo mismo. Por eso en cada uno de los ejemplos es posible utilizar cualquiera de esas expresiones.

Ejemplos:

a. No tengo reloj, pero **quizá (quizás, acaso, tal vez) sean** las nueve de la noche. (El hablante tiene duda.)

b. **Acaso** (**quizá** o **quizás, tal vez**) el coche **estaba** roto. (El hablante está bastante seguro de lo que sugiere.)

c. **Tal vez** (**acaso, quizá** o **quizás**) no **tuviera** dinero y por eso no quiso viajar con nosotros a Canadá. (El hablante tiene duda.)

■ **Quisiera, debiera** y **pudiera** se usan a veces como fórmulas de cortesía que no tienen valor subjuntivo. En efecto, se pueden sustituir por el condicional simple y a veces por el presente de indicativo o el imperfecto de indicativo. La fórmula con **-ra** se considera la más cortés de todas.

Ejemplos:

a. ¿**Pudiera** (**podría, puede, podía**) usted decirme dónde está el Museo del Prado?

b. No les dijimos nada porque no **quisiéramos** (**querríamos, queremos, queríamos**) ofenderlos.

c. **Debieras** (**deberías, debes, debías**) tratar con más respeto a tus mayores.

Ejercicio 7

a. Conteste las preguntas de acuerdo con las indicaciones. Utilice el subjuntivo cuando hay duda y el indicativo cuando hay menos duda.

Modelo: ¿Qué fruta prefiere Migdalia? (mango; acaso) [duda]

Acaso prefiera el mango.

1. ¿Qué hora es? (las dos y pico; tal vez) [duda]

   _____

2. ¿Cuántos años tenía don Ignacio cuando murió? (setenta o setenta y dos; quizás) [duda]

   _____

3. ¿Cuándo salió el avión para Cancún? (acaso; a las cuatro) [menos duda]

   _____

4. ¿Qué equipo de béisbol va a ganar la Serie Mundial este año? (tal vez; los Yanquis) [duda]

   _____

5. ¿Cuánto cuesta un coche eléctrico? (quizá; treinta mil dólares) [menos duda]

   _____

b. Haga preguntas para las respuestas que se le facilitan, utilizando la forma **-ra** para expresar cortesía:

Modelo: Sí, debo llamar con más frecuencia a mi abuela.

    R.: *¿No debieras llamar con más frecuencia a tu abuela?*

1. No, no quiero ir al cine contigo.

    _____

2. Sí, podemos abrir la tienda mañana.

    _____

3. Sí, los alumnos deben esforzarse más.

    _____

4. Sí, ellos quieren visitar Honduras.

    _____

c. En parejas, creen oraciones originales de acuerdo con las instrucciones:

1. tal vez [duda]

    _____

2. quisiéramos [cortesía]

    _____

3. quizás [menos duda]

    _____

4. debieran [pregunta cortés]

    _____

5. acaso [duda]

    _____

6. pudierais [pregunta cortés]

    _____

Para y por

Las palabras indicadoras (preposiciones) **para** y **por** presentan problemas especiales para el angloparlante porque en inglés *for* tiene casi todos los valores que éstas expresan en español. En términos generales, **para** indica el fin, el propósito, el destino, el uso o la meta de una acción. **Por** señala la causa, el motivo o la razón de una acción.

Para

Para	idea básica de finalidad o destino

En su sentido más amplio, **para** indica **destino** o **fin**. Conviene pensar en una flecha (→) que apunta hacia un objetivo concreto.

Ejemplos:

a. Vamos **para** → Boston. (con dirección a; destino)

b. Marcos estudia **para** → ingeniero. (finalidad; objetivo)

c. Trabaja horas extra **para** → pagarle los estudios a su hijo. (con el fin de; objetivo)

d. Este bolso es un regalo **para** → mi madre. (está destinado a)

e. La caja verde es sólo **para** → ropa, no **para** → zapatos. (está destinada a)

De acuerdo con esta idea general, **para** tiene significados más específicos:

Propósito	*in order to*

a. Estudio mucho **para** sacar buenas notas.

b. Hablaron con la profesora **para** explicarle sus dificultades.

c. **Para** preparar una buena paella marinera, hay que tener muchas gambas y calamares.

Movimiento en una dirección específica	*toward*

a. Mis padres salieron **para** Inglaterra.

b. Nos vamos a mudar **para** el este.

c. ¿A qué hora pensabais marcharos **para** la fiesta?

Indica un plazo determinado o un momento futuro en el tiempo que el hablante siente que es definido	*deadline or precise moment in time*

a. El examen es **para** el martes.

b. Luis y María quieren casarse **para** octubre de 2007.

c. Hay que entregar el trabajo **para** mañana.

Para indicar en la opinión de	*according to; in someone's opinion*

a. **Para** mí que el médico no sabe lo que dice.

b. **Para** Josefa y Elena, todos los hombres son tontos.

Indica el recipiente o el destinatario	*the one for whom something is intended*

a. La carta es **para** Luisito.

b. El hueso es **para** el perro de mi tía.

Función o propósito de algo; utilidad	*purpose*

a. Esta taza es **para** té, no **para** jabón.

b. ¡Silencio! Las bibliotecas son **para** estudiar.

Comparación	*for; considering*

a. La niña está bastante alta **para** su edad.

b. **Para** ser norteamericano, baila muy bien la salsa.

Indica capacidad	*having room for; having capacity for*

a. Es una plaza de toros **para** cinco mil personas.

b. Queremos una mesa **para** cuatro.

Estar para + (**infinitivo**) **indica que una acción está a punto de ocurrir**	*action about to take place*

a. El autobús **está para** salir.

b. La familia **estaba para** comer cuando llegó la visita.

Trabajar para + (**persona o lugar**) **señala el individuo o la empresa que contrata a alguien**	*employer*

a. Arturo **trabaja para** Armando.

b. Nosotros **trabajamos para** PÉMEX.

Expresiones o frases hechas con **para** que son de uso común	
para siempre	Lo voy a recordar para siempre.
estar para chuparse el dedo	El pastel estaba para chuparse el dedo.
no ser para tanto	No te preocupes porque se rompió el plato, pues no es para tanto.
como para + (infinitivo)	La película estaba como para salir corriendo del cine.
no estar para bromas	El jefe de Carlos no estaba para bromas porque la compañía había perdido mucho dinero ese mes.
haber (. . .) para todos los gustos	La verdad es que hay gente para todos los gustos, pero tú no le caes nada bien a Arístides.

Por

Por	idea básica de motivo, causa

En su sentido más amplio, **por** expresa la causa, el motivo o la razón de una acción. Conviene pensar en una flecha circular — ↻ — que apunta hacia la causa, la fuente de la acción: Vine **por** ↻ ti. La gente trabaja **por** ↻ necesidad.

Ejemplos:

a. Llegamos tarde a casa **por** ⟳ el tráfico. (a causa de; por motivo de)

b. La puerta de la jaula se dejó abierta **por** ⟳ descuido, y el león del circo se escapó, sembrando el pánico entre la población. (a causa de; por motivo de)

c. Gladys llamó para decir que no podrá venir a trabajar hoy **por** ⟳ hallarse enferma. (por motivo de)

d. No tiene amigos **por** ⟳. su mal genio (a causa de; por motivo de)

e. Se casó con él **por** ⟳ interés y no **por** ⟳ amor. (a causa de; por motivo)

Alerta 58

Si se enlazan dos oraciones distintas (**sujeto** + **verbo conjugado**) con el objeto de indicar que una acción es causada por otra acción, no se usa **por** sino **porque**.
Ejemplos: Me voy porque tengo que comer (*I am leaving because I have to eat*); Cantaron porque tenían ganas de hacerlo (*They sang because they felt like it*).

Por puede tener también otros valores:

Se usa para indicar qué o quién se beneficia de la acción verbal	*on behalf of, for the sake of*

a. Sé que Margarita haría cualquier cosa **por** mí.

b. Los soldados creían que luchaban **por** su patria, pero en realidad luchaban **por** los intereses de unos pocos.

Con ciertos verbos, indica *en busca de* o *a comprar*	*in search of*

a. Nos mandaron a la tienda **por** pan y azúcar.

b. Oscar, ve **por** un pupitre al salón de enfrente.

c. El hermano de Gladys siempre pregunta **por** ti.

Alerta 59

Recuerde que *to ask for* expresa ideas diferentes que se traducen al español por medio de las palabras-acción **pedir** y **preguntar**. Cuando *to ask for* significa *to request expecting something in return*, se usa **pedir. Ejemplos:** Le pedí más agua al mesero; Tus padres querían que le pidieras ayuda a tu profesor de matemáticas. Cuando *to ask for* significa *to ask about* o *to ask to speak to*, se usa **preguntar por. Ejemplos:** Llamé a la casa de los Rosales y pregunté por Elena; Cuando Jaime y Dolores supieron que la tía Sagrario estaba enferma, pasaron por el hospital para preguntar por ella.

Indica *en lugar de*, o sea, equivalencia o sustitución	*instead of, in place of*

a. A la pobre Julia le dieron gato **por** liebre.

b. Chicos, su profesora no ha podido venir hoy, así que yo daré la clase **por** ella.

c. Como sois menores de edad, vuestros padres pueden firmar estos documentos **por** vosotros.

d. Salúdale **por** mí cuando lo veas.

Expresa lugar de manera vaga. Por ejemplo, indica movimiento a través de un espacio o movimiento indiscriminado	*through; along; around*

a. Llegarás más pronto si vienes **por** el parque.

b. Tuvimos que entrar **por** la puerta de atrás porque la del frente estaba cerrada con llave.

c. Nos gusta pasear **por** el sendero que conduce a la fuente.

d. Me crucé con Elena cuando iba **por** la calle Velázquez, rumbo a su casa.

e. Pues supongo que el señor Gutiérrez estará **por** la oficina, porque no está en su residencia.

f. El avión voló **por** encima de la ciudad.

Expresa tiempo de manera vaga. Por ejemplo, indica duración; es decir, se refiere al tiempo durante el cual se realiza una acción. También se usa para referirse a un tiempo aproximado o indeterminado en el que ocurre o va a ocurrir una acción	*for + time; around + time; during + time*

a. Trabajaron sólo **por** dos o tres horas.

b. Ha sido conserje en esta escuela **por** más de diez años.

c. Eso ocurrió **por** los años ochenta.

d. Supongo que el festival tendrá lugar **por** julio o agosto.

Indica multiplicación en fórmulas matemáticas	*times*

a. Cuatro **por** cinco son veinte.

b. Tres **por** tres son nueve.

Indica a cambio de	*in exchange for*

a. Le pagamos ciento veinte mil dólares **por** la casa.

b. Te cambio esta blusa nueva **por** tus pantalones verdes.

Indica el agente en la voz pasiva (sujeto de pasiva + *ser* + participio pasivo + *por* + agente)	*by*

a. Los libros fueron vendidos **por** Carlos.

b. La casa fue hecha **por** unos carpinteros catalanes.

Indica modo o medio	*manner, by means of*

a. Vinimos **por** carretera.

b. Le mandaron el regalo **por** correo.

c. Lo llamaron **por** teléfono de la estación de policía.

d. Van a pasar **por** televisión la última película de Almodóvar.

Con verbos como *estar* y *quedar*, indica algo que no se ha hecho o que está en el proceso de realizarse	*almost; trying to; etc.*

a. Me queda mucho trabajo **por** hacer.

b. El avión todavía está **por** llegar.

c. El coche está **por** arrancar.

Significa *per*	*per hour; per day; etc.*

a. El coche anda a ciento veinte kilómetros **por** hora.

b. Ganan ocho dólares **por** día.

Ejemplos de expresiones o frases hechas con **por** que son de uso común:	
por allí (aquí, allá, acá, todas partes, dondequiera)	Voy a pasar por allí un poco más tarde.
por la mañana (tarde, noche)	A Javier le gusta estudiar por la mañana.
por ejemplo	No todas las frutas son dulces. Por ejemplo, el limón es muy ácido.
por el estilo	¿No crees que deberían prohibir los deportes violentos como el boxeo, el fútbol norteamericano, el hockey y otros por el estilo?
por otro lado	No estoy de acuerdo con que prohíban los deportes violentos. Por otro lado, pienso que el ballet y las comedias musicales se podrían eliminar.
por eso	¡Qué tonterías dices, Alejandro! Por eso le caes tan mal a la gente.

Otras expresiones con **por** que son de uso común:		
por suerte	¡por Dios!	por consiguiente
por desgracia	por lo visto	por primera vez
por casualidad	por lo general	por supuesto
por lo tanto	por medio de	por fin
por lo menos	por favor	por el contrario
por lo pronto	por suerte	por si acaso

Ejercicio 8

a. Complete los espacios en blanco con **por** o **para**:

1. Sus padres piensan visitarlo mañana _____ la noche.

2. Nuestra boda está programada _____ el doce de noviembre del año próximo.

3. ¿Cuánto pagaste _____ ese coche tan feo?

4. _____ mí que Arturo no sabe la respuesta.

5. ¡_____ Dios, Lourdes! ¿Cómo puedes decir esas cosas?

6. El perro estaba caminando _____ la calle.

7. No te entiendo, Ramiro. Sabes bien que haría cualquier cosa _____ ti.

8. Niños, esos cuchillos son _____ comer, no _____ jugar.

9. Nos vamos _____ Phoenix dentro de media hora.

10. Esa casa fue alquilada _____ mis primos.

11. El avión vuela a más de ochocientos kilómetros _____ hora.

12. Treinta y tres _____ tres son noventa y nueve, ¿verdad?

13. Luisto, vamos a mandarte _____ pan a la tienda.

14. Esa chica estudia _____ psiquiatra.

15. Eduardo estudia el clarinete _____ tocar en la banda del colegio.

16. Quiero pasear _____ todo México este verano.

17. Ayer pasé dos horas en la biblioteca, estudiando _____ un examen de química.

18. Les ruego que me envíen los cheques _____ correo.

19. La policía entró _____ la puerta de atrás del edificio.

20. Hija, te lo digo _____ última vez: no te subas más en el techo.

21. Esta camisa es _____ ti. ¿Pensabas que se me había olvidado tu cumpleaños?

22. El joven está que se muere _____ ella.

23. Si sales _____ el trabajo antes de las ocho, hazme el favor de pasar _____ mí.

24. El avión _____ Inglaterra acaba de despegar.

25. _____ subir al cielo se necesita una escalera grande y otra chiquita.

b. Examine el cuadro de abajo. A continuación, encontrará una serie de oraciones. Léalas cuidadosamente y luego indique al margen por qué se ha usado **por** o **para**:

Para	Por
a. Finalidad o destino	h. Causa, motivo o razón de una acción
b. Propósito (*in order to*)	i. En beneficio de o en honor de (*on behalf of; for the sake of*)
c. Movimiento en una dirección específica (*toward*)	j. En busca de o a comprar (*in search of*)
d. Plazo determinado o momento futuro definido	k. Movimiento a través de un espacio, movimiento a lo largo de un espacio, movimiento indiscriminado.
e. Recipiente o destinatario	l. Duración o tiempo aproximado
f. Función o propósito de algo; utilidad (*purpose*)	m. Sustitución o intercambio: a cambio de, en reemplazo de
g. Comparación (*for; considering*)	n. Indica el agente de pasiva (sujeto + **ser** + **-ado/ido** + **por** + agente)
	ñ. Modo o medico (*manner; by means of*)

1. Queremos comprar papel para cartas. ☐

    2. Trabajo por Arturo casi todos los sábados. ☐

    3. Estuvieron casados por más de doce años. ☐

    4. No mucha gente está dispuesta a luchar por la patria. ☐

    5. Los atletas se entrenan para los juegos olímpicos. ☐

    6. Estoy convencida de que nombrarán a Luisa para el puesto de directora general. ☐

7. Seguro que no vino por estar enfermo. □

8. Pancho y Ana Rosa dicen que piensan casarse para mediados de marzo. □

9. Está demasiado viejo para trabajar tanto. □

10. Pienso viajar por tren a Italia. □

11. La señora Pérez y su esposo viajaron por Paraguay, la Argentina y el Uruguay el año pasado. □

12. Compré un vestido precioso para tu muñeca. □

13. El pueblo admira al presidente por su generosidad y sentido del deber. □

14. Te hemos regalado el abrigo para que lo uses, no para que lo tengas guardado en el armario. □

15. Mario, ¿me haces el favor de ir por leche al supermercado? □

16. Hay que devolver los libros a la biblioteca para el próximo lunes. □

17. El incendio se produjo por un desperfecto eléctrico. □

18. Su nieta está muy alta para su edad. □

19. El Parque Güell fue diseñado por Gaudí. □

20. ¡Atención, señores viajeros! El tren para Zacatecas sale en diez minutos. □

c. Complete los espacios en blanco con una de las siguientes frases con **por** y **para**:

por hora	para barrer . . . para matar ratones
para Margarita	para el examen
para un hombre	por Chile
por el ordenador . . . por el radio	para abordar
por ella	para el conejo
por una compañía	por azúcar
por el bosque	por tu bicicleta vieja
para cuántas personas	

1. Viajaremos _____ durante los meses de mayo y agosto.

2. Estiman que el coche de la policía persiguió a los ladrones a más de ciento cincuenta kilómetros _____.

3. La casa de enfrente fue fabricada _____ constructora de San José.

4. Esta escoba es _____, no _____.

5. La falda que compramos es _____.

6. Vinimos _____, no _____.

7. Me enteré de que a tu hermana la acaban de operar. ¿Es verdad que tienes que trabajar _____ la semana que viene?

8. Susana y Carolina nos gritaron que el avión ya estaba _____.

9. _____ de su edad, está bastante bien de salud.

10. Te doy veinte dólares _____. No tengo manera de llegar a la escuela.

11. Mira las zanahorias que compré _____ de mi tía Marta.

12. Me encanta pasear _____ durante el invierno.

13. ¿_____ necesita usted la mesa?

14. Sebastián, corre _____ a la tienda, por favor.

15. Mercedes y yo estudiamos toda la noche _____ de Geografía Universal.

d. Siga las sugerencias entre paréntesis para escribir oraciones originales con **por** o **para**:

1. **Por** (causa, motivo o razón de una acción):

_____

2. **Para** (recipiente o destinatario de una acción):

_____

3. **Por** (en beneficio de):

_____

4. **Para** (con capacidad para o útil para):

_____

5. **Para** (destino, uso o fin):

_____

6. **Por** (movimiento a través o a lo largo de un espacio, o movimiento indiscriminado):

_____

7. Expresión con **por** de las listas de la páginas 251–252. Úsela en una oración más larga:

_____

8. **Para** (comparación):

_____

Estrategias de la comunicación escrita (5): Diferentes maneras de argumentar

1. El escrito argumentativo exige frecuentemente el uso de expresiones afirmativas o negativas para apoyar o rechazar determinadas ideas. Algunas de uso común son las siguientes:

Expresiones afirmativas	Expresiones negativas
afirmar	oponerse a
mantener	rechazar
sostener	negar
proponer	refutar
argüir	no aceptar
opinar	no opinar
insistir en	poner en duda
creer	no creer
pensar	no pensar
no dudar	dudar
preferir	detestar
estar seguro de	no estar (nada) seguro de

Ejercicio 9

a. Utilice las expresiones que se incluyen arriba para completar las siguientes oraciones. No se puede usar ninguna expresión más de una vez. Examine con cuidado el modelo a seguir.

MODELO: _____ que la pintura moderna (es/sea) inferior a la pintura clásica.

   R.: *La verdad es que no estoy nada seguro de que la pintura abstracta sea inferior a la pintura barroca.*

1. _____ que se les (paga/pague) a los basquebolistas universitarios.

2. _____ que (sube/suba) la matrícula cada año.

3. _____ que las mujeres (ganan/ganen) lo mismo que los hombres.

4. _____ que se (prohíben/prohíban) las hermandades estudiantiles en las universidades de los Estados Unidos.

5. _____ que (legalizan/legalicen) las peleas de gallos en este país.

6. _____ que todo el mundo (tiene/tenga) seguro médico.

7. _____ que (aumentan/aumenten) la edad legal de consumir bebidas alcohólicas a los veinticuatro años.

2. Del mismo modo en que, al narrar, se puede seleccionar entre diferentes puntos de vista, cuando se elabora una exposición argumentativa también es necesario escoger entre perspectivas para hacer más eficaz el escrito. Por lo general, las tres maneras más frecuentes de redactar una exposición argumentativa son 1) la primera persona singular (**yo**); 2) la primera persona plural (**nosotros**); 3) la técnica impersonal.

    La **primera persona singular** se usa cuando uno quiere afirmar de manera muy enfática y personal las opiniones. Este método tiene la virtud de hacer responsables a los escritores de todo lo que dicen. Por otra parte, las ideas acusan mucha subjetividad, y a veces el procedimiento puede resultar innecesariamente repetitivo si la persona que escribe no es cuidadosa. Por eso conviene mezclar la primera persona con expresiones generales de tipo impersonal.

Hoy en día es frecuente escribirlo todo en computadora. Yo opino que esa práctica tiene aspectos muy negativos. Por ejemplo, las personas dependen demasiado de la máquina, y poco a poco van perdiendo la destreza para escribir. Yo mismo noto que mi caligrafía empeora más cada día debido a lo mucho que trabajo en el ordenador. También pienso que la dependencia del diccionario que viene con la computadora limita mi vocabulario y que uso en exceso el sistema electrónico de corregir errores ortográficos. Como consecuencia, ya no sé deletrear ciertas palabras. Por eso me propongo en el futuro escribir más a mano y utilizar el diccionario cuando tenga dudas.

La **primera persona plural** sugiere cierta modestia (a veces, por supuesto, la modestia es falsa), pues quien escribe se esconde en un grupo del que se forma parte. O sea, el individuo dice: "esto lo pienso yo y muchos otros como yo".

Hoy en día es frecuente escribirlo todo en computadora. Opinamos que esa práctica tiene aspectos muy negativos. Por ejemplo, las personas dependen demasiado de la máquina, y poco a poco van perdiendo la destreza para escribir. Nosotros mismos notamos que nuestra caligrafía empeora más cada día debido a lo mucho que trabajamos en el ordenador. También pensamos que la dependencia del diccionario que viene con la computadora limita nuestro vocabulario y que usamos en exceso el sistema electrónico de corregir errores ortográficos. Como consecuencia, ya no sabemos deletrear ciertas palabras. Por eso nos proponemos en el futuro escribir más a mano y utilizar el diccionario cuando tengamos dudas.

La **técnica impersonal** se basa esencialmente en la tercera persona plural (**ellos**) y en la construcción *se* + **palabra-acción**. Se emplea para indicar una falsa neutralidad. En otras palabras, la persona que escribe expresa sus ideas como si fueran propiedad común, opiniones de todo el mundo. El problema con este método es que a veces reduce el énfasis de una manera excesiva.

Hoy en día es frecuente escribirlo todo en computadora. Muchos opinan que esa práctica tiene aspectos muy negativos. Por ejemplo, las personas dependen demasiado de la máquina, y poco a poco van perdiendo la destreza para escribir. Se nota que la caligrafía empeora más cada día debido a lo mucho que se trabaja en el ordenador. También algunos piensan que la dependencia del diccionario que viene con la computadora limita el vocabulario y que se usa en exceso el sistema electrónico de corregir errores ortográficos. Como consecuencia, ya no se sabe deletrear ciertas palabras. Por eso conviene proponerse en el futuro escribir más a mano y utilizar el diccionario cuando se tengan dudas.

b. En parejas escriban una mini-composición de cinco a siete oraciones para expresar su opinión compartida sobre uno de los temas a continuación. Utilicen la primera persona plural.

la dieta vegetariana	la contaminación ambiental
los automóviles híbridos	la comida rápida
el maltrato de los animales	la inmigración ilegal
una figura pública que admiramos o detestamos	

_____

_____

_____

_____

_____

_____

_____

_____

_____

c. Aún en parejas, cambien el escrito de acuerdo con la técnica impersonal.

_____

_____

_____

_____

_____

_____

_____

_____

_____

_____

La exposición argumentativa

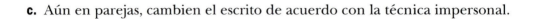

La exposición argumentativa tiene el objetivo de convencer a los lectores de nuestro punto de vista sobre determinado asunto. Casi siempre, el tema sobre el que se escribe es de índole controvertida. Normalmente, nadie va a tratar de probar una tesis tan elemental como la siguiente: "Comer es necesario para vivir". Como la idea es tan obvia, cualquier lector o lectora se va a preguntar por qué alguien quiere escribir sobre eso. Por otra parte, si la tesis fuera "Comer carne es necesario para vivir", nos encontraríamos ante un tema controvertido, pues la persona que escribe probablemente va a atacar las ideas de los vegetarianos.

Pensemos en otra tesis: "Todas las guerras son inmorales". Hay muchas personas que no estarían de acuerdo con dicha idea y tendrían opiniones muy fuertes sobre el tema. Por eso, para escribir sobre el asunto, hay que hacerlo lógicamente a base de argumentos sólidos. Un ensayo sobre el tema tal vez empezaría con un párrafo en el cual se expondría la tesis y se señalaría, en terminos generales, todo lo malo que resulta de una guerra: la muerte de muchos soldados y personas inocentes, el hambre, el abuso de los ciudadanos, etc. Un segundo párrafo podría explicar las razones absurdas o políticas por las cuales luchan los países. Un tercero acaso se fijaría en ejemplos históricos concretos que demuestran lo negativo de las guerras. Un cuarto párrafo insistiría en la manera en que la población civil participa en la guerra sin tener el más mínimo control sobre los acontecimientos. Y así sucesivamente. Luego, el escrito concluiría con una síntesis de los argumentos y la repetición enfática de la tesis que se quiso comprobar.

Acto seguido, se ofrece el esquema de una exposición argumentativa sobre otro asunto controvertido.

Esquema de una exposición argumentativa sobre el fútbol norteamericano y el europeo

Lista de ideas que me gustaría incluir

1. Hay dos deportes en el mundo que se llaman fútbol.

2. Pienso que sólo el fútbol europeo debe llamarse fútbol.

3. Hay que recordar cómo se juega cada deporte.

4. El fútbol europeo se juega con los pies.

5. El fútbol americano se juega con las manos.

6. La forma actual del fútbol europeo se desarrolló en Inglaterra en el siglo diecinueve.

7. El fútbol norteamericano se desarrolló en los Estados Unidos en el siglo diecinueve.

8. En realidad, el fútbol norteamericano sólo se juega en los Estados Unidos y Canadá.

9. El fútbol europeo, por el contrario, se juega en todo el mundo.

10. El fútbol europeo es un deporte olímpico, pero el norteamericano no.

(Continúa)

11. El fútbol europeo es el deporte preferido en el mundo entero.

12. En el fútbol norteamericano sólo los pateadores usan los pies.

13. Cuando uno usa la palabra fútbol en casi todos los países del mundo, la gente piensa en el fútbol europeo.

14. El fútbol norteamericano es un juego brutal.

15. Las reglas del fútbol norteamericano son muy complicadas y han cambiado mucho.

16. El fútbol europeo debe llamarse fútbol mundial.

17. El torneo por la Copa del Mundo incluye a todos los países de la Tierra.

18. Nadie ha propuesto que el fútbol norteamericano se añada a las Olimpiadas.

19. No hay ningún torneo internacional de fútbol norteamericano.

20. El fútbol norteamericano es un juego regional.

21. El fútbol europeo tiene reglas muy estrictas para impedir el uso de las manos.

22. Únicamente el portero puede usar las manos.

23. Los otros jugadores pueden usar las manos sólo cuando el juego está detenido.

24. Los jugadores pueden usar la cabeza, el cuerpo y los pies.

25. En los Estados Unidos deben cambiarle el nombre al fútbol norteamericano.

El próximo paso es determinar un título. Los títulos de una exposición deben ser precisos y referirse claramente al tema que procura discutirse. Considere los siguientes títulos:

Títulos posibles

1. Dos deportes

2. Los deportes mundiales

3. El fútbol, mi deporte favorito

4. El fútbol norteamericano y el verdadero fútbol

5. Por qué no me gusta el fútbol norteamericano

6. ¿Quieres jugar al fútbol?

7. La Copa del Mundo y el fútbol

Ejercicio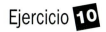

a. En parejas, respondan a las siguientes preguntas:

1. ¿Cuál de estos títulos les parece mejor? ¿Por qué?

   _____

2. ¿Cuál de los títulos tiene que ver menos con el asunto? ¿Por qué?

   _____

3. ¿Cuál de los títulos es más impreciso? ¿Por qué?

   _____

4. ¿Cuál de los títulos es más personal?

   _____

5. ¿Se les ocurre un título mejor?

   _____

b. Lea cuidadosamente las oraciones del esquema. Luego identifique la tesis. Después piense en que la exposición argumentativa va a consistir en seis párrafos. Entre las oraciones que aparecen en el esquema, escoja una que pueda formar parte de la introducción, otra que pueda formar parte de la conclusión, y dos para cada uno de los párrafos que van a constituir el cuerpo de la exposición.

Tesis: _____

Introducción: _____

Conclusión: _____

Párrafo 1: _____

_____

Párrafo 2: _____

_____

Párrafo 3: _____

_____

Párrafo 4: _____

_____

Ahora lea la exposición argumentativa:

El fútbol norteamericano y el verdadero fútbol

En el mundo hay dos deportes llamados fútbol. Uno es el fútbol norteamericano o estadounidense. El otro es el fútbol europeo o balompié. En mi opinión, sólo el fútbol europeo debe llevar ese nombre.

El fútbol europeo en realidad debería llamarse fútbol mundial porque es el deporte preferido en la mayoría de los países del mundo. Se juega en todas partes. Aunque el deporte empezó a jugarse hace muchos siglos de manera primitiva, su forma actual se desarrolló en Inglaterra a partir de la mitad del siglo diecinueve. Para comienzos del siglo veinte, ya era popular en casi todo el mundo. Por eso se convirtió en un deporte olímpico muy pronto. También, el torneo por la Copa del Mundo, que se juega cada cuatro años, incluye prácticamente a todos los países de la Tierra.

El fútbol norteamericano empezó también en el siglo diecinueve. Su origen se basó en el rugby. Las reglas del deporte, que son muy complicadas, han cambiado mucho desde el comienzo de este juego tan brutal. El deporte se inventó en los Estados Unidos y se practica también en el Canadá y un poco en otros países. Nunca, que yo sepa, nadie ha propuesto que se añada el deporte a las Olimpiadas, ni mucho menos que se organice un torneo internacional. Por eso, el fútbol norteamericano es un deporte tan regional como las corridas de toros o el parapente. La verdad es que cuando uno usa la palabra "fútbol" en Senegal, en España, en Finlandia, en Turquía, en Rusia o en El Salvador, todo el mundo piensa inmediatamente en el fútbol europeo, en el verdadero fútbol.

Además, hay que recordar cómo se juega cada deporte. El fútbol europeo tiene reglas muy estrictas para impedir el uso de las manos. Únicamente el portero puede usarlas para defender la meta. A los otros jugadores se les permite usar las manos exclusivamente cuando el juego está detenido. De lo contrario, sólo se usan la cabeza, el cuerpo y, por supuesto, los pies.

El fútbol norteamericano, en cambio, se juega fundamentalmente con las manos. Los jugadores lanzan el balón, lo cogen con las manos, lo transportan en ellas de un lugar a otro. Sólo los pateadores pueden usar los pies. Incluso se considera una infracción que otro jugador le pegue a la bola con los pies. Entonces, yo me pregunto: ¿cómo puede llamarse fútbol este deporte?

En conclusión, sólo hay un fútbol: el europeo. Es el deporte preferido en el mundo entero. Se juega en las Olimpiadas. Existe una Copa del Mundo en la que participan casi todos los países de la Tierra. Además, se juega de verdad con los pies. Por eso propongo que en los Estados Unidos se cree un comité gubernamental que tenga por objetivo inventar un nuevo nombre para ese deporte regional que es el fútbol norteamericano. (Total: 470 palabras)

Ejercicio 11

En parejas, contesten las siguientes preguntas:

1. ¿Le parece que esta exposición está bien estructurada, es decir, que tiene una buena introducción, que el cuerpo está bien desarrollado y que la conclusión es apropiada?

_____

2. ¿En qué se basa la persona que escribe para probar la universalidad del fútbol?

_____

3. ¿Cómo prueba que el fútbol norteamericano es un deporte regional?

    _____

4. ¿Por qué afirma que el nombre del fútbol norteamericano no responde a la realidad del deporte?

    _____

5. ¿Por qué sí es válido el nombre del fútbol europeo para la persona que escribe?

    _____

6. ¿Cree usted que son convincentes los argumentos de la persona que escribe? ¿Por qué?

    _____

7. ¿Se le ocurren a usted otros argumentos para apoyar la tesis de la persona que escribe? ¿Cuáles son?

    _____

8. ¿Se le ocurren a usted argumentos para refutar la tesis de la persona que escribe? ¿Cuáles son?

    _____

9. ¿Está usted de acuerdo con que se le debería cambiar el nombre al fútbol norteamericano? ¿Qué nombre preferiría usted?

    _____

Instrucciones para la exposición argumentativa

Primer paso

1. Proponga un título para una exposición argumentativa sobre un tema controvertible en la sociedad estadounidense (por ejemplo, la pena capital, el racismo, el sexismo, la acción afirmativa, la legalización de las drogas, etc.).

2. Escriba el esquema de la exposición argumentativa. El esquema debe consistir en por lo menos veinticinco oraciones simples o complejas. Puede usar como modelo el esquema de exposición argumentativa sobre el fútbol norteamericano y el europeo que aparece en las páginas 261–262.

Segundo paso

1. Una vez que el profesor o la profesora corrija y le devuelva las veinticinco oraciones, organícelas para formar una exposición argumentativa coherente de aproximadamente 400 a 500 palabras. Puede usar como modelo la exposición titulada "El fútbol norteamericano y el verdadero fútbol", que está en las páginas 264–265.

2. Recuerde que la idea central o tesis debe quedar claramente expuesta en el párrafo introductorio y que cada párrafo siguiente debe presentar un nuevo aspecto relacionado con la idea central.

3. Entregue la versión preliminar de la exposición argumentativa mecanografiada a doble espacio. Utilice una letra (*font*) de **doce puntos** o más.

Tercer paso

1. Después de que la profesora o el profesor revise y le devuelva la versión preliminar de la exposición argumentativa, haga todas las correcciones necesarias. Tenga en cuenta las sugerencias del profesor o la profesora.

2. Después de hacer todas las correcciones, entregue la versión final mecanografiada a doble espacio. Utilice una letra (*font*) de **doce puntos** o más.

Capítulo

La exposición analítica

Temas

- Otros tiempos de la palabra-acción
- El futuro
- El imperativo
- Introducción al análisis
  Undécima entrada del cuaderno
- Los tiempos compuestos de uso más frecuente: indicativo y subjuntivo
- El condicional perfecto
- El pluscuamperfecto de subjuntivo y el condicional perfecto en oraciones condicionales
  Duodécima entrada del cuaderno
- El futuro perfecto
- Estrategias de la comunicación escrita (6)
- Las palabras-acción y las palabras indicadoras
- La exposición analítica
  Instrucciones para la exposición analítica

Otros tiempos de la palabra-acción

Hasta el momento, se han examinado los tiempos más utilizados de la palabra-acción tanto en el modo indicativo como en el subjuntivo. Este capítulo resume brevemente las formas y usos de otros tiempos de la palabra-acción. No se pretende estudiarlos de manera exhaustiva, sino presentarlos para familiarizarse con ellos.

El futuro

Las formas **regulares** del futuro de indicativo se adaptan a la siguiente fórmula:

Infinitivo de la palabra-acción	Terminación (-é/-ás/-á/-emos/-éis/-án)
bailar	(yo) bailar**é**
	(tú) bailar**ás**
	(él, ella, usted) bailar**á**
	(nosotros) bailar**emos**
	(vosotros) bailar**éis**
	(ellos, ellas, ustedes) bailar**án**
beber	(yo) beber**é**
	(tú) beber**ás**
	(él, ella, usted) beber**á**
	(nosotros) beber**emos**
	(vosotros) beber**éis**
	(ellos, ellas, ustedes) beber**án**
vivir	(yo) vivir**é**
	(tú) vivir**ás**
	(él, ella, usted) vivir**á**
	(nosotros) vivir**emos**
	(vosotros) vivir**éis**
	(ellos, ellas, ustedes) vivir**án**

Algunas palabras-acción son **irregulares** en el futuro. La irregularidad no se presenta en la terminación, sino en la raíz. Es decir, no se usa el infinitivo para formar el futuro de estas palabras sino una variante del mismo. He aquí algunas de uso común:

poner	pon**dré**, pon**drás**, pon**drá**, pon**dremos**, pon**dréis**, pon**drán**
hacer	ha**ré**, ha**rás**, ha**rá**, ha**remos**, ha**réis**, ha**rán**
decir	di**ré**, di**rás**, di**rá**, di**remos**, di**réis**, di**rán**
tener	ten**dré**, ten**drás**, ten**drá**, ten**dremos**, ten**dréis**, ten**drán**
salir	sal**dré**, sal**drás**, sal**drá**, sal**dremos**, sal**dréis**, sal**drán**
venir	ven**dré**, ven**drás**, ven**drá**, ven**dremo**s, ven**dréis**, ven**drán**
querer	que**rré**, que**rrás**, que**rrá**, quer**remos**, quer**réis**, quer**rán**
caber	cab**ré**, cab**rás**, cab**rá**, cab**remos**, cab**réis**, cab**rán**
haber	hab**ré**, hab**rás**, hab**rá**, hab**remos**, hab**réis**, hab**rán**
valer	val**dré**, val**drás**, val**drá**, val**dremos**, val**dréis**, val**drán**
saber	sab**ré**, sab**rás**, sab**rá**, sab**remos**, sab**réis**, sab**rán**
poder	pod**ré**, pod**rás**, pod**rá**, pod**remos**, pod**réis**, pod**rán**

El futuro de indicativo se usa en español casi del mismo modo que en inglés, o sea, se emplea para referirse a acciones que **van a ocurrir**. Muchas veces se emplea en oraciones con *si* + **presente** para indicar el resultado posible o deseado:

Ejemplos:

¿Piensas que lloverá mucho este verano?	*Do you think that it will rain a lot this year?*
La fiesta empezará a las nueve.	*The party will begin at nine o'clock.*
Te pagaré mañana.	*I'll pay you tomorrow.*
Si Elena tiene tiempo, pasará por tu casa.	*If Helen has time, she will stop by your house.*

El futuro de indicativo se emplea para expresar **probabilidad en el presente**:

Ejemplos:

¿Dónde estará Jaime?	*Where can Jaime be?*
Bailarán mal y por eso no quieren asistir a la fiesta.	*They probably dance badly, and that's why they don't want to go to the party.*
Será la una menos cuarto.	*It's probably a quarter to one.*

Alerta 60

Recuerde que la construcción *ir a* + **infinitivo** expresa acción futura. **Ejemplos:**
Vamos a cenar dentro de una hora = Cenaremos dentro de una hora; El concierto
va a comenzar muy pronto = El concierto comenzará muy pronto; Voy a ir a
Alemania el año próximo = Iré a Alemania el año próximo.

Ejercicio 1

a. Complete los espacios en blanco con la forma adecuada del futuro:

1. Mariana y yo _____ (casarse) el año próximo.

2. Estoy seguro de que los chicos _____ (salir) mal en el examen
   de química.

3. Si camináis rápidamente, _____ (llegar) a tiempo al trabajo.

4. ¿(Tú) _____ (ver) a tus padres este fin de semana?

5. No sé qué _____ (querer) Alfonso para su cumpleaños.

6. Yo _____ (acostarse) a eso de las once y media.

b. Cambie la construcción *ir a* + **infinitivo** por el futuro:

1. **Vamos a almorzar** con la candidata para representante.

   _____

2. El médico no **va a poder** darnos turno hasta la semana que viene.

   _____

3. ¿Quiénes **van a hacer** ejercicios esta tarde?

   _____

4. **Voy a escribir**le un correo electrónico a la profesora Domínguez para quejarme
   de mi nota.

   _____

c. Cambie la frase con el **presente + *posiblemente*** por el futuro de probabilidad:

MODELO: Posiblemente piensa estudiar para abogado.

    R.: *Pensará estudiar para abogado.*

1. El libro posiblemente está en su escritorio.

   _____

2. Posiblemente son las cuatro de la mañana.

   _____

3. Posiblemente decís la verdad, pero no os creemos.

   _____

4. Te veo muy cansado. Posiblemente duermes muy poco.

   _____

El imperativo

El **mandato** (*command form*) es una forma de la palabra-acción que se utiliza para dar órdenes de manera más o menos fuerte. No obstante, todo mandato puede suavizarse ya bien con el tono de voz, ya bien con una expresión de cortesía como **por favor**. Hay dos tipos de mandato: el **formal** (**usted, ustedes, nosotros**) y el **informal** (**tú, vosotros**). A continuación, se incluyen ejemplos del mandato formal.

El mandato formal

El **mandato formal** es el **presente de subjuntivo** de cualquier palabra-acción, tanto en construcciones afirmativas como negativas.

bailar		no bailar	
bail**e** (usted)	bail**emos** (nosotros) bail**en** (ustedes)	no bail**e** (usted)	no bail**emos** (nosotros) no bail**en** (ustedes)

beber		no beber	
beb**a** (usted)	beb**amos** (nosotros) beb**an** (ustedes)	no beb**a** (usted)	no beb**amos** (nosotros) no beb**an** (ustedes)

escribir		no escribir	
escrib**a** (usted)	escrib**amos** (nosotros) escrib**an** (ustedes)	no escrib**a** (usted)	no escrib**amos** (nosotros) no escrib**an** (ustedes)

pensar		no pensar	
piense (usted)	pensemos (nosotros) piensen (ustedes)	no piense (usted)	no pensemos (nosotros) no piensen (ustedes)

tener		no tener	
tenga (usted)	tengamos (nosotros) tengan (ustedes)	no tenga (usted)	no tengamos (nosotros) no tengan (ustedes)

dormir		no dormir	
duerma (usted)	durmamos (nosotros) duerman (ustedes)	no duerma (usted)	no durmamos (nosotros) no duerman (ustedes)

Recuerde que cuando se añade una palabra sustituidora o complementaria al mandato, ésta se coloca después de la palabra-acción en expresiones afirmativas, y forma una unidad con ella. En el caso de la primera persona plural, se elimina la **s** final frente a **nos** y **se**. Si el mandato es negativo, los pronombres se colocan antes de la palabra-acción y siguen separados de ella. Examine los siguientes ejemplos:

Mandato afirmativo	Mandato negativo
Háganlo.	No lo hagan.
Pídaselo.	No se lo pida.
Léala.	No la lea.
Acuéstense.	No se acuesten.
Bañémonos.	No nos bañemos. (La s final reaparece.)
Escribámosela.	No se la escribamos. (La s final reaparece.)

Ejercicio 2

a. Complete los espacios en blanco con la forma apropiada del imperativo formal:

1. Alumnos, _____ (estudiar) cuidadosamente la lección.

2. _____ (evitar) usted esa calle.

3. No _____ (oír) ustedes ese tipo de música.

4. (Nosotros) _____ (levantarse) más temprano.

5. No lo _____ (leer) usted en voz alta.

6. (Ustedes) _____ (hacer) el trabajo cuanto antes.

7. No (nosotros) _____ (cortar) el césped hasta el sábado.

8. (Ustedes) _____ (salir) de aquí inmediatamente.

9. No (usted) _____ (ver) películas tan violentas.

10. Hijos míos, _____ (ser) ustedes más inteligentes, por favor.

b. Cambie el mandato afirmativo por el negativo y viceversa:

1. No se ponga la camisa nueva.

   _____

2. Acostémonos temprano esta noche.

   _____

3. Vayan al teatro con Luis y Julia.

   _____

4. No se lo diga a nadie.

   _____

5. Miren la televisión.

   _____

6. No se las pidamos.

   _____

Alerta 61

La forma *vamos a* + **infinitivo** reemplaza con bastante frecuencia el mandato afirmativo en primera persona plural (**nosotros**). **Ejemplos:** comamos = vamos a comer; digámoselo = vamos a decírselo. Recuerde también que **vamos** (*let's go*) es el mandato afirmativo de **ir** mientras que **no vayamos** es la forma negativa. **Vámonos** (*let's leave; let's get out of here*) se usa también con frecuencia.

c. Utilice las oraciones en el indicativo para formar mandatos formales afirmativos o negativos:

MODELOS: El maestro Sánchez toma café.   **R.:** *Maestro Sánchez, tome café.*

Vienen mañana.   **R.:** *Vengan mañana.*

No caminamos rápido.   **R.:** *No caminemos rápido.*

1. Los señores pasajeros se abrochan los cinturones de seguridad.

   _____

2. Carlos Alberto vuelve mañana.

   _____

3. No jugamos demasiado al billar.

   _____

4. No nos traen los refrescos.

   _____

5. Doña Emilia me llama al mediodía.

   _____

6. Lo buscamos por todas partes.

   _____

El mandato informal

La forma singular del **mandato informal** (**tú**) es la **tercera persona singular del presente de indicativo** de cualquier palabra-acción. La forma **negativa** del **mandato informal** es la segunda persona singular del **presente de subjuntivo**:

Mandato afirmativo	Mandato negativo
Habl**a**.	No habl**es**.
Corr**e**.	No corr**as**.
Levánt**ate**.	No **te** levant**es**.
Pínt**ala**.	No **la** pint**es**.

Hay ocho **formas irregulares del mandato informal**:

Palabra-acción	Mandato afirmativo	Mandato negativo
venir	ven	no ven**gas**
salir	sal	no sal**gas**
ir	ve	no **vayas**
decir	di	no di**gas**
tener	ten	no ten**gas**
hacer	haz	no ha**gas**
poner	pon	no pon**gas**
ser	sé	no se**as**

La segunda persona plural (**vosotros**) del **mandato informal** se forma con el **infinitivo** (forma **-ar/-er/-ir**) de cualquier palabra-acción. Se suprime la **r** del infinitivo, y se sustituye ésta por una **d**. Obsérvese que, salvo en el caso del verbo **ir**, la **d** desaparece cuando se añade el pronombre reflexivo **os**. Igual que ocurre en el singular, la forma negativa plural del **mandato informal** se forma con el presente de subjuntivo:

Mandato afirmativo	Mandato negativo
Bail**ad** vosotros.	No bail**éis** vosotros.
Pon**ed** los libros en la mesa.	No pon**gáis** los libros en la mesa.
Pedi**dlo** vosotros.	No lo pid**áis** vosotros.
Lava**os** bien las manos antes de comer.	No **os** lav**éis** las manos.
Beb**eos** toda la leche.	No **os** beb**áis** toda la leche.
Idos en seguida.	No **os** vay**áis** todavía.

Ejercicio 3

a. Complete los espacios en blanco con la forma apropiada del imperativo informal:

1. (Vosotros) _____ (cocinar) el pavo para la cena.

2. No (tú) _____ (ir) a la playa sin mí.

3. (Vosotros) _____ (sentarse) en el sofá.

4. _____ (salir) tú primero.

5. No (vosotros) _____ (llorar) tanto.

6. No (tú) _____ (ponerse) molesto con nosotros.

7. Hijo, _____ (despertarse) porque se te hace tarde.

8. _____ (tener) cuidado, que os va a atropellar un coche.

Alerta 62

El **mandato indirecto** consiste en la siguiente estructura: *que* + **palabra-acción en presente de subjuntivo** + **sujeto**. Se usa para expresar entusiasmo o deseo. En realidad, es una oración tradicional de **voluntad**, **deseo** o **influencia** basada en la palabra-acción **querer**, que se omite de la estructura. **Ejemplos:** ¡Que baile María Eugenia! (**Queremos** que baile María Eugenia); ¡Que viva el rey! (**Queremos** que viva el rey); ¡Que tengas suerte! (**Queremos** que tengas suerte); Que lo haga Leandro (**Queremos** que lo haga Leandro).

b. Cambie el mandato afirmativo por el negativo y viceversa:

1. Creedme.

   _____

2. Sigue las instrucciones al pie de la letra.

   _____

3. No vengas antes de las ocho.

   _____

4. No os quejéis de la comida.

   _____

5. Hazlo sin pensar.

   _____

6. Escribidle a vuestra profesora.

   _____

c. Utilice las oraciones en el indicativo para formar mandatos afirmativos o negativos:

MODELOS: Trabajas mucho.   **R.:** *Trabaja mucho.*

No rompéis los platos.   **R.:** *No rompáis los platos.*

Nunca bailas mal.   **R.:** *Nunca bailes mal.*

1. No dormís demasiado.

   _____

2. Me dices la verdad.

   _____

3. Cantáis mejor que el año pasado.

   _____

4. Oyes la canción.

   _____

5. No tienes miedo nunca.

   _____

6. No visitáis esa ciudad porque es fea y sucia.

   _____

7. Me los das porque son míos.

_____

8. No rompes el espejo.

_____

9. Eres bueno conmigo.

_____

10. Les escribís a vuestros tíos.

_____

Introducción al análisis

El análisis es una actividad intelectual que realizamos a diario. Analizar quiere decir sencillamente examinar con cuidado un concepto, tema o asunto en base a sus partes esenciales. De ese modo, logramos comprenderlo mejor, podemos definir sus componentes básicos y desarrollamos la capacidad de explicarlo de manera clara y precisa.

Pensemos, por ejemplo, en el sistema educativo preuniversitario de los Estados Unidos. Si alguien nos pregunta en qué consiste ese sistema, trataríamos de resumir sus elementos fundamentales. O sea, diríamos que los niños norteamericanos no comienzan a asistir a la escuela hasta que tienen cinco o seis años, cuando empiezan el _kindergarten_, que es una especie de introducción a los estudios. Lo importante no es tanto que el niño aprenda mucho, sino que se adapte a estar en un ambiente social alejado de sus padres y hermanos. Después, los niños ingresan en la escuela elemental o primaria, que consiste por lo general en cinco o seis años de estudios cada vez más rígidos. Los estudiantes, sin embargo, suelen tener sólo una maestra o un maestro que les imparte conocimientos generales en varias disciplinas. Más tarde, cuando los niños ya van alcanzando la adolescencia, inician unos estudios intermedios o presecundarios que duran de dos a tres años. Aquí los alumnos estudian con diferentes profesores, se mueven de aula en aula, comienzan a participar en actividades de tipo social o deportivo asociadas con la escuela y demás. Por fin, los jóvenes ingresan en la escuela secundaria, que es como una intensificación del proceso educativo y de desarrollo que se inició en la escuela intermedia. Los estudios se hacen más rigurosos y más especializados. La escuela en los Estados Unidos, entonces, se concibe como preámbulo al trabajo o a la universidad. De esta manera, hemos examinado las partes del sistema, lo cual, lógicamente, ha hecho posible que nosotros mismos lo entendiéramos mejor para poder explicarlo con cierta autoridad y precisión.

Al reparar en esta descripción, nos damos cuenta de que el análisis se practica a diario. Por ejemplo, utilizamos un modo de pensar analítico en las siguientes situaciones: 1) cada vez que tratamos de explicar un asunto; 2) cuando damos instrucciones para hacer que alguien aprenda algo que nosotros sabemos hacer bien; 3) cuando explicamos a un amigo el significado y la estructura de una película que vimos, de un libro que leímos o hasta de una noticia política o social que escuchamos. De ahí que analizar—al menos de manera rutinaria—no deba hacernos sentir incómodos.

Undécima entrada del cuaderno

Escriba instrucciones con el **mandato informal** (**tú**) a un amigo o amiga más joven que usted. Tenga presente que el género va a determinar la concordancia de las palabras modificadoras. La entrada debe ser sobre una de las siguientes categorías: 1) Instrucciones para llevarse bien con su compañera o compañero de cuarto; 2) Instrucciones para llevarse mal con su compañera o compañero de cuarto; 3) Instrucciones para escribir una buena composición en español; 4) Instrucciones para escribir una mala composición en español. En cada caso, hay que incluir por lo menos **tres mandatos afirmativos** y **tres negativos**, los cuales deben **subrayarse**. La entrada debe consistir en **125 a 150 palabras**. A continuación se ofrecen dos ejemplos de instrucciones para temas semejantes.

Instrucciones para salir bien en una clase de español

Olga, si tú quieres salir bien en una clase de español, debes seguir las siguientes instrucciones al pie de la letra. Primero, <u>no llegues</u> tarde a clase nunca. <u>Tampoco hables</u> en clase <u>ni leas</u> el periódico cuando la profesora explica la lección, escribe en la pizarra, o hace preguntas. <u>Estudia</u> mucho cada noche. Así vas a estar preparada para participar en las discusiones y contestar bien las preguntas de los exámenes. <u>No te olvides</u> de llevar tu libro de texto a clase todos los días. Siempre <u>lleva</u> el diccionario también. <u>Levanta</u> la mano cada vez que la profesora pregunte algo. Cuando trabajen en parejas, <u>no digas</u> absolutamente nada en inglés. Sobre todo, <u>sonríe</u> siempre y <u>muestra</u> mucho interés en todo lo que pasa en clase. Si sigues mis instrucciones, vas a sacar una buena nota.

(Total: 135 palabras)

Instrucciones para salir mal en una clase de español

Miguel, por lo que veo, tienes mucho interés en fracasar en esta clase de español. Si de verdad quieres suspenderte, _sigue_ estas instrucciones. _Llega_ muy tarde a clase todos los días. Una vez que estés en clase, _no contestes_ ninguna pregunta. _No estudies_ la noche antes y, sobre todo, _no repases_ para los exámenes. Cuando el profesor explica la lección, _no le hagas_ el más mínimo caso. _Mira_ por la ventana, _habla_ con tu vecino, _lee_ una revista, o _duerme_ un poco. _Entrega_ las tareas y las composiciones por lo menos con un día de atraso, o mejor aún, _nunca te ocupes_ de completar las tareas escritas. Diez minutos antes de que se acabe la clase, _levántate_ bruscamente, _recoge_ tus cosas y _sal_ haciendo mucho ruido. Te garantizo que esta es una buena receta para salir mal en cualquier clase de español.

(Total: 142 palabras)

Los tiempos compuestos de uso más frecuente: indicativo y subjuntivo

El pretérito (presente) perfecto de indicativo y el pretérito (presente) perfecto de subjuntivo:

El **pretérito (presente) perfecto de indicativo** y el **pretérito (presente) perfecto de subjuntivo** son formas paralelas; es decir, tienen el mismo valor temporal. La diferencia es que el pretérito perfecto de subjuntivo se usa sólo en oraciones subordinadas de acuerdo con las reglas que se explicaron en los capítulos anteriores.

El **pretérito (presente) perfecto de indicativo** se forma de acuerdo con el siguiente esquema:

Presente de indicativo de **haber** +	Participio pasivo (forma **-ado/-ido**)
bailar	(yo) **he** bail**ado**
	(tú) **has** bail**ado**
	(él, ella, usted) **ha** bail**ado**
	(nosotros, nosotras) **hemos** bail**ado**
	(vosotros, vosotras) **habéis** bail**ado**
	(ellos, ellas, ustedes) **han** bail**ado**
beber	(yo) **he** beb**ido**
	(tú) **has** beb**ido**
	(él, ella, usted) **has** beb**ido**
	(nosotros, nosotras) **hemos** beb**ido**
	(vosotros, vosotras) **habéis** beb**ido**
	(ellos, ellas, ustedes) **han** beb**ido**
vivir	(yo) **he** viv**ido**
	(tú) **has** viv**ido**
	(él, ella, usted) **ha** viv**ido**
	(nosotros, nosotras) **hemos** viv**ido**
	(vosotros, vosotras) **habéis** viv**ido**
	(ellos, ellas, ustedes) **han** viv**ido**

Presente de indicativo de **haber** +	Participio pasivo (forma **-ado/-ido**)
decir	(yo) **he dicho**
	(tú) **has dicho**
	(él, ella, usted) **ha dicho**
	(nosotros, nosotras) **hemos dicho**
	(vosotros, vosotras) **habéis dicho**
	(ellos, ellas, ustedes) **han dicho**
volver	(yo) **he vuelto**
	(tú) **has vuelto**
	(él, ella, usted) **ha vuelto**
	(nosotros, nosotras) **hemos vuelto**
	(vosotros, vosotras) **habéis vuelto**
	(ellos, ellas, ustedes) **han vuelto**

¡OJO!

Recuerde que otros participios irregulares de uso frecuente aparecen en la página 191.

Por lo general, el pretérito (presente) perfecto de indicativo se usa como en inglés, o sea, igual que la forma *has/have + -ed* (*has/have talked, danced, walked, been,* etc.)

Ejemplos:

Sara no ha cenado todavía.	*Sara has not eaten yet.*
Nosotros nunca hemos visitado la Patagonia.	*We have never visited Patagonia.*
¿Has visto la última película de Andy García?	*Have you seen Andy García's latest movie?*

Ejercicio 4

a. Complete los espacios en blanco con el pretérito (presente) perfecto de indicativo:

1. ¿Quien _____ (romper) el jarrón nuevo de la sala?

2. Yo no _____ (dormir) nada bien desde hace tres noches.

3. ¿Ya _____ (llamar) los pintores?

4. La verdad es que vosotros _____ (portarse) muy mal.

5. Marcela y yo no _____ (escribir) todavía el trabajo para la clase de historia.

b. Escriba oraciones originales con el pretérito (presente) perfecto de indicativo de las palabras-acción que se facilitan abajo:

1. decir: _____

2. lavar: _____

3. divertirse: _____

El **pretérito (presente) perfecto de subjuntivo** se foma de acuerdo con el siguiente esquema:

Presente de subjuntivo de **haber** +	Participio pasivo (forma **-ado/-ido**)
bailar	(que yo) **haya** bail**ado**
	(que tú) **hayas** bail**ado**
	(que él, ella, usted) **haya** bail**ado**
	(que nosotros, nosotras) **hayamos** bail**ado**
	(que vosotros, vosotras) **hayáis** bail**ado**
	(que ellos, ellas, ustedes) **hayan** bail**ado**
beber	(que yo) **haya** beb**ido**
	(que tú) **hayas** beb**ido**
	(que él, ella, usted) **haya** beb**ido**
	(que nosotros, nosotras) **hayamos** beb**ido**
	(que vosotros, vosotras) **hayáis** beb**ido**
	(que ellos, ellas, ustedes) **hayan** beb**ido**
vivir	(que yo) **haya** viv**ido**
	(que tú) **hayas** viv**ido**
	(que él, ella, usted) **haya** viv**ido**
	(que nosotros, nosotras) **hayamos** viv**ido**
	(que vosotros, vosotras) **hayáis** viv**ido**
	(que ellos, ellas, ustedes) **hayan** viv**ido**

Presente de subjuntivo de **haber**	+	Participio pasivo (forma -ado/-ido)
decir		(que yo) **haya dicho**
		(que tú) **hayas dicho**
		(que él, ella, usted) **haya dicho**
		(que nosotros, nosotras) **hayamos dicho**
		(que vosotros, vosotras) **hayáis dicho**
		(que ellos, ellas, ustedes) **hayan dicho**
volver		(que yo) **haya vuelto**
		(que tú) **hayas vuelto**
		(que él, ella, usted) **haya vuelto**
		(que nosotros, nosotras) **hayamos vuelto**
		(que vosotros, vosotras) **hayáis vuelto**
		(que ellos, ellas, ustedes) **hayan vuelto**

Por lo general, el pretérito (presente) perfecto de subjuntivo se usa en oraciones subordinadas para referirse a una acción pasada cuyos efectos se sienten relacionados con el presente:

oración principal que exige el subjuntivo	que →	oración subordinada en el subjuntivo

Ejemplos:

Carlos no cree que Lucila haya sabido la respuesta.

Carlos doesn't believe that Lucila knew the answer.

Espero que jamás hayas tenido la mala suerte de comer en ese restaurante.

I hope that you never have had the misfortune of eating in that restaurant.

Dudan que ustedes hayan viajado por todo México.

They doubt that you have traveled all over Mexico.

Cuando la oración principal no exige el subjuntivo, frecuentemente se utiliza el pretérito (presente) perfecto de indicativo:

Carlos cree que Lucila ha sabido la respuesta.

Carlos believes that Lucila knew the answer.

¿Es verdad que has tenido la mala suerte de comer en ese restaurante?

Is it true that you have had the misfortune of eating in that restaurant?

No dudan que ustedes han viajado por todo México.

They don't doubt that you have traveled all over Mexico.

Ejercicio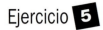

a. Complete los espacios en blanco con el pretérito (presente) perfecto de subjuntivo:

1. Mis padres se alegran de que yo _____ (graduarse) finalmente de la universidad.

2. Mi esposo y yo lamentamos mucho que tu abuelo _____ (morir).

3. No es verdad que vosotros _____ (ir) de caza al Congo.

4. Es posible que Nuria y Eduardo _____ (comer) por el camino, así que no hay por qué cocinar.

5. Aunque (tú) _____ (terminar) de cortar el césped, no te voy a dejar ir al cine.

b. Complete de manera original las oraciones que se incluyen a continuación, empleando las palabras-acción facilitadas. Use el pretérito (presente) perfecto de subjuntivo:

1. No creemos que . . . (cantar)

   _____

2. Están muy contentas de que . . . (asistir)

   _____

3. Es imposible que . . . (volver)

   _____

c. Complete los espacios en blanco con el pretérito (presente) perfecto de indicativo o de subjuntivo, según sea conveniente:

1. Tus compañeros sienten mucho que _____ (estar) enfermo la semana pasada.

2. Es mejor que Romualdo _____ (decir) la verdad.

3. Sabemos que vosotros _____ (acostarse) muy tarde ayer por la noche.

4. El ingeniero de caminos duda que se _____ (construir) bien el puente nuevo.

5. Es seguro que la película ya _____ (empezar).

6. A mi hermano le sorprende que (nosotros) _____ (vender) el coche viejo tan rápido.

El pluscuamperfecto de indicativo y el pluscuamperfecto de subjuntivo:

El **pluscuamperfecto de indicativo** y el **pluscuamperfecto de subjuntivo** también son formas paralelas que tienen el mismo valor temporal. El pluscuamperfecto de subjuntivo se usa sólo en oraciones subordinadas de emoción, duda, etc.

El **pluscuamperfecto de indicativo** se forma de acuerdo con el siguiente esquema:

Imperfecto de indicativo de **haber** +	Participio pasivo (forma **-ado/-ido**)
bailar	(yo) **había** bail**ado**
	(tú) **habías** bail**ado**
	(él, ella, usted) **había** bail**ado**
	(que nosotros, nosotras) **habíamos** bail**ado**
	(que vosotros, vosotras) **habíais** bail**ado**
	(que ellos, ellas, ustedes) **habían** bail**ado**
beber	(que yo) **había** beb**ido**
	(que tú) **habías** beb**ido**
	(que él, ella, usted) **había** beb**ido**
	(que nosotros, nosotras) **habíamos** beb**ido**
	(que vosotros, vosotras) **habíais** beb**ido**
	(que ellos, ellas, ustedes) **habían** beb**ido**
vivir	(que yo) **había** viv**ido**
	(que tú) **habías** viv**ido**
	(que él, ella, usted) **había** viv**ido**
	(que nosotros, nosotras) **habíamos** viv**ido**
	(que vosotros, vosotras) **habíais** viv**ido**
	(que ellos, ellas, ustedes) **habían** viv**ido**

(*Continúa*)

Imperfecto de indicativo de **haber**	+	Participio pasivo (forma **-ado/-ido**)
decir		(que yo) **había dicho**
		(que tú) **habías dicho**
		(que él, ella, usted) **había dicho**
		(que nosotros, nosotras) **habíamos dicho**
		(que vosotros, vosotras) **habíais dicho**
		(que ellos, ellas, ustedes) **habían dicho**
volver		(que yo) **había vuelto**
		(que tú) **habías vuelto**
		(que él, ella, usted) **había vuelto**
		(que nosotros, nosotras) **habíamos vuelto**
		(que vosotros, vosotras) **habíais vuelto**
		(que ellos, ellas, ustedes) **habían vuelto**

Según se explicó en la Alerta 38, como lo indica su nombre el pluscuamperfecto de indicativo expresa una acción anterior (*prior past*) a otra acción pasada.

Ejemplos:

Elvira creía que yo le había mentido.	*Elvira thought that I had lied to her.*
Era cierto que los jóvenes habían comprado un sofá para el apartamento.	*It was true that the young people had bought a sofa for their apartment.*

Ejercicio 6

a. Complete los espacios en blanco con el pluscuamperfecto de indicativo:

1. Cuando llegué al despacho de la doctora Sánchez Puértolas, ya ella

   _____ (salir) para la sala de emergencias.

2. Tuvimos que quejarnos al gerente del hotel de que no _____

   (poder) dormir toda la noche a causa del ruido.

3. Migdalia pensaba que tú ya _____ (irse) para el trabajo. Por eso

   no te llamó.

4. Como vosotros _____ (tocar) tan mal la última vez, no os

   contrataron de nuevo en la sala de bailes.

5. El carpintero les preguntó por qué ellos _____ (poner) las tablas

   en el desván.

b. Escriba oraciones originales con el pluscuamperfecto de indicativo de las palabras-acción que se facilitan abajo:

1. hacer: _____

2. aburrirse: _____

3. escuchar: _____

El pluscuamperfecto de subjuntivo se foma de acuerdo con el siguiente esquema:

Imperfecto de subjuntivo de **haber** +	Participio pasivo (forma **-ado/-ido**)
bailar	(que yo) **hubiera** o **hubiese** bail**ado**
	(que tú) **hubieras** o **hubieses** bail**ado**
	(que él, ella, usted) **hubiera** o **hubiese** bail**ado**
	(que nosotros, nosotras) **hubiéramos** o **hubiésemos** bail**ado**
	(que vosotros, vosotras) **hubierais** o **hubieseis** bail**ado**
	(que ellos, ellas, ustedes) **hubieran** o **hubiesen** bail**ado**
beber	(que yo) **hubiera** o **hubiese** beb**ido**
	(que tú) **hubieras** o **hubieses** beb**ido**
	(que él, ella, usted) **hubiera** o **hubiese** beb**ido**
	(que nosotros, nosotras) **hubiéramos** o **hubiésemos** beb**ido**
	(que vosotros, vosotras) **hubierais** o **hubieseis** beb**ido**
	(que ellos, ellas, ustedes) **hubieran** o **hubiesen** beb**ido**
vivir	(que yo) **hubiera** o **hubiese** viv**ido**
	(que tú) **hubieras** o **hubieses** viv**ido**
	(que él, ella, usted) **hubiera** o **hubiese** viv**ido**
	(que nosotros, nosotras) **hubiéramos** o **hubiésemos** viv**ido**
	(que vosotros, vosotras) **hubierais** o **hubieseis** viv**ido**
	(que ellos, ellas, ustedes) **hubieran** o **hubiesen** viv**ido**
decir	(que yo) **hubiera** o **hubiese** dicho
	(que tú) **hubieras** o **hubieses** dicho
	(que él, ella, usted) **hubiera** o **hubiese** dicho
	(que nosotros, nosotras) **hubiéramos** o **hubiésemos** dicho
	(que vosotros, vosotras) **hubierais** o **hubieseis** dicho
	(que ellos, ellas, ustedes) **hubieran** o **hubiesen** dicho

(*Continúa*)

Imperfecto de subjuntivo de **haber** + Participio pasivo (forma **-ado/-ido**)	
volver	(que yo) **hubiera** o **hubiese vuelto**
	(que tú) **hubieras** o **hubieses vuelto**
	(que él, ella, usted) **hubiera** o **hubiese vuelto**
	(que nosotros, nosotras) **hubiéramos** o **hubiésemos vuelto**
	(que vosotros, vosotras) **hubierais** o **hubieseis vuelto**
	(que ellos, ellas, ustedes) **hubieran** o **hubiesen vuelto**

Principalmente, el pluscuamperfecto de subjuntivo se usa en oraciones subordinadas para expresar una acción anterior a otra acción pasada.

oración principal que exige el subjuntivo	**que** →	oración subordinada en el subjuntivo

Ejemplos:

Merche no creía que yo le hubiera mentido a mi madre.

Merche didn't believe that I had lied to my mother.

Era mentira que los jóvenes hubieran comprado un sofá para el apartamento.

It was a lie that the young people had bought a sofa for their apartment.

Ejercicio 7

a. Complete los espacios en blanco con el pluscuamperfecto de subjuntivo:

1. Dudaban que tú _____ (devolver) los libros a la biblioteca.

2. Cuando hicimos el examen de latín, nos dimos cuenta de que era bueno que _____ (estudiar) tanto.

3. Lamentaron mucho que a ustedes no les _____ (ser) posible asistir a su boda.

4. Le aseguré al fisioterapeuta que no era cierto que yo _____ (dejar) de hacer los ejercicios de rehabilitación.

5. Nos alegramos muchísimo de que Eliana y Joaquín por fin _____ (reconciliarse).

b. Complete de manera original las oraciones que se incluyen a continuación, empleando las palabras-acción facilitadas. Use el pluscuamperfecto de subjuntivo:

1. No era verdad que . . . (leer)

_____

2. Las jóvenes estaban muy tristes de que . . . (ir)

_____

3. Belkis tuvo miedo de que . . . (salir)

_____

4. Era poco probable . . . (gustar)

_____

Alerta 63

Cuando va seguida del imperfecto de subjuntivo, la expresión **ojalá** se traduce a veces como *I hope* y a veces como *I wish,* según el contexto. **Ejemplos:** Ojalá (que) saliera bien en el examen (*I hope he did well on the test*); Ojalá que estuviera aquí en este momento (*I wish he were here right now*). Por el contrario, cuando va seguida del pluscuamperfecto de subjuntivo, la expresión siempre se traduce como *I wish:* Ojalá (que) hubiera salido bien en el examen (*I wish he had done well on the test*); Ojalá (que) hubiera estado allí ayer (*I wish that he had been there yesterday*).

c. Complete los espacios en blanco con el pluscuamperfecto de indicativo o de subjuntivo, según sea conveniente:

1. Los padres de Alicia sintieron que tú no la _____ (invitar) al baile de graduación.

2. ¿Supisteis que el avión _____ (caerse) por el noticiero de televisión?

3. Me sorprendí bastante de que ustedes _____ (vivir) en un apartamento tan malo.

4. Era rotundamente falso que yo _____ (abrir) la bolsa de chicharrones.

5. ¡Menos mal que llegasteis! Creíamos que vosotros nos _____ (abandonar).

El condicional perfecto

El condicional perfecto indica lo que debió pasar (*would have happened*). Se forma de acuerdo con el siguiente esquema:

Condicional de **haber**	Participio pasivo (forma **-ado/-ido**)
bailar	(yo) **habría** bail**ado**
	(tú) **habrías** bail**ado**
	(él, ella, usted) **habría** bail**ado**
	(nosotros, nosotras) **habríamos** bail**ado**
	(vosotros, vosotras) **habríais** bail**ado**
	(ellos, ellas, ustedes) **habrían** bail**ado**
beber	(yo) **habría** beb**ido**
	(tú) **habrías** beb**ido**
	(él, ella, usted) **habría** beb**ido**
	(nosotros, nosotras) **habríamos** beb**ido**
	(vosotros, vosotras) **habríais** beb**ido**
	(ellos, ellas, ustedes) **habrían** beb**ido**
vivir	(yo) **habría** viv**ido**
	(tú) **habrías** viv**ido**
	(él, ella, usted) **habría** viv**ido**
	(nosotros, nosotras) **habríamos** viv**ido**
	(vosotros, vosotras) **habríais** viv**ido**
	(ellos, ellas, ustedes) **habrían** viv**ido**
decir	(yo) **habría dicho**
	(tú) **habrías dicho**
	(él, ella, usted) **habría dicho**
	(nosotros, nosotras) **habríamos dicho**
	(vosotros, vosotras) **habríais dicho**
	(ellos, ellas, ustedes) **habrían dicho**

Condicional de **haber**	Participio pasivo (forma -**ado**/-**ido**)
volver	(yo) **habría vuelto**
	(tú) **habrías vuelto**
	(él, ella, usted) **habría vuelto**
	(nosotros, nosotras) **habríamos vuelto**
	(vosotros, vosotras) **habríais vuelto**
	(ellos, ellas, ustedes) **habrían vuelto**

Ejemplos:

Yo no habría comido esa manzana.

I would not have eaten that apple.

Habrían comprado el carro, pero no tenían suficiente dinero.

They would have bought the car, but they did not have enough money.

El condicional perfecto también se emplea para expresar **probabilidad en un pasado** que el hablante siente como un poco más distante del presente.

Ejemplos:

El tren habría salido a las once o algo así.

The train probably had left at eleven or something like that.

Supongo que habrían cenado antes de llamarme.

I suppose that they probably had eaten before they called me.

El pluscuamperfecto de subjuntivo y el condicional perfecto en oraciones condicionales

Del mismo modo que el condicional simple se usa para formar la construcción **si** + -**ra**/-**se**, -**ría**, el condicional perfecto se emplea para crear esta estructura: **si** + **hubiera** + -**ado**/-**ido**, **habría** + -**ado**/-**ido**. En este caso, la construcción expresa solamente irrealidad en el pasado.

Ejemplos:

Si **hubiera tenido** dinero, **habría ido** al cine.

If I had had the money, I would have gone to the movies.

Si **hubiera dejado** de llover, **habríamos jugado** al golf.

If it had stopped raining, we would have played golf.

Nos **habrían llamado** si **hubieran sabido** algo.

They would have called us if they had known anything.

Con **como si** (*as if*) se usa el pluscuamperfecto de subjuntivo para referirse al pasado.

Ejemplos:

Se expresó **como si hubiera estudiado** el tema a fondo.

He spoke as if he had studied the subject in depth.

Me trataron **como si yo les hubiera hecho** algo malo.

They treated me as if I had done something bad to them.

Ejercicio 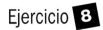 8

a. Complete los espacios en blanco con la forma correcta del condicional perfecto:

1. ¿Cuándo _____ (ocurrir) el accidente? ¿El domingo pasado?

2. Felipe está seguro de que tú jamás _____ (hablar) de ese modo tan vulgar.

3. Si la decisión sólo hubiera sido mía, (yo) _____ (irse) mucho antes.

4. Dijeron que _____ (volver) más temprano, pero había demasiado trafíco.

5. Si no nos hubierais mentido, no os _____ (castigar).

b. Forme oraciones condicionales (**si** + **hubiera** + **-ado/-ido, habría** + **-ado/-ido**), uniendo las ideas que se ofrecen abajo:

MODELO: Tuve sed. / Bebí agua.

   R.: *Si hubiera tenido sed, habría bebido agua.*

1. Anduvo más rápido. / Llegó a tiempo a clase.

   _____

2. Ester supo la verdad. / Se molestó conmigo.

   _____

3. Rompisteis los platos favoritos de mamá. / Nunca os dejó usarlos nuevamente.

   _____

4. No dormimos ocho horas cada noche. / Estuvimos siempre cansados.

   _____

5. Julián se puso la corbata roja, verde y violeta. / Se vio muy ridículo.

   _____

6. Tus hermanos comieron menos. / Adelgazaron rápidamente.

   _____

7. Fui al cine todos los fines de semana. / No tuve dinero para comprar un coche nuevo.

   _____

8. Usted se enteró. / Nos comunicó la noticia.

   _____

c. Escriba frases originales con *si* + **pluscuamperfecto de subjuntivo** o el **condicional perfecto** para completar los espacios en blanco:

1. Las amigas de Juan Ramón gastaban dinero como si _____.

2. _____, habría llegado a tiempo.

3. Si yo hubiera tenido que cantar el himno nacional en público, _____.

4. _____, lo habríamos llamado por teléfono.

5. Si hubierais sido inteligentes, _____.

6. Corrías como si _____.

d. Colóquense en los Estados Unidos durante la década de 1950 a 1960. En esa época las opiniones que los hombres tenían de las mujeres y las mujeres de los hombres eran bastante diferentes de las actuales. En parejas, completen las oraciones condicionales con características que ustedes piensan que ni los hombres ni las mujeres de esa época sabían o reconocían. Para completar las oraciones, utilicen palabras-acción **comprender**, **entender**, **saber**, **conocer**, **reconocer**, **aceptar**, etc.

Si los hombres norteamericanos de la década de 1950 a 1960 hubieran conocido bien a las mujeres . . .

1. *habrían comprendido que ellas pueden dirigir grandes empresas.*

2. _____

3. _____

4. _____

5. _____

6. _____

7. _____

Si las mujeres norteamericanas de la década de 1950 a 1960 hubieran conocido bien a los hombres . . .

1. *habrían comprendido que los hombres también lloran.*

2. _____

3. _____

4. _____

5. _____

6. _____

7. _____

e. Después de terminar el ejercicio 8-d, cada pareja debe comunicar sus conclusiones a la clase. Luego se discutirán los paralelos y contrastes.

Duodécima entrada del cuaderno

En aproximadamente **150 a 200 palabras**, exponga sus ideas sobre uno de los siguientes temas: 1) La mujer actual; 2) El hombre actual. Recuerde que el análisis tiene que consistir en una tesis o idea central, en por lo menos un párrafo de apoyo y en una conclusión. A continuación se incluye un modelo basado en otro tema semejante. Note que se ha señalado la tesis o idea central.

El esposo ideal en nuestra época

Hasta hace unos cuarenta años, había una idea bastante precisa de lo que era el esposo ideal. Se esperaba que el buen marido fuera un hombre fuerte, trabajador, honesto e inteligente que ejerciera la autoridad en el hogar. Su esposa dependía de él y de su buen criterio. *La mujer moderna, sin embargo, tiene una serie de expectativas muy diferentes.*

En la actualidad, las mujeres trabajan fuera de la casa y quieren realizarse a plenitud. Necesitan maridos comprensibles y tolerantes que aprecien sus aspiraciones profesionales. Asimismo, esperan que ellos compartan las tareas domésticas. Piensan que el esposo perfecto lava, plancha, cocina y limpia sin quejarse.

(Continúa)

La mujer moderna exige que su marido sea comunicativo, que esté dispuesto a discutir con ella sus problemas y que ella misma pueda hablar con él sobre sus propias preocupaciones libremente. También quiere que su esposo esté dispuesto a participar activamente desde un comienzo en la crianza de los niños.

En fin, la imagen que tienen del esposo ideal las mujeres de hoy en día es muy diferente de la que tenían sus abuelas y acaso hasta sus madres. Los tiempos cambian, y también las actitudes y responsabilidades de los seres humanos. (Total: 197 palabras)

El futuro perfecto

El futuro perfecto expresa la conclusión de una acción futura anterior a otra acción también futura (*will have happened*). Se forma de acuerdo con el siguiente esquema

Futuro de **haber**	Participio pasivo (forma **-ado/-ido**)
bailar	(yo) **habré** bail**ado**
	(tú) **habrás** bail**ado**
	(él, ella, usted) **habrá** bail**ado**
	(nosotros, nosotras) **habremos** bail**ado**
	(vosotros, vosotras) **habréis** bail**ado**
	(ellos, ellas, ustedes) **habrán** bail**ado**
beber	(yo) **habré** beb**ido**
	(tú) **habrás** beb**ido**
	(él, ella, usted) **habrá** beb**ido**
	(nosotros, nosotras) **habremos** beb**ido**
	(vosotros, vosotras) **habréis** beb**ido**
	(ellos, ellas, ustedes) **habrán** beb**ido**

Futuro de **haber**	Participio pasivo (forma **-ado/-ido**)
vivir	(yo) **habré** viv**ido**
	(tú) **habrás** viv**ido**
	(él, ella, usted) **habrá** viv**ido**
	(nosotros, nosotras) **habremos** viv**ido**
	(vosotros, vosotras) **habréis** viv**ido**
	(ellos, ellas, ustedes) **habrán** viv**ido**
decir	(yo) **habré dicho**
	(tú) **habrás dicho**
	(él, ella, usted) **habrá dicho**
	(nosotros, nosotras) **habremos dicho**
	(vosotros, vosotras) **habréis dicho**
	(ellos, ellas, ustedes) **habrán dicho**
volver	(yo) **habré vuelto**
	(tú) **habrás vuelto**
	(él, ella, usted) **habrá vuelto**
	(nosotros, nosotras) **habremos vuelto**
	(vosotros, vosotras) **habréis vuelto**
	(ellos, ellas, ustedes) **habrán vuelto**

Ejemplos:

Cuando llegue la tía Julia, ya nos habremos marchado.	*When Aunt Julia arrives, we will have already gone.*
Te garantizo que ya habrá nevado para el mes de diciembre.	*I assure you that it will have already snowed by the month of December.*

Del mismo modo que el condicional perfecto, el futuro perfecto se emplea para expresar **probabilidad en el pasado**.

Ejemplos:

El tren habrá salido a las once o algo así.	*The train probably had left at eleven or something like that.*
Supongo que habrán cenado antes de llamarme.	*I suppose that they probably had eaten before they called me.*

Ejercicio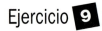

a. Complete los espacios en blanco con la forma correcta del futuro perfecto:

1. Cuando llegue mi papá de hacer la apuesta, ya los caballos _____ (empezar) a correr.

2. Hijos míos, os prometo que (nosotros) _____ (volver) antes de que florezcan los manzanos en la primavera.

3. Para esas fechas supongo que por fin tú _____ (graduarse) de esta universidad.

4. Te juro que yo _____ (dormirse) antes de que se termine el primer acto de esta ópera.

5. La fiesta _____ (terminarse) para eso de las dos.

b. Utilice el futuro perfecto para convertir las oraciones en el pasado en oraciones de probabilidad:

1. Felipe le escribió una tarjeta a la abuela para agradecerle el regalo.

   _____

2. ¿Quién pintó ese cuadro?

   _____

3. Nosotros estábamos en el cuarto de Manolo.

   _____

4. ¿Qué hora era cuando mataron a Lola?

   _____

Estrategias de la comunicación escrita (6): La identificación de las partes y las oraciones centrales

1. Todo análisis exige la identificación precisa de las partes esenciales del asunto a tratar. No se puede dar por sentado que los lectores las conocen de antemano. Por eso, para aclarar nuestros pensamientos y comenzar a organizar un escrito analítico bien desarrollado, conviene detenerse ante la idea central y señalar aquellos aspectos relacionados con la misma que se deben discutir. Si queremos escribir

sobre un tema tan sencillo como "el color ideal de que se debe pintar cierta casa", sería posible pensar en factores como los siguientes, cada uno de los cuales bien podría constituir la esencia de un párrafo del cuerpo de la exposición:

a. las otras casas del barrio
b. el material de fabricación
c. la estructura de la casa
d. el costo de la pintura
e. los gustos individuales de los habitantes
f. los árboles y las plantas que se encuentran alrededor
g. el espacio en que se ubica
h. el tamaño de la casa

Una vez identificadas las partes que consideramos básicas, podemos pasar a redactar mediante ellas un texto sobre el asunto que nos interesa.

2. Otra técnica que urge siempre tener presente es la necesidad de crear oraciones que expresen las ideas centrales de cada párrafo. Toda exposición analítica, igual que todo escrito argumentativo, tiene por necesidad una idea central, o tesis, que se expresa generalmente en el primer párrafo, o sea, en la introducción. El cuerpo del ensayo, sin embargo, se compone de una serie de párrafos en los cuales se presentan los diversos aspectos del asunto. Cada uno de estos párrafos incluye su propia mini-tesis, que figura en una oración central. Por ejemplo, si pensamos en el asunto indicado arriba, o sea, "el color ideal de que se debe pintar una casa", en la introducción podría plantearse la siguiente tesis: "Hay muchos elementos a considerar antes de seleccionar el color de una casa". A continuación, aparecen cuatro oraciones centrales para cuatro párrafos constitutivos:

a. Es esencial tener presente el tamaño de una casa antes de escoger un color.
b. Los árboles y las plantas que se encuentran alrededor muchas veces limitan la variedad de colores a seleccionar.
c. Es importante que el color seleccionado no desentone con los de las otras casas del barrio.
d. El material de que está hecha la casa influye mucho en el color que se puede utilizar para pintarla.

Cada una de estas oraciones centrales permite un desarrollo más amplio, o sea, hace posible la explicación de la mini-tesis en base a ejemplos o ideas semejantes.

Ejercicio 10

a. En parejas, examinen los siguientes temas. Luego, elijan dos de ellos e identifiquen cuatro componentes definitorios que darían pie a párrafos constitutivos:

El coche ideal para un estudiante universitario

Lo positivo y lo negativo del Internet

La globalización en el mundo moderno

Aparatos domésticos indispensables

La importancia del español en la actualidad

¿Cómo anda el mercado de valores?

1. Tema: _____

    a. _____

    b. _____

    c. _____

    d. _____

2. Tema: _____

    a. _____

    b. _____

    c. _____

    d. _____

b. En parejas, escriban oraciones centrales con los componentes definitorios identificados arriba:

1. Tema: _____

    a. _____

    _____

    b. _____

    _____

    c. _____

    _____

    d. _____

    _____

2. Tema: _____

    a. _____

    _____

    b. _____

    _____

    c. _____

    _____

    d. _____

    _____

Las palabras-acción y las palabras indicadoras

Como en inglés, en español algunas palabras-acción exigen el uso de ciertas palabras indicadoras. Esto crea problemas para los angloparlantes porque, debido a muchos factores, a veces no hay una correspondencia exacta. Por ejemplo:

1. El infinitivo en inglés incluye *to* (*to sing, to dance,* etc.).

2. En español la **a personal** (véase la Alerta 19) se usa con ciertas palabras-acción frente a un complemento directo de persona.

3. Estructuras como *to consist of* o *to depend on* no se traducen directamente, pues se dice **consistir en** y **depender de**.

> *Como es impráctico hacer una lista completa de estos contrastes y paralelos, se recomienda que en caso de dudas o al emplear una palabra-acción nueva o poco familiar, los estudiantes consulten un buen diccionario bilingüe como el* Oxford Spanish Dictionary, *el* Gran Diccionario Larousse *o el* American Heritage Larousse Spanish Dictionary. *Estos diccionarios suelen señalar las palabras indicadoras que se emplean con ciertas palabras-acción.*

A continuación aparecen unas pocas palabras-acción de uso frecuente que resultan problemáticas para los angloparlantes, debido a la ausencia o la presencia de palabras-indicadoras.

Inglés	Español
to consist of	**consistir en**
to enter	**entrar en/entrar a**
to look for/to search for	**buscar**
to look at	**mirar** (pero: **mirar a** + persona)
to dream about	**soñar con**
to fall in love with	**enamorarse de**
to marry/to get married to	**casarse con**
to depend on	**depender de**
to complain about	**quejarse de**
to try to	**tratar de**
to deal with	**tratar de**
to approach/to come near	**acercarse a**
to forget/to forget about	**olvidarse de**
to remember	**acordarse de**
to count on	**contar con**
to be at	**estar en**
to arrive at or in/to get to	**llegar a**
to wait for	**esperar** (pero: **esperar a** + persona)
to ask for	**pedir**
to ask about	**preguntar por**
to notice	**fijarse en**
to realize	**darse cuenta de**
to think about/to ponder/to reflect on	**pensar en**
to think of /to have an opinion of or about	**pensar de**
to worry about	**preocuparse por**
to get off/to climb down from/to get off or out of a vehicle (plane, car, bus, etc.)	**bajar(se) de**
to climb on or up/to get on a vehicle (plane, car, bus, etc.)	**subir(se) a**

Ejercicio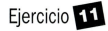

a. Complete los espacios en blanco con la expresión correcta. Conjugue la palabra-acción como es debido:

pensar de	casarse con	preguntar por
acercarse a	consistir en	soñar con
estar en		

1. Estoy seguro de que Alberto _____ Xiomara si ella no hubiera sido tan pobre. ¡Tú sabes lo interesado que es ese sinvergüenza!

2. ¿Por qué (vosotros) _____ el carpintero? ¿Queréis que os construya algo?

3. Le dije a la profesora de cálculo que _____ el examen de ayer tres noches consecutivas.

4. ¿Qué (tú) _____ la candidata a gobernadora del estado por el Partido Demócrata? ¿Crees que su plataforma política es acertada?

5. Nosotros _____ Santiago de Chile para las próximas navidades.

b. Escriba oraciones originales con las expresiones facilitadas:

1. darse cuenta de:

   _____

2. subirse a:

   _____

3. enamorarse de:

   _____

4. pensar en:

   _____

5. acordarse de:

   _____

6. fijarse en:

   _____

7. entrar en/a:

   _____

La exposición analítica

En el capítulo anterior, se estudió la exposición argumentativa. Recuerde que dicho tipo de escrito tiene como objetivo principal **convencer al lector** de nuestras ideas sobre un tema controvertible. Aunque también tiene una tesis o idea principal que se intenta probar, según ya se ha discutido **la exposición analítica pretende estudiar a fondo una idea o asunto a base de la contemplación de sus partes.** Esta contemplación es tan larga o tan corta como lo permita el tipo de ensayo que tratamos de escribir. En otras palabras, es posible dedicar todo un libro al análisis minucioso de determinado asunto. Asimismo, es posible también acercarse de manera más básica y mucho más concentrada a cierto tema para aclararlo o explicarlo a los lectores. En los períodicos y revistas aparecen de costumbre artículos que son ejemplos excelentes de escritos analíticos. Por lo general estos artículos son breves, precisos y, en lo que cabe, completos. Cuando terminamos de leerlos, tenemos una buena idea de la naturaleza del problema comentado y de las partes que lo componen.

Al intentar hacer un escrito de esta índole, podemos pensar en una serie de preguntas que hay que responder sobre el tema que nos interesa considerar. Por ejemplo, reflexionemos sobre un asunto como la institución del matrimonio. Lógicamente, en un comienzo nos detendríamos ante el matrimonio como algo que comparten muchas sociedades. En efecto, da pie a la familia, y la familia es la primera unidad social básica. Entonces, si quisiéramos enfrentarnos con el tema de "La importancia del matrimonio en la sociedad moderna", tendríamos que responder a tales preguntas como las siguientes: ¿Por qué la gente se casa? ¿Cuáles son los beneficios del matrimonio? ¿Cuáles son los objetivos del matrimonio? ¿Qué aspectos negativos se asocian con esta institución? ¿Por qué el matrimonio se ha mantenido como institución por tantos años? Si contestamos preguntas como éstas, habremos creado una serie de párrafos coherentes con sus respectivas ideas centrales. Al hacerlo, habremos estudiado el matrimonio por partes, y nos sentiremos capacitados para llegar a conclusiones lógicas.

Acto seguido se ofrece el esquema de una exposición analítica sobre la posible necesidad de crear un carnet nacional de identidad en los Estados Unidos.

Esquema de una exposición analítica sobre la posible creación de un carnet nacional de identidad

Lista de ideas que me gustaría incluir

1. La mayor virtud del carnet nacional de identidad es ofrecer a los estadounidenses la posibilidad de identificarse con facilidad.

2. Ahora los norteamericanos se identifican por medio de muchos documentos diferentes.

3. Un carnet aumentaría la seguridad de los ciudadanos.

4. El carnet nacional limitaría nuestra libertad de expresión y movimiento.

5. Se puede identificar a la persona en cualquier lugar del país.

6. Muchos países del mundo tienen carnets nacionales de identidad.

7. Sería más fácil identificar a los criminales y a los terroristas.

8. El carnet nacional de identidad aumentaría la seguridad de las personas.

9. Nos podría detener la policía si no lo lleváramos.

10. Hay que considerar los beneficios y las desventajas de este tipo de documento.

11. Sería más fácil proteger las fronteras.

12. Poca gente se atrevería a robar documentos con huellas digitales.

13. Mucha gente duda que sea necesario crear un carnet.

14. Algunos piensan que ya existen muchos mecanismos de control.

15. Los empleados de negocios y la policía podrían identificar más fácilmente a la gente.

16. A mucha gente no le gustaría tener que llevar constantemente el documento.

17. El gobierno federal ya puede usar mecanismos de control como bancos de datos computarizados, videocámaras, micrófonos, etc.

18. Tenemos que reflexionar seriamente como nación antes de aceptar la implementación de un carnet nacional de identidad.

19. El carnet sería exactamente igual para todo el mundo.

20. Los policías y el Servicio de Inmigración se quejan de lo fácil que es falsificar documentos.

21. Mucha gente teme el aumento del control del gobierno sobre los ciudadanos.

(Continúa)

22. El gobierno federal expediría el documento.

23. Mucha gente roba documentos para inventarse una nueva identidad.

24. El carnet consiste en una foto reciente del individuo y una serie de datos básicos.

25. Algunas personas creen que el carnet limitaría las libertades individuales.

El próximo paso es determinar un **título**. Los títulos de una exposición deben ser precisos y referirse claramente al tema que procura discutirse. Considere los siguientes títulos:

Títulos posibles

1. Por qué estoy a favor de un carnet nacional de identidad

2. ¿Debe crearse un carnet nacional de identidad?

3. Los carnets de identidad no se pueden dejar en casa

4. Mi carnet de identidad

5. Por qué estoy en contra de un carnet nacional de identidad

6. ¿Qué es la identidad?

7. La posible falsificación de los carnets de identidad

Ejercicio 12

a. En parejas, respondan a las siguientes preguntas:

1. ¿Cuál de estos títulos le parece mejor? ¿Por qué?

   _____

2. ¿Cuál de los títulos tiene que ver menos con el asunto? ¿Por qué?

   _____

3. ¿Cuál de los títulos es más impreciso? ¿Por qué?

   _____

4. ¿Cuál de los títulos es más personal?

   _____

5. ¿Se le ocurre un título mejor?

   _____

b. Lea cuidadosamente las oraciones del esquema. Luego identifique la tesis. Después piense en que la exposición análitica va a consistir en seis párrafos. Entre las oraciones que aparecen en el esquema, escoja una que pueda formar parte de la introducción, otra que pueda formar parte de la conclusión, y dos para cada uno de los párrafos que van a constituir el cuerpo de la exposición.

Tesis: _____

Introducción: _____

Conclusión: _____

Párrafo 1: _____

_____

Párrafo 2: _____

_____

Párrafo 3: _____

_____

Párrafo 4: _____

_____

Ahora lea la exposición analítica:

¿Se necesita un carnet nacional de identidad?

Hasta el momento, los Estados Unidos es uno de los pocos países del mundo en el que no existe un carnet nacional de identidad. En muchas otras naciones se han impuesto estos documentos para

(Continúa)

facilitar el proceso de identificar a los ciudadanos. Por lo regular, el carnet consiste en una foto reciente del individuo y una serie de datos básicos como la fecha de nacimiento, la estatura, el peso, el estado civil, el lugar de nacimiento y las huellas digitales. Conviene considerar los beneficios y desventajas de este tipo de documento antes de determinar si se debe imponer en los Estados Unidos.

Tal vez la mayor virtud del carnet nacional de identidad sea el ofrecer a los ciudadanos la posibilidad de identificarse con facilidad en cualquier lugar dentro del país. Hoy en día, los norteamericanos se identifican por medio del permiso de conducir, tarjetas de crédito, tarjetas de identidad estatales, pasaportes y todo otro tipo de documentos oficiales y extraoficiales. El carnet nacional de identidad, por el contrario, sería igual para todo el mundo, ya que lo expediría el gobierno federal. Las personas y los negocios que tienen que corroborar las señas personales no enfrentarían tantos líos burocráticos ni quejas de parte de los afectados.

También sería más difícil falsificar un carnet nacional de identidad. Las agencias policiacas de los Estados Unidos y el Servicio de Inmigración se quejan con frecuencia de lo sencillo que es inventarse una identidad, robando documentos y falsificando carnets de conducir o tarjetas de la seguridad social. Como en el carnet nacional de identidad aparecerían las huellas digitales de la persona, muy poca gente se atrevería a robar estos documentos ni menos a falsificarlos.

Dicen quienes favorecen su creación que el carnet nacional de identidad aumentaría la seguridad ciudadana. Haría más fácil la protección de nuestras fronteras y también ayudaría a las autoridades a perseguir a los criminales y a los terroristas.

No obstante, muchos individuos se oponen a la creación de un carnet nacional de identidad, basándose sobre todo en que aumentaría el control que el gobierno tiene sobre los ciudadanos y limitaría las libertades individuales. Los enemigos de este método de identificación sostienen que ya hoy en día existen mecanismos de control muy severos a la disposición del gobierno federal: bancos de datos computarizados, sistemas de videocámaras en los comercios y las calles, micrófonos que captan nuestras conversaciones en ciertos lugares públicos y demás. Para ellos, el carnet nacional de identidad sería un modo más de limitar nuestra libertad de expresión y de movimiento. Tendríamos que llevar constantemente el documento en nuestra persona y, si fuéramos detenidos por un agente de la policía, sin duda pasaríamos muy mal rato si lo hubiéramos dejado en casa o se nos hubiera perdido.

En conclusión, la creación de un carnet nacional de identidad presenta grandes ventajas. Mucha gente se pregunta, sin embargo, si vale la pena poner en peligro nuestros derechos y libertades. ¿La protección de nuestras fronteras, una mayor seguridad personal y el reducir papeleos y trámites son razones suficientes para forzarnos a andar constantemente con un documento que nos identifique y nos ponga a la merced del aparato gubernamental? Tenemos que reflexionar seriamente como nación antes de aceptar la implementación de un carnet nacional de identidad.

(Total: 542 palabras)

Ejercicio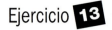

En parejas, contesten las siguientes preguntas:

1. ¿Le parece que esta exposición está bien estructurada, es decir, que tiene una buena introducción, que el cuerpo está bien desarrollado y que la conclusión es apropiada?

   _____

2. ¿Cuáles son las oraciones centrales de los cuatros párrafos que constituyen el cuerpo de la exposición?

   _____

   _____

   _____

   _____

3. ¿Cuáles son los aspectos positivos centrales que se mencionan al discutir el documento nacional de identidad?

   _____

   _____

   _____

4. ¿Qué aspectos negativos se mencionan en relación con el documento nacional de identidad?

   _____

   _____

   _____

5. ¿Se les ocurren a ustedes otros aspectos positivos del documento nacional de identidad?

   _____

   _____

6. ¿Se les ocurren a ustedes otros aspectos negativos del documento nacional de identidad?

   _____

   _____

7. En su opinión, ¿el autor o la autora del escrito está en contra o favorece la creación de un documento nacional de identidad? ¿Cómo han llegado a esa conclusión?

   _____

   _____

8. ¿Qué piensan ustedes de la posible creación de un documento nacional de identidad?

_____

_____

Instrucciones para la exposición analítica

Primer paso

1. Proponga un **título** para una exposición analítica sobre **una** de las siguientes preguntas: a) ¿Se debe subir a los veintiún años la edad de conducir en todos los Estados Unidos?; b) ¿Se deben legalizar las drogas en este país?; c) ¿Se debe imponer el servicio militar obligatorio para hombres y mujeres? Recuerde que esta es una exposición analítica, no argumentativa. En otras palabras, hay que estudiar el tema con cuidado y por partes. La opinión personal no es tan importante como el análisis.

2. Escriba el esquema de la exposición analítica. El esquema debe consistir en por lo menos **veinticinco oraciones simples o complejas**. Puede usar como modelo el esquema de exposición analítica sobre el carnet de identidad nacional que aparece en las páginas 307–308.

Segundo paso

1. Una vez que el profesor o la profesora corrija y le devuelva las veinticinco oraciones, organícelas para formar una **exposición analítica** coherente de aproximadamente **450 a 550 palabras**. Puede usar como modelo la exposición titulada "¿Se necesita un carnet nacional de identidad?" que está en las páginas 309–311.

2. Recuerde que la idea central o tesis debe quedar claramente expuesta en el párrafo introductorio y que cada párrafo siguiente debe presentar un nuevo aspecto relacionado con la idea central.

3. Entregue la versión preliminar de la exposición analítica **mecanografiada a doble espacio**. Utilice una letra (*font*) de **doce puntos** o más.

Tercer paso

1. Después de que la profesora o el profesor revise y le devuelva la versión preliminar de la exposición analítica, haga todas las correciones necesarias. Tenga en cuenta las sugerencias del profesor o la profesora.

2. Después de hacer todas las correcciones, entregue la versión final **mecanografiada a doble espacio**. Utilice una letra (*font*) de **doce puntos** o más.

Apéndice 1

Tildes y signos en el sistema Macintosh

Señal	Resultado	Método
Acento	á, é, í, ó, ú	Pulsar, al mismo tiempo, *Option* + *e*; luego pulsar la letra a acentuar
	Á, É, Í, Ó, Ú	Pulsar *Option* + *e*; luego pulsar *Shift* + **la letra**
Tilde	ñ	Pulsar *Option* + *n*; luego pulsar la *n*
	Ñ	Pulsar *Option* + *n*; luego pulsar *Shift* + *n*
Diéresis	ü	Pulsar *Option* + *u*; luego, pulsar la *u*
	Ü	Pulsar *Option* + *u*; luego, pulsar *Shift* + *u*
Signo de interrogación inicial	¿	Pulsar *Option* + *shift* + *?*
Signo de admiración inicial	¡	Pulsar al mismo tiempo *Shift* + *!*

Tildes y signos en el sistema PC

Señal	Resultado	Método
Acento	á, é, í, ó, ú	Pulsar, al mismo tiempo, *Ctrl* + ' (apóstrofe); luego pulsar la letra a acentuar
	Á, É, Í, Ó, Ú	Pulsar *Ctrl* + '; luego pulsar *Shift* + **la letra**
Tilde	ñ	Pulsar *Ctrl* + *Shift* + ~; luego pulsar la *n*
	Ñ	Pulsar *Ctrl* + *Shift* + ~; luego pulsar la *Shift* + *n*
Diéresis	ü	Pulsar *Ctrl* + *Shift* + : (colon); luego pulsar la *u*
	Ü	Pulsar *Ctrl* + *Shift* + :; luego pulsar *Shift* + *u*
Signo de interrogación inicial	¿	Pulsar *Alt* + *Ctrl* + *Shift* + *?*
Signo de admiración inicial	¡	Pulsar al mismo tiempo *Alt* + *Ctrl* + *Shift* + *!*

Apéndice 2

La acentuación en español

A. De acuerdo con la sílaba en que se halle el énfasis, en español las palabras se designan como **agudas**, **llanas** o **graves**, y **esdrújulas**.

1. Las palabras **agudas** son aquellas en las que el **énfasis** se encuentra en la **última sílaba**: fusil, virtud, mantener.

2. Las palabras **llanas** o **graves** son aquellas en las que el **énfasis** se encuentra en la **penúltima sílaba**: arena, clave, tremendo.

3. Las palabras **esdrújulas** son aquellas en las que el **énfasis** se encuentra en la **antepenúltima sílaba**: teléfono, énfasis, séptimo.

B. La acentuación gráfica. Las palabras que terminan en consonante que no sea **n** o **s** llevan el énfasis en la última sílaba. Si una palabra no se ajusta a esta norma y el énfasis se encuentra en la penúltima sílaba, ello se indica por medio de la tilde (´): revólver, fácil, mármol, éter.

Las palabras que terminan en vocal o en consonante **n** o **s** llevan el énfasis en la penúltima sílaba. Si una palabra no se ajusta a esta norma y el énfasis se encuentra en la última sílaba, ello se indica por medio de la tilde: papá, reacción, adiós, maní.

Las palabras que tienen el énfasis en la antepenúltima sílaba siempre llevan tilde: Aristóteles, pérfido, telégrafo.

C. Aspectos excepcionales de la acentuación ortográfica. Las palabras modificadoras terminadas en **-mente** retienen el acento ortográfico de la palabra en base a la cual se forman: telefónicamente, pésimamente, cortésmente, difícilmente.

Aún lleva tilde cuando puede sustituirse por **todavía**: Aún (*still*) tengo hambre. Cuando significa **hasta,** no lleva tilde: Aun (*even*) usted sabe que eso no es verdad.

Este, ese, aquel y sus variantes no llevan tilde cuando son palabras modificadoras: Este libro es mío; Aquellas casas son bonitas. Llevan tilde cuando son palabras sustituidoras: Aquél es el mejor amigo de Roberto; No me gustan ésos sino éstos.

Los monosílabos no se acentúan: **lo, vi, su.** Sólo se acentúan para distinguir entre palabras iguales que tienen diferente función gramatical:

- **mi, tu** (posesivos) vs. **mí, tú** (palabras sustituidoras personales)

- **el** (palabra modificadora) vs. **él** (palabra sustituidora)

- **si** (*if*) vs. **sí** (*yes*)

- **te** (palabra sustituidora) vs. **té** (*tea*)

- **se** (partícula reflexiva) vs. **sé** (mandato informal de saber) y **sé** (primera persona del presente de **saber**)

- **mas** (con el significado de **pero**) vs. **más** (*more*)

- **de** (*of*) vs. **dé** (mandato informal de **dar**)

Cuál, quién, por qué, qué, cuánto, cómo, cuándo, dónde y **adónde** llevan acento gráfico cuando son interrogativos o exclamativos. (**Ejemplos:** ¿Qué sabes de Juan?; ¿Quiénes acaban de llegar?; ¡Cuánto tiempo sin verte, Eduardo! ¡Qué bien te ves!) No lo llevan cuando funcionan como palabras-enlace o como relacionantes. (**Ejemplos:** El chico con quien sale Lourdes es de Guatemala; Ese hombre bebe cuanto le ponen por delante; Los libros que compramos eran muy caros.)

Cuando **solo** significa *alone*, no se acentúa: El anciano estaba muy solo. Sin embargo, se acentúa cuando quiere decir *only:* Sólo tú me comprendes.

Apéndice 3

Rúbricas para evaluar las entradas del cuaderno

Calificación		Categoría	Descripción
10 9,5 9	A	Superior	a. Desarrolla el tema con coherencia y expone sus ideas de manera excelente para el nivel. b. Buen dominio de la sintaxis. c. Utiliza correctamente las estructuras verbales, las preposiciones, conjunciones, etc. d. Vocabulario rico para el nivel. e. Buen dominio de las convenciones de la lengua escrita (ortografía, puntuación, estructura de los párrafos, etc.). f. Se toleran algunos errores elementales.
8,5 8 7,5 7	B	Competencia demostrada	a. Desarrolla el tema adecuadamente y expone bien sus ideas para el nivel. b. Sintaxis generalmente correcta. c. Control aceptable de las estructuras verbales, y uso mayormente correcto de las preposiciones, conjunciones, etc. d. Vocabulario amplio para el nivel. e. Buen dominio de las convenciones de la lengua escrita (ortografía, puntuación, estructura de los párrafos, etc.). f. La comunicación no se ve seriamente afectada por la interferencia del inglés. g. Puede haber más de algunos errores elementales, sobre todo en el caso de las estructuras más complejas.

(Continúa)

Calificación		Categoría	Descripción
6,5 6 5,5 5	C	Muestras de competencia	a. Comunica algunas ideas sobre el tema. b. Serios errores sintácticos, pero las estructuras menos complejas suelen estar bien. c. Conocimiento de las estructuras verbales, las conjunciones, preposiciones, etc., aunque no demuestra control sobre ellas. d. Vocabulario limitado para el nivel. e. Errores frecuentes en lo tocante a las convenciones de la lengua escrita (ortografía, puntuación, estructura de los párrafos, etc.). f. Revela interferencia del inglés, a veces hasta el punto de que ésta afecta la comunicación.
4,5 4 3,5 3	D	Asomos de incompetencia	a. Comunica muy pocas ideas sobre el tema, y éstas suelen estar mal expresadas. b. Demuestra muy poco control de la sintaxis. c. Errores demasiado frecuentes en el uso de las estructuras verbales y de las conjunciones, preposiciones, etc., aun para el nivel. d. Vocabulario inadecuado para comunicar las ideas. e. Errores constantes en lo que concierne a las convenciones de la lengua escrita (ortografía, puntuación, estructura de los párrafos, etc.). f. Revela demasiada interferencia del inglés.
2,5 2 1,5 1 0,5	E/F	Incompetencia demostrada	a. Aparenta no entender el tema o no saber comunicar sus ideas. b. Errores persistentes en todo lo relacionado con la escritura del español. c. El texto raya en la incoherencia absoluta. d. Interferencia constante del inglés (traducción literal, frases o palabras en inglés, etc.).
0	E/F	Inaceptable	No entregó, o escribió todo en inglés.

Apéndice 4

Alertas